JN026628

エッセンシャル講義

経営学教室

坂本英樹 [著]

東京 白桃書房 神田

はじめに

　ビジネスの世界で相応の地位についたものであれば経営学を論じることができると考えているひとが少なからず存在するかもしれない。こうした考えには一理ある。なぜならば経営学とは優れた経営者の暗黙知を形式知として蓄積してきた側面があるからである。経験豊富なビジネスパーソンの話には現実のビジネスに応用可能な多くの知見がふくまれている。

　松下電器産業（現パナソニック）創業者の松下幸之助氏は平素から「ダム経営」という経営者の心構えを説いていた。ビジネスにおいては社会的事変にそなえて平素から一割の設備増強をおこなっておくという考えであり，氏はこれを経営者の責任であると考えていた。こうした備えをしておけば，マーケットに変動があったとしてもそのために品物が足りなくなったり値段が上がったりすることはない。安定した企業経営のためには資金においてもダムをつくってそこに資金を備えておき必要に応じてそれを使う。こうした氏のダム経営の考えは経営学の最新の研究領域である両利きの経営，ダイナミックケイパビリティの考え方と本質的につながっている。

　生物も組織も長く生き残るためには断続平衡説のような爆発的変化のもとで訪れる破壊的変化を乗り越えていかなければならない。企業は現在の機会を利用しつつ将来の可能性を探究する過程では潜在的に互換性のない多くの活動を同時におこなう必要がある。チャールズ・オライリーとマイケル・タッシュマンによれば企業はそれに備えて「知の深化」と「知の探索」をバランスよくおこなうことが必要とされる。

　知の深化は自社の有する知識を掘り下げ，磨きこみ，徹底的に利用する行為であり，デビッド・ティースのいう「オーディナリーケイパビリティ」に基づいて既存のリソースを洗練する技能適合力である。知の探索は自社の既存の認知の範囲を超えて認知をひろげていく行為で，ティースのいう「ダイナミックケイパビリティ」のもとに変化する環境に適応しようとする進化適

合力である。松下氏はダム経営において企業は平素から環境変化に備えて経営資源を蓄積すべきことを説いているのである。

　1965年におこなわれた関西経済同友会セミナーでの松下氏のダム経営の講演を聴いていた人びとのなかに創業間もない京都セラミック（現京セラ）の創業者，稲盛和夫氏がいた。講演の質疑応答において，ひとりの参加者のダム経営ができれば理想だが現実には難しい，それができる方法を教えてもらいたいという質問に対して，松下氏の答えはダムをつくろうと強く思わなければいけないというものだった。松下氏の講演を聴いた稲盛氏は頭のてっぺんから足の爪先までまるで雷に打たれたような衝撃を受け，興奮冷めやらぬままに会社に戻って社員たちにその話を伝えたとされる。稲盛氏は松下氏の質疑応答への回答から祈り念じることの大切さを感じ取ったのである。

　のちに稲盛氏は政府からの強い要請を受け，2010年1月に2兆3000億円という事業会社としては戦後最大の負債を抱えて会社更生法の適用を申請して事実上倒産した日本航空の再生を引き受ける。周囲からの強い反対があるなかで氏があえてこの役割を引き受けたのは，そこに社会的大義があると考えたからとされる。

　稲盛氏がおこなった日本航空の経営再建の本質は組織構成員の意識改革であった。稲盛氏は，倒産に対する危機感や当事者意識が欠けていた日本航空のなかに「フィロソフィ」をもちこむ。このフィロソフィは人間としての正しい生き方，あるべき姿を日々の仕事や生活において実践していくことが何よりも大切であり，そのようなフィロソフィを共有したひとたちが集う集団には夢と希望にあふれる明るい未来がひらけるという氏の信念であった。氏は，かれが半世紀以上にわたる経営の実践のなかで導きだした哲学をもって日本航空の社員たちに熱く語りかけ，かれらの意識を変革していくのである。

　現場の意識改革にあわせて導入されたのがアメーバ経営である。少人数で構成されるアメーバは独立採算組織であり，明確な収入とその収入を得るために要した費用が算出される。組織構成員には自らが生みだす価値を認識することで当事者意識が芽生え，いかに自分が所属するアメーバの売上を伸ばして経費を削減できるかを主体的に考えるようになる。稲盛氏が京セラで創

りあげてきたアメーバ組織は，独立した経営体として活動しながら会社全体の一部として機能し，それぞれのアメーバの活発な活動が会社組織を活性化させる仕組みである。このアメーバ組織は，フレデリック・ラルーが提唱する組織目的の達成のために組織構成員全員が自発的に協働する1つの生命体として機能するティール組織と，本質的に同じである。

　稲盛氏のこうした取り組みの結果，それまで赤字続きだった日本航空は翌期には営業利益1884億円を計上して世界の航空業界のなかでもっとも高収益の会社に生まれ変わり，2012年9月にはわずか2年8か月という短期間で再上場を果たすことになる。

　松下氏，稲盛氏のエピソードから，経営の成功における人間の意識の重要性を読みとることができる。ペイパルマフィアはペイパルの共同創業者や創業初期のメンバーがイーベイによる同社の買収後，その売却資金を元手に新しいベンチャーを立ちあげて，シリコンバレーでもトップクラスのベンチャーが多く育っていることからよばれるようになった呼称であり，ピーター・ティールはそのドンとよばれる。

　ペイパルマフィアからは2002年にイーロン・マスクが設立したロケット，宇宙船の開発，打ち上げなどの商業軌道輸送サービスを手掛けるスペース・エクスプロレーション・テクノロジーズ，2005年にペイパルの従業員であったチャド・ハーリー，スティーブ・チェン，ジョード・カリムらが設立した動画共有サービスを提供するYouTube，2006年に元パイパルの開発部門副責任者ジェレミー・ストップルマン，ペイパルの元エンジニアラッセル・シモンズが設立したレビューサイトを運営するイェルプのほか，イーロン・マスクはフェイスブック，元ペイパルCOOデビット・サックスはフェイスブック，ウーバー，エアビーアンドビーなどにエンジェル投資している。ペイパルマフィアは起業に対する強い情熱を共有している。

　稲盛氏は経営者の強い気概，闘争心の大切さを説いている。ビジネスは単にきれいな心をもちさえすればいいという単純な話ではなく，厳しい不況のなかにあっても何としても売上をあげて利益を確保していくというすさまじいまでの気概がなければならないとされる。そして経営において美しい心の必要性を知り，それを身につけるべく日々努めているひとびとは激しく猛々

しい闘争心をもって経営や人生に臨んでも，美しい心が羅針盤となって真っ直ぐに正しい方向へと進んでいくことができる。美しくピュアで正しい心で経営にあたり人生を生きていけば必ず神の助け，いわゆる天佑があるとされる。

　松下氏や稲盛氏は稀有な存在でありわたしたちがその話を聴く機会を得ることは難しい。経営学はビジネスパーソンあるいは組織に成功をもたらした知見をひろく応用可能な形式知として蓄積した体系ととらえることができる。人間の発想はそのひとに蓄積された知識の組みあわせから生まれる。ビジネスパーソンは経験をとおしてそのひとに固有の思考や判断の基準を構築している。かれらがその意識のなかに経営学の英知を知識として修得するとき，優れたビジネスパーソンの五感はより鋭敏に経営現象をとらえ，その論理を異なった文脈に利用できるようになる。ビジネスパーソンに求められる資質はおかれた経営環境のなかで直面する新たな経営課題への対応能力である。かれらは経営学を学ぶことをとおして現代の経営環境のなかで直面する新たな経営課題への対応能力を獲得，維持，強化することができるようになるのである。

　経営学がふくまれる社会科学の研究対象は人間による行為の結果生まれるものであり，社会科学や人文科学は人類の営みそのものが研究対象となる。文部科学省によれば，人文学および社会科学は人間性の涵養，すなわち「よく生きる知」をはぐくむ意義を有するとされる。その人間が特定の理論や法則を知っているか否かで行動に変化が生じ，その行動の結果として生みだされる現象そのものにも変化が生まれる。本書では経営学の誕生から経営学の最新の研究領域にいたる理論が事例を交えて包括的に整理されている。経営学を修得することはビジネスの世界のみならず，社会においてわたしたちがより良く生活していくためのマイルストーンを示してくれる。

　本書の執筆にあたっては白桃書房の平千枝子氏，佐藤円氏にお骨折りいただいた。あらためて感謝申しあげる。

2021 年 8 月　坂本　英樹

目　次

1

経営学への招待

1-1
経営学誕生の背景

　有史以来，経営学という学問体系が整理されるはるか以前から人間とひろい意味での経営は密接な関係にあったと考えられる。集団の規範やルールが存在しなければわたしたちの祖先は農耕や狩猟生活をおこなうことができず，厳しい自然環境のなかで生き残ることができなかった。時代は進んで14世紀，それまでの農奴制度が崩壊したイギリスでは羊毛を生産するために農地は牧場に変わっていき，農民が都市に追いやられるエンクロージャーが生じ，かれらのなかから資本を蓄積した独立自営農民（ヨーマン）が出現し，かれらがのちに資本家となっていく。16世紀には商業資本主義のもと，産業の生産形態はひとりですべてをつくる問屋制家内工業から，分業して作業する工場制手工業（マニュファクチャー）へと進歩していく。

　18世紀後半になり生産形態は機械による生産である工場制機械工業へと

シフトしていく。この時代資本主義は商業資本主義から産業資本主義の時代へと変貌を遂げていく。ここでの担い手は工場を所有する産業資本家であり，スミス（Smith, 1776）によって政府は産業活動にできるだけ介入せず，市場に自由な経済活動を保障すべきとする自由放任主義（レッセフェール）が主張された。19世紀になると銀行を中心とした企業集団が形成され，資本の集中と蓄積が生じる。こうした土地，建物，資金の独占は独占資本主義とよばれる。

　学問としての経営学は20世紀初頭のアメリカおよびヨーロッパでほぼときを同じくして誕生した。圧倒的にものが不足していた時代，産業革命がもたらした工場制機械工業は人びとの生活を豊かにしてくれる多くの商品を，それらを人びとが購入可能な価格で提供することを可能にした。その後社会科学のなかでも実践の学問としての色彩の濃い経営学は，実証主義（プラグマティズム）を重視するアメリカで大きく発展していくことになる。アメリカでは，19世紀後半にはじまった大陸横断鉄道の敷設が物資の輸送環境を飛躍的に改善し，鉄鋼，化学，機械，自動車，電機産業など巨大企業が登場してくるようになる。こうした産業の発展はその労働者に賃金収入をもたらし，かれらの購買能力を高めていった結果として，生活をより豊かにしてくれる製品をつくればつくるだけ売れる時代が訪れることになる。

　しかしながら工場を建設してそこに機械を導入し，それを操作する従業員を雇用しさえすれば無限に生産量を拡大させることが可能になる訳ではない。現実には質的にも量的にも同じような労働者や機械，設備を使って生産活動をおこなっても，組織によってそのアウトプットに大きな差異が生じる。それは工場を経営するのもそこで労働力を提供するのも人間であることに起因している。

　経営学の誕生期，農業技術の進歩による人口増加に派生する賃金労働者の誕生は製品市場を形成していった。あわせて産業革命の成果として敷設された鉄道が物資の輸送範囲を拡大していく。つくれば売れる環境下では資金をもつ資本家はできるだけ数多くの工場を建設して，そこにたくさんの労働者を集めることを考えた。工場規模が拡大して企業間競争が激化するなか，従来の経験的方法による組織運営に限界が見えはじめる。便利なものをつくれ

ば売れる時代，企業の競争の鍵は同じ経営資源すなわち同じ規模の工場，設備，従業員，原材料を使って，同じ時間でいかに競合企業よりも多くの製品を製造することができるかが考えられるようになる。多くの製品ができればそれだけ他社よりも多くの製品を販売することができ，結果としてより多くの利益をもたらすことができるようになる。こうした社会背景が経営学の誕生を要請する。

　経営学とは組織目標の実現のために組織構成員を指揮，管理し，組織の目標実現に向かって舵とりをおこなう知識や手法の体系である。工場の規模が小さければ組織構成員相互の意思疎通は可能である。しかしながら組織の規模が大きくなり，従業員が 100 人，1,000 人になると，かれらに指示を与え仕事を調整する機能が必要になってくる。

　組織は主観を有した個人の集合でありそこに組織運営の難しさがある。たとえば同じ時間内に同僚の倍の製品をつくっても同額の賃金しか貰えないのであれば，自らの能力の最大限の労働力を提供する従業員はいなくなる。また製造プロセスが複数に分かれる場合には，プロセス間の調整をおこなわなければ，最小のアウトプットを生産するプロセスの生産量が工場全体の生産量の制約条件となってしまう。

　生産活動が非効率なままであれば，より効率的な運営によって価格優位を実現した競合企業との競争に敗れて淘汰されてしまうことになる。ある程度の規模にまで成長した企業にとっては，経営学がその運営上必要不可欠な存在となる所以である。こうした経営学の対象は営利を目的とした企業に限られるものではなく，都道府県や市町村といった地方公共団体から，NPO 法人，病院にいたるまであらゆる組織がふくまれる。

1-2
経営学とは

　それでは経営学にはどのような意義があるのだろうか。経営学の目的は

「経営現象」に関する研究成果を学ぶことをとおして個人，組織，社会を見る目を養い，より良く生きていくための指針を獲得することにある。経営学の要諦は組織をマネジメントすることにある。ピーター・ドラッカー（Drucker, 1999）は，マネジメントを組織をして成果を上げさせるための道具，機能，機関であるとしている。かれはあらゆる組織を個人や社会のもつニーズを充足させてくれる機関と位置づけており，マネジメントとは組織が社会的機関であることを支援する機能であると考えることができる。

　マネジメントとは従業員を管理することのみを意味する概念ではない。すなわちマネジメントとは組織が掲げる目的と使命に向かって組織構成員を動機づけ，社会的な責任を果たしながらその達成を最善のプロセスで実現することを担っている。そしてそのプロセスで顧客の創造をおこなっていくことがマネジメントの成果であるとされる。マーケットのニーズを満足させて自社にとっての顧客を創造できない企業は社会的機関としての存在意義がないという考え方である（cf., ibidem）。

　マネジメント活動とは計画し，組織し，指揮し，調整し，統制する仕組みであり，企業組織はマネジメント活動をとおして現場の作業活動が円滑におこなわれることをサポートする。そこで重要となるのがマネジメントの主体でありかつ対象としての人間であり，そこに経営学の芸術的な側面が生じてくる。経営の神様とよばれる松下電器産業の創業者，松下幸之助（1968）は人材の活用，資金の運用，経営の各部門の隅々にいたるまで経営者の細かい配慮，創意工夫が重要であると述べている。

　また組織は経済的，政治的，社会的なマクロ環境のなかでミクロ的にはヒト，モノ，カネ，情報といった多種多様な経営資源を活用していることから，組織やその経営に関して1つの学問領域だけですべてを把握するのは不可能であり，経営学には関連学問の知識を活用するという学際性と，それらを総合するという総合性が求められる。

1-3
経営学を学ぶ意義

　「経営学は現実のビジネスに役に立つのだろうか。」これはとくに社会人を対象にした講義でかならず投げかけられる問いである。実際に経営学を机上の空論と考えているビジネスパーソンは少なくないかもしれない。経営学はどのようなコンテクストのなかでも成立する法則ではなく経営学に普遍的な原理は存在しない。経営学は人間社会を研究対象とする経験科学でありかならず成功する答えを与えてくれるものではない。

　経営学の意義に関して問いを投げかけるひとはうまく機能している組織に属していると考えることもできる。社会人をビジネススクールに派遣する企業は人材育成に投資している企業であり，こうした企業は存続と成長のために組織能力を高めることの重要性を認識している組織である。もしかすると優れた組織で当然のものとして享受されている組織の仕組みは，うまく機能していない多くの組織にとってはあたりまえではないのかもしれない。非効率な決まりごとが前例主義で継続されている組織は少なくないはずである。何らかの課題を抱えている企業にこそ経営学が必要とされるのかもしれない。

　職場には周囲から仕事ができるといわれるひとがいる。そうしたひとたちは本人の意識の有無とは関係なく，自らのなかに暗黙知として経営学の知見をもっている場合が多い。経営学はこれまで組織にとって有用と考えられる知識，スキル，ノウハウなどの個人の暗黙知を形式知として蓄積してきた体系なのである。

　多くの支社や支店をもつ企業の場合，支社長や支店長はそれぞれの支社や支店の業績を第一に考えるのが一般的な人間の行動だが，支社長や支店長レベルのマネジメントの本来あるべき姿は組織全体の目的の達成のはずである。支社長や支店長に組織目的の達成を第一義にした行動をとってもらうた

めには，トップマネジメントの俯瞰的な組織運営能力が求められるようになる。

　現代の経営学の最新理論である両利きの経営では，変化が激しく不確実性が高い経営環境において組織がその変化に対応して判断を誤らないためには，すでに獲得した知識のブラッシュアップと新しい知識の探究の両方を継続しておこなわなければならないと考えられている。これを聞いていわれるまでもなくあたりまえのことと思うひとは少なくないかもしれないが，実際にそれを実現する仕組みを構築しようと考えて実行するひとは少ないのではないだろうか。人間とは活動の硬直化の加速によって優位性を失ってしまったケイパビリティであるコアリジリティを捨てようとしない。とくに過去の成功体験が大きければ大きいほどそれにしがみついてしまう生き物である。

　両利きの経営，ダイナミックケイパビリティとして形式知化された知見が組織構成員によって共有されることをとおして大きな意味が生じる。一度問題意識が共有されると，問題意識をもった人間は意識的にも無意識的にも置かれた環境において最善の行動を選択するようになる。

　経営学がふくまれる社会科学の研究対象は人間による行為の結果生まれるものであり，社会科学や人文科学は人類の営みそのものが研究対象となる。文部科学省ホームページによれば，「人文学及び社会科学は，人間性の涵養，すなわち「よく生きる知」をはぐくむ意義を有する。」（https://www.mext.go.jp/，2021年3月3日アクセス）とされる。したがって，その人間が特定の理論や法則を知っているか否かで行動に変化が生じ，その行動の結果として生みだされる現象そのものにも変化が生まれる。

　理論とは対象となる事象の原因と結果の関係を説明する一般的な論述である。バチャラク（Bacharach, 1989）によれば，「理論の目的は，"何が"を述べるものではなく，"どのように"，"いつ"，そして，"なぜ"に答えること」（p.498）とされる。社会科学の研究対象である社会現象と自然科学の研究対象である自然現象との最大の違いは，人間の活動の影響をうけるか否かにある。すなわち自然科学の研究対象は人間の行動の影響をうけないのに対して，社会科学の研究対象の行為は理論の影響をうける。たとえば惑星の軌道は人間によってどのような理論が創られようとも，それによって変化する

ことはない。しかしながら社会現象である経営は人間の活動の影響をうける
ことから，経営学の理論はすべての産業，企業，製品，時間軸にそのまま応
用できるわけではない。人間はそのひとの判断基準からそのおかれた環境の
なかで，特定の産業の特定の企業の特定の製品の特定の年度の特定の事業の
計画に対する最適な意思決定をおこなっていくことになる。

　人間の発想はかならずそのひとに蓄積された知識に由来する。人間は意識
するとせざるとにかかわらず五感で体験した事柄を大脳に記憶しており，こ
うした記憶とは無縁のアイデアが降ってくることはない。わたしたちの発想
は意識するとせざるとにかかわらず，自らが修得してきた知識の制約をうけ
ているのである。ひらめきとは知識が大脳のなかで新しく組みあわされるこ
とであり，形式知のみならず暗黙知もふくめたそのひとの知識から生じる。

　経営学は経営者に最良の意思決定をおこなうための指針を与えることを目
的として考えられてきた英知の蓄積である。人間の発想はそのひとに蓄積さ
れた知識の組みあわせから生まれる。ひらめきというのもその意識の有無に
かかわらず必ず過去の経験に依存しており，突然そのひとの脳にまったく新
しい考えが湧いてでてくるものではない。実務家は経験をとおしてそのひと
に固有の思考や判断の基準を構築している。それは感性や嗅覚，ときには勘
とよばれることもあるが，それらは実務家のビジネス経験から生みだされる
もので学者の考える理屈は実務家の想像力には及ばない。

　知識の１つひとつをレゴブロックのピースと考えてみる。恐竜をはじめと
する動植物，城や寺院などの巨大な建造物，ヒーローなどの人物がレゴブ
ロックで創作されるが，大きな作品を完成させるためには多くのブロックが
必要である。ピースが少なければ組みあわせの数は限定されてしまう。元大
蔵省財務官でミスター円との異名をとった慶応大学教授，榊原英資は暗記，
詰めこみなくして創造力は育たないといっている。かれによれば創造とは知
識と知識の組みあわせを新しく組み替えることであり，それを可能にする能
力が創造力だとされる。さまざまな分野で顕著な業績を遺したイタリアのル
ネサンス期を代表する芸術家，レオナルド・ダ・ヴィンチは大変な博識で
あったことが知られている。

　いわゆる「仕事ができる人間」といわれるひとは経験をとおして成功の可

能性が高い意思決定を可能とする多くの暗黙知を獲得してきた人間である可能性が高い。経営学の理論は暗黙知として特定のビジネスパーソンに備わっていた知識を形式知化した体系である。人間は過去およそ120年にわたって蓄積されてきた経営者や研究者たちの叡智と経験を知識として習得することをとおして，より優れた意思決定をおこなうことができる可能性を高めることができる。経営者の経験に即した知識を形式知化して汎用的な知識に変換しておけば，優れたビジネスパーソンはその論理を異なった文脈に利用できるようになる。

　組織を運営して事業を展開していく過程で直面する課題の多くは本質的なところで古今東西普遍的であるものが少なくない。そして先哲がそれらに対応してきた知見が多くのソリューションとして残されている。ビジネスパーソンに求められる資質はおかれた経営環境のなかで直面する新たな経営課題への対応能力である。わたしたちは経営学を学ぶことをとおして現代の経営環境のなかで直面する新たな経営課題への対応能力を獲得，維持，強化することができるようになる。そして，変化の速い経営環境のなかで，豊富な知識と経験は，わたしたちに新たな発想を生みだし，経営理論に新たな知識をつけくわえる可能性を与えてくれる。

1-4
現代の経営環境

　こんにちの市場はハイパーコンペティションの環境下にある。この変化が激しいビジネス環境では重要なリソースやそれを投入するマーケット自体が変化している。企業には環境変化にあわせて動的にさまざまなリソースを再構築し，組みあわせる能力が求められる。こうしたハイパーコンペティション環境を創りだしているのがエクスポネンシャルテクノロジーである。これは指数関数的成長曲線を描くすべての技術，一定期間ごとに性能が倍増していく技術である。現代の代表的なエクスポネンシャル技術としてネットワー

ク，センサー，ロボティクス，人工知能，合成生物学，ゲノミクス，デジタル医療，ナノテクノロジー，コンピューティング技術をあげることができる。

　3D プリンティングの技術はモノづくりの方法，対象，場所を根底から変えている。従来の切削法が大きめの材料から削ってつくるのに対して積層法はゼロの空間に 1 層 1 層，ミリまたはミクロンの単位で平面を重ねて造形物をつくりあげていく。3D プリンターでは何百万種類ものユニークな製品を設備や在庫を一新することなく創れるようになる。その素材もナイロン，プラスチック，ゴム，生物学的素材，ワックス，高密度な金属まで 100 以上から選択することができる。日米欧で製造される自動車のほとんどにこうしてつくられた部品が使われている。

1-4-1　バンキングシステム

　21 世紀を迎えても世界のバンキングシステムは 14 世紀末に誕生したメディチ家が構築したバンキングシステムを継承してきた。メディチ銀行はローマやヴェネツィアへ支店網をひろげて情報のネットワークを構築し，国際的な信用機構もつくりあげた。インターネットが普及してもバンキングシステムは支店ベースのディストリビューションシステムから商品とコンセプトをもってきて，店舗でおこなっていた自筆のサイン，印鑑，身分証明書類を要するプロセスを複製して，ウェブという新しいチャネル上に仕立て直してきた。

　スマートフォンの普及はバンキングシステムに大きな変革を生起させることになる。金融（finance）と技術（technology）を組みあわせたフィンテック（FinTech）を活用して，世界ではじめて携帯電話での送受金システムを導入した国はケニアである。ケニアの通信会社サファリコム（Safaricom PLC）と南アフリカ共和国のボーダコム（Vodacom SA）の M ペサ（M-PE-SA）では，銀行口座をもたなくても携帯電話を利用した非接触型決済，預金，引きだし，光熱費や携帯電話料金といった日常の支払い，送金，マイクロファイナンスなど金融取引をおこなうことができ，全国のどこでも同一の

モバイルマネーサービスを受けることができる。

　利用者はサファリコムの窓口で送金額と手数料を支払った後，送金相手に携帯電話で送金額を伝えるSMS（ショートメッセージサービス）と暗証番号を送る。メッセージを受信した相手はサファリコムの窓口でその画面と暗証番号を提示すれば現金を受け取れる。銀行を介しないこの送金手段は銀行口座をもたない貧困層のあいだで瞬く間にひろまり，2007年に開始された同サービスへの登録者数は年々増加を続けている。携帯通信事業者の業界団体GSMA（GSM Association）によれば2013年8月にはケニアでのモバイル送金利用者数が同国の成人の74％にあたる2300万を超えたと発表している。Mペサはケニア全土に20万か所以上の利用可能な代理店があるなど同国の生活に欠かせないインフラになっている（cf., https://www.soumu.go.jp/, June 21, 2021）。

　人口の大部分を占める貧困層は収入が少なく銀行に口座を開設できなかったが，そもそも多くのひとが銀行にいくためには最低でも数時間歩かなければいけなかった。一方で農村に家族を残して都市部に出稼ぎにいく労働者が

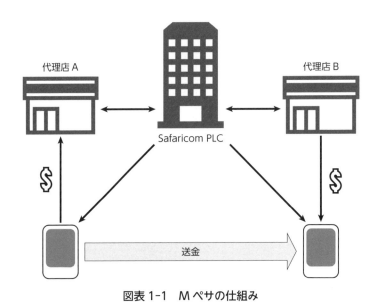

図表 1-1　Mペサの仕組み

出所：筆者作成

多いことから送金の需要は高かったが、既存の金融サービスはこうした需要に応えられておらず、現金を郵送するか直接相手に手渡すしかなかった。国連はアフリカ大陸の人口を現在の約12億人から2030年には約17億人に増加し、その70％以上を30歳未満が占めると予測している。また固定電話回線が普及しておらず通信手段が限られていることから携帯電話加入数は2005年の8700万人から2015年には7億1000万に急増している。

　Mペサのモバイル決済口座は携帯電話で数分で開設可能であり、サインも印鑑も身分証明書も必要ない。2005年、ケニアの70％の人びとは銀行口座をもっていなかったが、現在ケニアの成人の100％が携帯電話のSIMに貯めるモバイル資金口座を利用したことがあり、こんにちのケニアのGDPの少なくとも40％はモバイル上で動いている。ケニア全土に展開する20万店の代理店やディストリビューターがMペサのネットワークへの現金の入出金の心臓部であり、Mペサ代理店はネットワークに参加することで商品やサービスのモバイル決済ができる。

1-4-2　商品から経験へ

　こんにち取引は商品から経験へとシフトしている。Mペサ、アリペイは日常的な決済サービスを提供しており取引にプラスチックカードを必要としない。アマゾン（Amazon.com Inc.）とアリババ（阿里巴巴集団控股有限公司）は自社プラットフォームをとおして中小企業融資を、ウーバー・テクノロジーズ（Uber Technologies, Inc.）は企業家向け自動車リースを提供する。そこでは申込書、伝統的な審査承認、クレジットスコアリングは求められず、貯蓄をはじめるために預金口座を申しこむ必要さえなく、サービスやアプリへのアクセスを申しこむだけである。

　アリババのグループ企業、アントグループ（アント・フィナンシャル）が開発した個人信用評価システム、ジーマクレジット（芝麻信用）は直接的かつ数量的でリアルタイムで利用可能である。ジーマクレジットはスコアを集計するためにアリババのサービスからのデータを利用する。顧客はソーシャルメディアでの言動やアリババグループのウェブサイトでの購入、またはア

ント・フィナンシャルのアリペイのモバイルウォレットを使った支払いに基づくさまざまな要素に基づいてスコアリングされたスコアを受け取る。ユーザーは高スコアを得たことへの報酬としてアント・フィナンシャルからローンを受けやすくなったり，アリババグループ内の電子商取引サイトにおいてより信頼できるプロフィールをもつことができる。

　フェイスブック（Facebook Inc.）の5つの基幹サービスはSNSの「フェイスブック」，写真投稿SNSの「instagram」，メッセージアプリの「メッセンジャー」，メッセージアプリの「ワッツアップ」，VRヘッドセットを手掛ける「オキュラス」である。オキュラスで実現するのは，友人が旅行先のイタリアで撮影した360度の動画を自分がその場に存在している体験，NBAの試合をコートサイドから観戦しているような体験，映画を見るのではなくその映画の世界にはいりこんでいるような体験，空間の隔たりを超えてまるで同じ部屋にいるように話したり仕事をする体験など仮想世界にはいりこむ体験である。

1-4-3　情報化の進展

　クラウス・シュワブ（Schwab, 2017）はデジタル革命を第4次産業革命とよんでいる。デジタル資本主義とはデジタル技術を活用して差異を発見，活用，創出し，利潤を獲得することで資本の永続的な蓄積を追求するシステムととらえることができる。岩井（2006）が指摘しているように，インターネット初期においては商業資本主義的な側面が強かったのに対して，デジタル技術の指数関数的な発展にともなってクラウドサービスや自動化システムなどによってコスト面での効率化がもたらされてきた。デジタル技術の急速な進展はマスカスタマイゼーションのようにこれまで不可能であった差異の創出メカニズムも生みだしている。

　セブン－イレブン・ジャパンによってはじめて導入されたPOSシステムは，それまでの流通システムの常識を覆す画期的なシステムであった。POSシステムではあらかじめ商品につけられたバーコードを読み取ることによって，単品ごとの売上データ，時間帯ごとの商品販売状況を把握できる。こう

したデータはオンラインでフランチャイズチェーン本部のホストコンピュータに伝送され，本部はこうして送られたデータの分析をとおして売れ筋商品，死に筋商品を見極め，需要予測や販売機会ロスの削減に役立てることができるようになった。

　購買日時，購買顧客属性データ，季節，天候，地域性，イベント，流行などがチェーン本部で分析されており，たとえば小学校や幼稚園の運動会がある際には，POS システムから前年までの販売データを参照して発注をおこなうことができる。使い捨て容器のような運動会のときにだけ売れる商品，清涼飲料水やおにぎりなどの運動会のときに多く売れる商品の発注を，過去の販売データをもとにおこなうことができる。運動会が開催された場合でも，気象条件によって特定の商品の売上は大きく変動するが，複数年にわたるデータの蓄積，同じ条件に該当する店舗のデータなどが複合的に分析されており，商品発注をサポートする重要な情報を提供してくれる。

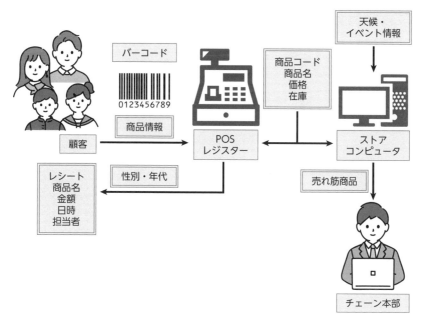

図表 1-2　POS システムの仕組み

出所：筆者作成

従来型マーケティングにおける年齢，性別，職業，学歴，所得から顧客を分類してターゲットを設定していた時代は終わった。こんにち企業はユーザーの購入履歴，閲覧履歴，検索履歴などのビッグデータをもとに特定ユーザーの心理や行動パターンを AI で解析してリコメンデーションをおこない，リアルタイムでユーザーと 1 対 1 のマーケティングをおこなっている。

　プラットフォーマーは「IoT×ビッグデータ×AI」の活用をとおして，人間が五感で相手の考えていることを推察する能力を手にいれようとしている。アマゾンでチーフサイエンティストだったアンドレアス・ワイガンド（Weigend, 2017）は，アマゾンのマーケティングを 0.1 人規模でセグメンテーションすると表現している。

　アマゾンでは顧客に着目したユーザーベースのフィルタリングと商品ベースのフィルタリングがおこなわれる。特定のユーザーと別のユーザーがチェックあるいは購入したデータの両方を使ってユーザー同士の類似性や商品同士の共起性が解析される。前提となる仮説は人間は似ているひとがもっている商品を欲しがり，自分と似ているユーザーの評価と自分の評価は似ているというものである。アマゾンにおけるリコメンデーションは，多くのユーザーのなかから類似性のあるユーザーを探しだして，もっていないユーザーに勧める。

　アマゾンは従来のネット通販にくわえてリアル店舗へ進出することをとおして，より詳細なビッグデータの収集を進めている。「ユーザーの位置情報×行動範囲×時間データ」がわかればユーザーの正確なプロファイリングが可能になる。24 時間 365 日の情報がわかれば個人が特定できるとされる。たとえば夜 8 時から朝 7 時までいる場所は自宅，午前 9 時から午後 5 時までいる場所は職場であり，住所と勤務先，年齢がわかれば年収が類推可能とされる。データの重要なポイントは正確性とカバレッジ，鮮度であり，リアルタイムでこれらのビッグデータを収集することをとおして，消費者が行動変容をおこなうタイミングと理由が推測可能とされる。行動変容する可能性のある消費者を推測できれば，かれらが求める商品を的確なタイミングで推奨することが可能になる。

　人間には五感があるがセンサー技術は人間の五感を再現することを目的と

して開発されている。直感的なユーザーインタフェースを実現するために，人間の感覚器官と同様な情報を検知する五感センサーの技術開発が進んでおり，人間の感覚の再現さらには人間の感覚をはるかに超えたセンサーも実現可能になってきている。アマゾンが展開するレジなしコンビニエンスストア，アマゾンゴー（Amazon Go）では，カメラとセンサー，マイクを使ってAIが買物をしたひとと買物内容を特定する。店舗内にカメラ，商品棚にカメラ，圧力センサー，重力センサーとマイクが設置され，顧客が商品をさわったかどうかは圧力センサー，商品棚から商品がピックアップされたかどうかは重力センサーが確認するとともに，マイクが商品のすれる音を検知して商品が動いたかどうかをチェックし，カメラの画像解析から顧客が何をどれだけ購入したかを正確に判定する。

アマゾンが追求するカスタマーエクスペリエンス（customer experience：CX）は顧客に取引をしていると感じさせないことである。アマゾンゴーは顧客に買物をしている，支払いをしていることを感じさせない。

1-5
ハイパーコンペティションの経営学

その誕生からおよそ120年経過したこんにち，経営学が到達したのはルーティンとダイナミックケイパビリティである。ハイパーコンペティション環境において組織が存続するためには，ルーティンを機能させて組織を円滑に機能させながら，ダイナミックケイパビリティを発現していかなければならない。

シドニー・ウィンター（Winter, 2003）によれば，ルーティンは企業に慣習として埋めこまれた繰り返しの行動プロセスであり，現場レベルの斬新的進化をうながすものをオペレーションのルーティン，それらのルーティンを変化させて組みあわせなおし続ける高次のルーティンをダイナミックケイパビリティとした。すなわちかれはダイナミックケイパビリティをルーティン

の発展形としてとらえ，環境が変化しても企業の保有しているアドホックな問題解決能力で対処可能であり，経済効率的だと主張している。

ダイナミックケイパビリティをルーティンの発展形と考えるなら，それはルーティン同様に企業固有に発展するものであり，技術やブランドのようなリソースとは異なり安易に外部から手にいれられるものではないと考えられる。すなわちルーティンには経路依存性があり，企業にはそれぞれの進化の過程で固有のルーティンが形成される。組織ルーティンの有効性は強力で一貫した組織の価値観によって支えられる。

ダイナミックケイパビリティは少なくとも部分的には企業のトップマネジメントの経営スキル，企業家的スキル，そしてリーダーシップスキルのなかにあり，ルーティンを設計，開発，実行，修正する経営者能力のなかにある。優れたダイナミックケイパビリティをもつ企業は学習をとおして環境の変化に適応したり事業環境を形成している。

かつてニコラス・ネグロポンテ（Negroponte, 1995）は，アトム（物質）からビット（情報）へという言葉でデジタルがメディア，ライフスタイル，職場環境などあらゆる社会構造を根本的に変容させると予測した。こんにちテレビはスマホアプリの1つとなり，音楽や動画はストリーミング配信が主流となりつつある。デジタル社会ではリアルなモノやサービスをデジタル化（非物質化）することで新しい事業価値が生みだされて，わたしたちの文化，産業，ライフスタイルを一変させていく。

デジタル社会がもたらす環境変化はマーケットに超競争，ハイパーコンペティションを生起させている。ハイパーコンペティションの時代には「持続的競争優位」という前提が存在しない。企業に求められるのは業績が落ちても対応策によって業績を回復する「変化する力」である。企業は変化を繰り返すことで競争優位を連鎖して獲得することができるようになる。

ハイパーコンペティションの時代には組織に求められる変化するスピードはさらに速くなりその程度も大胆になる。ダイナミックケイパビリティは企業の変化を説明する理論であり，こうした背景からこんにちダイナミックケイパビリティ理論の確立が求められている。多くの歴史あるグローバル企業は事業環境にあわせて大きく業態を転換し，生き残り繁栄してきた。環境に

あわせて変化する力の解明を試みるのがダイナミックケイパビリティ理論である。

2

経営学の発展と
資本主義

2-1
経営学の歴史

　現代に生きるわたしたちにとって組織がシスマティックに機能するのは所与であり，その前提の上に競合する企業とのビジネス競争にいかに勝利するのか，消費者に受けいれられる商品をどのように開発するのかが経営学の中心課題になっているが，その前提をかたちづくってきたのが経営学である。

　工場の生産性向上を目的として生起した経営学は現代に続く産業社会の成長プロセスのなかでその研究領域をひろげていく。フレデリック・テイラー（Taylor, 1911）の「科学的手法」は，それまで経験と勘に基づいておこなわれていた生産活動に科学を導入して合理的で効率的な作業環境をもたらした。同じ時期，アンリ・ファヨール（Fayol, 1967）は，組織の分業によって機能の専門化と権限の分散化が生じた組織の秩序を維持するための仕組みとして管理過程論を提唱する。テイラーとファヨールの功績はそれまで経験

と勘に基づいておこなわれていた企業経営に科学をもちこんだことにある。こんにちでこそ経営学の研究領域は多岐にわたっているが，およそ120年の経営学の歴史の1ページ目はかれらによって記されたのである。

経営に科学がもちこまれることで生産性が向上すると，人間は経済的要因だけでは働かないことがわかってくる。それを明らかにしたのがメイヨー（Mayo, 1933）であり，そのような人間をいかに労働に動機づけるのかを研究したのがリッカート（Likert, 1961）やアージリス（Argyris, 1957），ハーズバーグ（Hertzberg, 1966），マクレガー（McGregor, 1960）らの研究者で，かれらによって人間のもっている能力を最大限に発揮させるための普遍的な法則が探求された。

組織の存在も所与ではない。そしてそもそも組織がなければ人間はそこに所属して働くことはできないことから，組織に関する研究もおこなわれてきた。組織は何のためにどのようにつくられて，そこで人間が機能的に活動するために組織が備えるべき要件が明らかにされてきた。チェスター・バーナード（Barnard, 1938）は組織を意識的に調整された2人またはそれ以上の人びとの活動や諸力のシステムとして，その成立のための条件として組織目的，貢献意欲，コミュニケーションの3要素を示した。経営管理論はこのような組織論の基礎の上に築かれ，道徳の創造というリーダーシップが導きだされる。

バーナードの研究を継承したハーバート・A・サイモン（Simon, 1947, March=Simon, 1958）は1978年に「経済組織における意思決定過程の先駆的研究」でノーベル経済学賞を受賞している。かれは行動する主体の「限定合理性」について分析して限定合理性を克服する組織の意思決定過程を考察することから，人間は必ず合理的な行動を取るとの前提を置く新古典派経済学に影響を与えた。

1970年代になって経営学に登場してくるのが経営戦略に関する研究である。マーケットのなかで競合する企業との競争に焦点があてられたのである。この領域はチャンドラー（Chandler, 1962）やアンゾフ（Ansoff, 1965）によって先鞭がつけられ，マーケル・ポーター（Porter, 1980, 1981）の研究によって体系化され，バーニー（Barney, 1986a, 1986b, 1991）らが登場して

くることで発展していく。

　1990 年代になって経営学は新たなステージを迎える。それまでの組織形態や管理構造，競争戦略等のすべての経営管理理論の根幹へと研究の視点が向けられることになる。その背景には産業技術や情報通信技術の発展がもたらした社会環境がある。ビジネスから時空間の制約が克服されグローバル化したマーケットのなかで高度に発達したテクノロジーは製品の差別化をますます困難にしている。経営環境の変化のスピードは大きくて速く，現代の企業は変化の激しい経営環境のなかで不断に競争優位を創造することができる組織能力を有していなければ，存続していくことが難しい時代が訪れている。

　こうした環境でこんにちの経営学における関心は，環境にあわせて変化する力の解明を試みる経営理論の統合知であるダイナミックケイパビリティに置かれている。その代表的な研究者がデビッド・ティース（Teece, 2009）とキャスリーン・アイゼンハート（Eisenhardt=Martin, 2000）であり，急激に変化するビジネス環境のなかで，変化に対応するために内外のさまざまなリソースを組みあわせ直し続ける企業固有の能力の解明をおこなっている。

　経営理論の大きな流れの過程でマーケットにおける要請に応えてマーケティング論，サプライチェーンマネジメント，ベンチャービジネス論，アントレプレナーシップ論などの研究もおこなわれてきた。バーテルズ（Bartels, 1976）によれば 1910 年にマーケティングという言葉がはじめて用いられたとされるが，そこでのマーケティングの機能は市場配給に関する問題と位置づけられていた。その後は自社の製品を購入してもらうためにおこなわれる活動から，価値創造へとマーケティングの領域そのものもひろがってきた。マーケティングの学問体系はフィリップ・コトラー（Kotler, 1999）によって集大成される。

　1990 年代後半になって，社会のグローバル化のなかで流通プロセスの効率化の動きのなかから供給連鎖全体の最適化を図ろうとするサプライチェーンマネジメント（SCM）が生まれてきた。原材料の調達から製品の最終需要者にいたるすべてのプロセスをトータルでとらえ直し，組織の壁を超えてビジネスプロセスの全体最適化を継続的におこない，製品の付加価値を高め

る戦略的な経営管理手法である。戦争に由来するロジスティクスがあくまでも物流という機能をベースとしているのに対して，SCM はサプライチェーンの全体最適を実現するためのマネジメント手法である。

1970 年代以降，1975 年にビル・ゲイツとポール・アレンによって創業されたマイクロソフト（Microsoft Corporation），1976 年にスティーブ・ジョブズ，スティーブ・ウォズニアック，ロナルド・ウェインの 3 人で設立されたアップル（Apple Inc.），19994 年に創業者ジェフ・ベゾスによってカタブラ（Cadabra, Inc.）として設立されたアマゾン（Amazon.com, Inc.），1998 年にラリー・ペイジとセルゲイ・ブリンによって創業されたグーグル（Google LLC，設立時 Google Inc.），2004 年にマーク・ザッカーバーグがエドゥアルド・サベリン，アンドリュー・マッカラム，ダスティン・モスコヴィッツ，クリス・ヒューズと一緒に設立したフェイスブック（Facebook, Inc.）というテックジャイアンツ，あるいはビッグファイブともよばれ情報技術産業における最大かつもっとも支配的な企業が誕生してくる。

情報時代におけるコンピュータは産業革命における機械と同様あるいはそれ以上の変化を社会にもたらし，新しい環境のなかでそれまでよりも高い価値を生むビジネスモデルを創造するアントレプレナーたちが登場してくると，ベンチャービジネスや企業家を成功に導く要因が研究されるようになった。

2-2
産業資本主義の誕生

2-2-1　分業論

近代経済学の父とよばれているアダム・スミス（Smith, 1776）は小規模なピン製造工場の検証から労働の生産力の改善，労働の熟練，技能，判断力

の向上の大部分は分業の結果であるとした。かれは分業がもたらす利益が職業や仕事をさまざまに分化させると考えた。スミス（ibidem）は同じ人数が生産することができる仕事の量が大きく増加する要因として職人の技能の向上，プロセス間の時間の短縮，そして機械の発明，改善をあげている。

　分業の結果，個々の職人の仕事が単純な作業に還元され，その作業を継続しておこなうことで職人の技能が向上する。スミス（ibidem）は釘づくりに慣れていない鍛冶屋と釘づくりを唯一の仕事とする職人の釘製造を比較することで，釘づくりよりも簡単な作業への分割が可能なものとしてのピン，金属ボタンの製造を例示することで，分業による職人の技能の向上，生産量の増大を説明している。

　また同一作業に専念することで作業をする場所の移動や作業の種類の変更によって失われる時間が節約され，それにともなう職人の注意力，勤労意欲の低下が防止され，労働の生産力が向上するとされる。そして職人が特定の作業に特化することから，かれらの作業をより容易に遂行するための機械が発明，改善されるとした。スミス（ibidem）によれば，作業が細分されている製造業で使用されている機械の大部分は普通の職人が発明したものであったとされる。かれによれば文明が進み繁栄している国では完成品としての多くの製品やそれらをつくるための道具，機械は多数の職人の結合労働の生産物であるとされる。

　スミス（ibidem）によれば，社会的分業そのものは製品生産の存否にかかわらずさまざまな社会経済的構成のもとにあらわれうるものであるが，人間社会における労働生産力が一定の発展段階に達してなんらかのかたちで私的所有の関係が成立した段階において，余剰生産物の交換を契機として製品生産という形態でおこなわれる社会的分業があらわれるとされる。スミスのいう職業分化すなわち社会的分業は製品生産による社会的分業であるが，かれは社会的分業と作業場内分業とを同じ分業という言葉で表現し，それらのあいだの区別，関連を明確なかたちでは示していない。社会的分業は作業場内における部分労働によってなされる労働の結合が問題とされることなく，作業場内での分業と同一の原理から発現して作業場内での労働の分割と同様の生産力の上昇という利益をもたらすものとして把握され，社会の内部での

仕事の分割，社会的分業によって一見個々的におこなわれている労働が社会的な労働に結合されていることが指摘されている。

スミス（ibidem）によれば，そこでの労働の生産力を飛躍的に上昇させるマニュファクチュアにおける分業と同じ分業が社会の内部に，一見明瞭ではないがしかしはるかに広汎に存在して，そしてそこにおいて労働は外見上個々的におこなわれているようにみえるが，実は巨大な社会的労働に結合されており，そのもとで細分化され専門化された労働が社会的に結合されるとき，その分業労働は文明社会の生産力と富裕の基礎となるとされる。

フランスの社会学者デュルケーム（Durkheim, 1893）における分業は単なる作業の分類ではなく，社会的連帯の優れた源泉であり，機械的連帯において「共通意識」が果たしていた役割を果たすものとされる。分業の効果は生産性の拡大と効率性の上昇に見る通説的な分業観は避けられるべきであり，分業のもっとも顕著な効果は分割された諸機能の能率を増大させるということではなく，それら諸機能を連帯的にすることとされる。

分業は人口の増大，集中とそれがもたらす環節的社会構造の崩壊などにともなって進行し，その結果としてしだいに職能の専門化が進み，集合意識の斉一的な支配が弱まり，社会成員の異質化と個性化が生じるが，それは社会の諸単位が異質化しつつ相互依存性を深めていくことを意味し，そこに新たな連帯が創りだされていくと考えた。

部分労働化による人間の部品化と部分人間化，作業のルーティン化と職人の駆逐，労働モラルの衰退と生産性の低下といった分業の弊害は歴然としていたが，デュルケーム（ibidem）は現在進行している社会的分業の発展から問題解決の新しい可能性が生まれているはずだと考えた。

分業のもとで発現している矛盾，対立はそれに見あうだけの新しい社会組織がいまだ発達していないことによるもので，新しい産業的生活そのものは否定されるべきではない。産業的生活の新しい諸条件は新しい組織を求めるが，諸変革は極度に速く成し遂げられていることから，闘争する諸利益は依然として均衡するときをもちえない（cf., ibidem）。

社会的分業のネガティブな外観とその深層で進行しているポジティブな社会組織の形成がデュルケームの社会分業論を特徴づける。労働の分業は同時

に労働の結合であるという考えはスミスの考えとも合致するが，デュルケームは結合労働としての新しい組織は労働の生産性の向上という効率性という観点からのみとらえられるのではなく，結合それ自体に社会的豊かさを見るという側面が強調される。すなわち生産性の向上は分業の1つの帰結であり，専門化はより多くを生産するためではなくわたしたちに与えられた新たな生存条件のなかで生存するためとされる。分業の進展は物質的富を獲得するための作業の効率的分割ではなく，社会組織を形成する社会的連帯の源泉なのである。

デュルケーム（ibidem）によれば社会的分業の進展は「機械的連帯」から「有機的連帯」への必然的な発展過程であり，わたしたちの心的生活を拡大させるものとされる。分業が増進させる社会的諸機能の協力関係は，自ずとその拡大に見あう社会的調整機能をも拡張させ，固有の結合の諸規則の一体系を生成させていく。分業が連帯を生みだすのであれば，それは単に分業が各個人を経済学者たちがいうような交換者にするためばかりではなく，分業が人間たちを相互に継続的に結びつける権利と義務の一体系を創造するためでもある。分業は個々人を対峙させるのではなく社会的諸機能を対峙させると考えたのである。

2-2-2　産業革命の経緯

馬や河川を動力として利用していた人間は，いまから300年あまりまえはじめて人工動力である蒸気機関を手にする。これは機関内部にある気体を機関外部の熱源で加熱して冷却することによって膨張，収縮させることをとおして熱エネルギーを運動エネルギーに変換する機関であった。新しい動力の出現はこんにちインターネットに代表される情報通信技術の登場がわたしたちの生活にもたらした以上に大きな影響を当時の社会にもたらした。

1695年，フランス生まれの物理学者，パパンが蒸気を使った最初のエンジンを試作したといわれている。蒸気機関の普及にはスコットランドの数学者ワットの登場をまつことになる。かれが蒸気機関のエネルギーをピストン運動から円運動へ転換させる仕組みを考案するにいたって，蒸気機関はその

応用範囲をひろげてその後の産業革命生起の原動力となっていく。

　歴史を振り返ると産業革命には蒸気機関の発明をはじめとしたさまざまな要因が作用していたことがわかる。18 世紀なかばからヨーロッパでは農業技術の改革が進展する。輪作の導入は休耕地を減少させ，囲いこみによる集約的土地利用によって食料生産が飛躍的に伸びた。こうした農業革命をとおして食料生産は飛躍的に増加し，これが人口の増加をもたらすことになる。人口の増加は生活物資の需要をもたらす。

　1733 年，ケイが発明した「飛び杼」が織物の生産性を 3 倍に高めたことから，それまでの糸車を使った紡績では綿糸生産能力が需要に追いつかなくなっていたが，1764 年にハーグリーブスがジェニー紡績機を発明する。この紡績機は従来の手挽車が 1 本ずつしか糸を紡げなかったのに対して同時に 8 本の糸を紡ぐことができたが，依然として人間の力に頼る仕組みでありその生産量には限界があったが，1769 年にアークライトが水力紡績機を開発して本格的な工場制機械工業がはじまる。その後 1779 年に開発されたクロンプトンのミュール紡績機を経て，1785 年にカートライトが蒸気機関を動力とした力織機を発明するにいたって，その生産速度は格段の進歩を遂げることになる。

　繊維業とならんでイギリス産業革命の推進役となったのが製鉄業である。鉄という素材そのものが人間によって使用された歴史は古く，紀元前 15 世紀にアナトリア半島のヒッタイト人が鉄鉱石から人工的に鉄を取りだす精錬技術を発明したとされる。イギリスでは 16 世紀頃から鉄製品に対する需要が高まっていたが，当時の精錬には大量の木炭が使用されていたためヨーロッパ各地で深刻な森林破壊が進んでしまう。こうした状況を一変させたのが 18 世紀にダービーによって開発されたコークス製鉄法だった。コークスは石炭を蒸し焼きにしたもので火力が強く，これによって鉄の生産量は劇的に増加することになる。

　こうして大量生産が可能となった鉄の需要ははじめのうちは製品の材料として消費されていたが，やがて工業機械や鉄道の敷設のためにさらなる鉄が必要となっていった。一方で，こうした鉄に対する需要の拡大は石炭採掘の隆盛をもたらしたが，その採掘プロセスで必要となる排水のためにさきに触

れた蒸気機関を用いたポンプが実用化されることになる。そして蒸気機関車の普及は線路の敷設のために必要なさらに大量の鉄の需要を喚起することになった。

2-2-3　内燃機関の開発と自動車の普及

　その後産業革命は新たなステージを迎える。1867 年，ドイツの発明家オットーはピストン室で直接燃料を燃焼させる内燃機関の生産をはじめる。これは吸気と圧縮，点火と排気の 2 つの行程をとる 2 ストロークサイクルであった。1872 年，かれの会社にダイムラーとマイバッハがくわわり，吸気，圧縮，点火，排気の 4 つの工程をとる 4 ストロークサイクルの内燃機関を開発し，1884 年に電気的発火装置の発明によってこの内燃機関に液体燃料が使えるようになる。1885 年，ダイムラーとマイバッハはガソリン動力を積んだオートバイを開発し，1886 年には駅馬車に内燃機関を搭載する実験をおこない，1889 年に最初の自動車を開発している。1890 年，ダイムラー・モトーレン・ゲゼルシャフト（Daimler Motoren Gesellschaft, DMG）を設立して 1892 年に自動車の販売を開始している。

　ダイムラーとマイバッハとときを同じくして世界で最初に実用的なガソリン動力の自動車を発明したのがベンツである。1883 年，かれはのちのダイムラー・ベンツ（Daimler-Benz AG）の母体となるベンツ & シー・ライニッシェ・ガスモトーレン・ファブリーク（Benz & Cie., Rheinische Gasmotorenfabrik AG）を設立し，1886 年に 4 サイクルのガソリンエンジンを搭載した三輪自動車の開発に成功している。同社とダイムラーとマイバッハが設立したダイムラー・モトーレン・ゲゼルシャフトは 1926 年に合併し，ダイムラー・ベンツ（Daimler-Benz AG, 1998 年〜 2007 年ダイムラー・クライスラーを経て，2007 年から現ダイムラー（Daimler AG））となる。

　ダイムラーとマイバッハそしてベンツによって実用化された自動車製造に大量生産の方式を開発して大衆に普及させたのがアメリカのヘンリー・フォードである。かれが生産した T 型フォードは世界で累計 1500 万台以上生産された。T 型フォード登場以前，自動車は一部の富裕層にしか手の届か

ない製品だった。1908 年，かれは 850 ドルで T 型フォードの販売をはじめるが，この低価格を実現したのが移動組み立てラインによる大量生産技術だった。フォードの発想は極めて斬新だった。かれは後生の研究者が評するように市場の欲求に適合した生産システムの設計をリードした生産の天才の顔をもつ一方で，そのターゲットとした顧客が求める価値をかれらが支払うことのできる対価で提供することを可能にする生産の仕組みを構築したマーケティングの天才としての顔をあわせもっていた。すなわちかれは 1 台 850 ドルで自動車を販売すれば数 100 万人が購入してくれることを予測して，その価格で販売しても収益を確保できる水準まで生産コストを引き下げることを可能とする生産ラインを創りあげたのである（cf., Levitt, 1960）。

　低価格を実現するために移動手段としての自動車を製造するという目的以外のものを徹底して削減するために色はすべて黒に統一され，動力を使用することなく燃料をエンジンに送ることができるように燃料タンクの位置をエンジンの高さよりも高く設置するなどの工夫が施された。T 型フォードは1928 年の生産中止までに 1500 万台以上が製造され，この大量生産方式はほかの工業生産にも応用されて 20 世紀の工業社会の牽引役となった。

　フォードの工場では作業ごとの標準作業時間と手順が定められ，実験中にはフォード自らストップウォッチを手に作業員の動きを注視したという。結果として生産過程ではかれが意識していたかどうかは別として，テイラー（Taylor, 1911）が提唱した科学的管理法がいち早く実現されていた。複雑な作業工程も要素ごとに分解すればほとんどが単純作業の集積であり，かりに非熟練労働者であっても作業ができるようになる。また作業工程はベルトコンベアによって結合され，熟練工による組立よりもはるかに効率的かつ均質な大量生産が可能になっていた。

　T 型フォードの販売開始から 6 年後の 1914 年にはシャーシを 1 階で，ボディを 2 階でそれぞれ組立て，2 階建てラインの末端でスロープを使ってボディを下ろしてシャーシに架装するという「フォードシステム」がほぼ完成する。この結果 1908 年の製造開始当初 1 台あたり 14 時間を要していた T 型フォードの組立所要時間は，1914 年には 1 台あたり 1 時間 33 分にまで短縮されていた。

3

経営学の誕生

　ドラッカー（Drucker, 1973）はテイラーこそ人類の歴史上はじめて労働作業を当然のものとして見過ごさず研究の対象として光をあて，仕事が体系的な観察と研究に値するものとした最初のひとだったとする。かれは20世紀において先進国における一般人の生活をかつての富者よりも高い水準にまで引き上げることになった豊かさの要因を，テイラーの科学的管理法の成果とする。テイラーの考えはマネジメントにおける人間観察とそれに基づく人間理解の重要性を再認識させてくれ，こんにちでも製造業の作業現場に限らずひろくビジネスの現場に活かされている。

3-1
テイラーの科学的管理法

　テイラー（Taylor, 1911）はマネジメントの目的は雇用主に「限りない繁栄」をもたらし，あわせて労働者に「最大限の豊かさ」を届けることと考えた。それは単に雇用主に大きな利益や配当を得ることではなく最高水準の事

業をおこなうこと，労働者に相場よりも高い賃金をもたらすだけではなく，かれらに可能性の限りを尽くした最高の仕事をおこなわせることを意味していた。

　テイラーはこの目的を達成するために，1人ひとり1つひとつの作業について従来の経験則に替わる科学的手法を設け，労働者が自ら作業を選択してその手法を身につけるのではなく，マネジャーが科学的な視点から労働者の採用，訓練，指導などをおこなうことを考える。マネジャーは労働者と力をあわせて新たに開発した科学的管理法の原則を現場の作業に確実に反映させて仕事と責任をほぼ均等に分けあう。それまでは実務のほとんどの責任を労働者に委ねていたが，これからはマネジャーに適した仕事はすべてかれらが引きうける。

　1700年代にはいってからの農業技術の進歩による人口増加，機械の発明のよる製品の生産効率の向上，外燃機関から内燃機関へと続く動力の発明とその応用領域の拡大，そして鉄道の敷設による物流環境の整備は複雑に影響しあいながら産業革命を推し進めていった。そのプロセスで大規模な工場が建設されて機械が設置され，大量の労働者が働くようになった。そこでは労働者は機械の歯車の一部として扱われ，労働者がその対価として得る賃金も低くおさえられ労働者間での目に見える違いはなかった。そのような環境では労働者の勤労意欲は低く結果として工場の生産性は高まらなかった。

　そのような環境下，設備資金や運転資金の膨張による資金需要が増大した資本家は労働者の賃金を抑制することによってそれらの課題に対応しようとした。資本家の賃金カットに対して労働者はサボタージュやストライキで対抗したが，資本家と労働者の対立という問題の本質にはその賃金形態にあった。こんにちわたしたちが使う「サボる」という言葉はフランス語のサボタージュ（'sabotage'）に由来しており，フランスの労働者が争議中木靴（サボ）で機械などをたたきながら意思表示したことにちなんでいるとされる。

3-1-1　テイラーの経歴

　テイラーはひな型製造工や機械工の見習いのあと，1878年，ミッドベール・スチール（Midvale Steel Company）の機械工場に日雇いで就職する。そこで旋盤工として働きはじめると同僚よりも高い成果をあげたことが認められて数か月後に旋盤部門の作業長に任命される。当時工場を実質的に運営していたのはマネジャーではなく労働者であり，労働者が各作業のペースを決めて機械の速度を設定しており，その速度は最高速度の3分の1程度であった。新人がはいってくると同僚たちが各作業の望ましい出来高を説明して，新人がこの教えを守らなかった場合には追いだしていた。

　こうした環境でテイラーが作業長になり暗黙の出来高を変えたとこでテイラーと労働者のあいだに対立が生じる。労働者からの嫌がらせに毎日が針のむしろに座っているような環境でも，テイラーはやる気のある労働者に仕事のコツを教えるなどして製品の出来高を増やしていく。そうすると労働者たちは機械を故意に損傷，故障させて，機械を過度に稼働させたことで故障させたとして，その責任をテイラーに押しつけようとする。幸運なことに会社のオーナーは労働者よりもテイラーの言葉を信じた。そして機械が故障した場合にはその修繕費の少なくとも一部を担当者から徴収し，それを病気療養中の労働者を助けるための互助組織に寄付することとしたため，労働者が機械を壊す所業は止むことになる（cf., ibidem）。

　テイラーが家から一歩外にでると罵声をあびせられ，その妻子までもが侮辱をうけるばかりか石を投げつけられ，親しい友人からは命が危ないからやめるように諭される。こうした緊迫状況が3年ほど続くなか機械作業の出来高は2倍になり，この功績でテイラーは別部門の作業長を経て職長に任命される。しかしながらテイラーは周囲との葛藤が絶えない人生に疑問を感じるようになっていた（cf., ibidem）。

　テイラーは1人ひとりが1日にどのような仕事をどれだけこなすべきかをマネジャーが十分に理解していないことが労使の協力を妨げる最大の要因と考えた。そして職長に昇進してまもなくマネジメントの仕組みを変えていく

ことを決意する。テイラーの願いは労働者とマネジャー層の反目を解消して
その利害を一致させたいということだった。テイラーはミッドベール・ス
チールのウィリアム・セラーズ社長の許可を得て，さまざまな作業の所要時
間の科学的な手法に基づいた綿密な調査をはじめる。これはテイラーの職長
としての生産量の増大への貢献に対するセラーズ社長からの褒賞であった
(ibidem)。

　テイラーが科学的管理法の研究に取り組んだ背景には，かれのこうした経
歴と経験があった。

3-1-2　怠業の原因

　文化人類学者が研究対象と生活をともにすることをとおしてその生態を調
査するように，テイラーも労働者のなかからその行動を観察する。テイラー
(ibidem) によれば，労働者を観察するとかれらは休日のスポーツには全力
を傾けても，職場に出勤すると望ましい量の3分の1か半分ほどの力しか発
揮しないとされる。万が一最大限の能力を発揮したりしたらそのひとは仲間
たちから手ひどい仕打ちをうけることになる。これは生産量の増加が労働者
の職を奪うことになるという誤解がはびこっていたことに起因する。

　テイラー (ibidem) の元気の良さを特徴とした労働者の行動記録によれ
ば，かれは自宅と職場の往復を時速約 4.8 から 6.4 キロのペースで歩く。と
ころが職場に到着した途端に歩く速さを時速約 1.6 キロにペースを落とし，
荷物を積んだ台車を押すときにも時速約 1.6 キロであった。この行動に関し
てテイラーは，歩く按配を調整するのに精力を使いすぎてかえって疲れるの
ではないかと指摘している。怠業の背景には雇用主には熱心に仕事に取り組
んだ場合のパフォーマンスを隠しておこうという意図的な狙いがある。労働
者の報酬は階層や職種ごとに1日あたりの上限が定められており，計画的な
怠業は出来高制のもとでおこなわれていた。

　ほとんどの労働者はそれまでに精力的に仕事に取り組んで出来高を増やし
た結果仕事の単価を引き下げられる経験をしていた。そこでは雇用主が適正
な所要時間を掴んでいなかったことから，労働者には作業を手加減したほう

が有利と考えられていた。人間はまわりの人びとから感化されることから，大勢を1か所に集めて同じような仕事をさせ，賃金基準を統一するとこの傾向は顕著になるとされる。また労働者はほかの労働者の作業を見て仕事を覚えるため，個々の作業には40から100におよぶ手法が生まれ，同じ職種でありながら使用する道具がさまざまであった。

3-1-3　適正作業量調査

　テイラー（ibidem）は適任者に重労働をさせる場合の適当な作業量を知るために大学卒業の従業員を雇い，英語，ドイツ語，フランス語の文献をすべて調査し，生理学者による人間の持久力の実験，人間の馬力を調べようとする技術者の試みを見つけたが，そこから消費エネルギーと疲労度に関する法則性を導出することはできなかった。そこでかれは自ら実験をおこなうことにした。

　テイラー（ibidem）は重労働を適任者に任せる場合の1日の適当な作業量を知るために，屈強な作業者を2人選択してかれらには実験のあいだ通常の賃金の2倍を支払い，つねに全力で作業に取り組むことを求めた。テイラーが探ろうとしたのは短時間，数日間でこなせる最大作業量ではなく，優れた労働者がまる1日働いた場合の成果で，何年ものあいだ無理なく続けられ，不自由ない暮らしにつながる最大作業量を意味していた。テイラーは人間は1日に何フートポンド（重さ1ポンド（454グラム）のものをもちあげて1フィート（約30.5センチ）運ぶ仕事量）の作業が可能かを見極めるために毎日2人にあらゆる作業をしてもらい，ストップウォッチをもって観察して1つひとつの作業の適正な所要時間を測定した。そして作業に少しでもかかわりのある要因のうち成果に影響をおよぼしそうなものは丹念に調べて記録した。

　実験の結果各人の消費エネルギーと疲労度とのあいだに相関関係を見いだすことはできず，労働者が1日にこなせる最大作業量の正確な目安は割りだせなかった。第2回，第3回の実験を経て消費エネルギーと疲労度間の相関関係は完全に否定される。そこで作業の各要素を図示してその全体像を解明

することにする。そのプロセスで腕を使って何かを強く押したり引いたりする重労働における法則（現象間の関係）を発見することになる。それは重労働において押す，引くといった動作をしている時間は1日の労働時間の一定割合にすぎないというものである（cf., ibidem）。

手慣れた労働者が92ポンドの銑鉄を運ぶ場合実際に運んでいる時間は1日の労働時間の42％であり，58％の時間は重荷から解放されている。対象物の重量が減ると運んでいる時間の割合は増える。従来の半分46ポンドを運ぶ場合には重荷を支えている時間は全体の58％へ増えて重荷から解放されている時間は42％に減る。さらに対象物が軽くなるとそれを運んでいられる時間は長くなり，やがて休みなく運び続けても疲労せずにすむようになる。ここまで対象物が軽くなるとこの法則は労働者の持久力の目安としては機能しなくなる（cf., ibidem）。

この実験から明らかになったことは作業者の人選の重要性である。腕で荷物を持ちあげて運ぶような作業に関しては頻繁に休息をはさむことが欠かせない。腕の筋肉組織の劣化を血流の力で回復させる必要があり，力任せに働いていたら途中で疲れきってしまう。テイラー（ibidem）によれば，銑鉄運びに何よりも必要な条件は鈍才で才気にかけ，雄牛のように力はあるが不器用な大男であることとされる。テイラーはかれらを科学的な法則に則って訓練することによって成果をあげることができると考えた。

3-1-4　シャベルすくい作業研究

テイラー（ibidem）によればベスレヘム・スチール（Bethlehem Steel Corporation）の工場では当時600名がシャベルすくいやその類似作業に従事していた。シャベルすくいの名人が1日の作業量を最大化するためには1回にすくう量を調整することが必要である。そこでシャベルすくいの名人を選抜して信頼に足る作業をしたらかれらに割増賃金を支払い，1回にすくう量を変えて数週間にわたって注意深く観察した。その結果名人級が作業した場合，1回にすくう量を21ポンド（約9.5キロ）にすると24ポンド（約10.9キロ）や18ポンド（約8.2キロ）よりも総量が多く，1日の総量を最大

化できることがわかった。

　つぎにどのような対象物でも平均 21 ポンドをすくえるように 8 から 10 種類ほどのシャベルを用意するとともにつるはしなどのほかの道具も丹念に設計，規格化して取り揃えた。作業内容にあったシャベルを使用していかに迅速に行動できるかを明らかにするために，何千回もの作業を観察してシャベルを差しこむ位置，角度，すくった対象物を投げだす距離と高さの組みあわせを調査して，もっとも効率のよい道具と方法を探りあてた。こうした調査を経て解明された効率的な作業を現場で実践するためには，それまでのように職長のもとで労働者を集団としてあつかうのではなく，作業内容の指示を与えるための仕組みづくりが必要になることがわかってくる（cf., ibidem）。

　テイラーが登場するまでは労働者の自主性とインセンティブを柱としたマネジメントがおこなわれていた。すなわち労働者 1 人ひとりが自分の仕事の全体プランから多くの場合はそのツール類にいたるまでほぼすべての責任を担っていた。テイラーの科学的管理法では，労働者の判断に替えてマネジャーが科学的に数多くの決まり，定石を設けてそれらを体系的に記録していつでも参照可能にする。プランニング担当者は各機械工の 1 つひとつの作業に先立ってさまざまな準備作業を担う。マネジャーは 1 人ひとりの作業プランを完成させて紙に書いて労働者に渡す。指示には何をどのような方法ですべきかにくわえてどれだけの時間を費やしてよいかの上限を提示してある。指示どおりの仕事を定められた時間内に仕上げれば，そのたびに所定賃金の 30 ％から 100 ％上乗せした金額を受け取ることができる（cf., ibidem）。

　テイラーは連絡用整理棚に 2 枚のメモを置いた。1 枚目のメモには道具室から取りだす道具と作業場所の指示が書かれており，2 枚目のメモは前日の作業量と報酬額が書かれていた。このメモが黄色であれば前日はノルマを果たせず日給が基準の 1.85 ドルを下回っていることがわかるようになっていた（cf., ibidem）。

3-1-5　銑鉄運搬作業

　つぎにテイラー（ibidem）は専門性がなく誰でもできる仕事における科

学的管理法に取り組む。内容は体を屈めておよそ 92 ポンド（約 41.7 キロ）の銑鉄をもちあげ，しばらく歩いてから地面あるいは銑鉄の山の上に置く作業である。テイラーは知能の高いゴリラを訓練すれば人間よりも効率的に作業をこなすかもしれないと記述している。

ベスレヘム・スチールでは 75 人ほどの作業員が経験のある優秀な職長により統括されていた。銑鉄の山のすぐそばに鉄道用の引きこみ線があり，貨車には厚板が斜めに立てかけられていて，労働者は約 41.7 キロの銑鉄をもちあげて厚板をのぼって銑鉄を貨車のなかに置く作業であり，1 人あたり 1 日平均 12.5 トンが運搬されていた。

テイラー（ibidem）はかりにシュミットと名づけた金銭への執着が人並外れて強い労働者を選抜して実験に取りかかった。シュミットは時計をもった監督者の指示にしたがって作業と休息を繰り返した結果，午後 5 時 30 分に 47.5 トンの銑鉄が貨車に収まっていた。テイラーが銑鉄運搬作業に科学的管理手法を導入した結果，1 人の 1 日あたり作業量が 16 トンから 59 トンへ増加したことから 400 人から 600 人必要としていた作業員は 140 人に削減された。かれらの平均賃金は 1.15 ドルから 1.88 ドルへ増加したが，1 トンあたり平均コストは 0.072 ドルから 0.033 ドルへ減少する。

ベスレヘム・スチールの報酬は 1 日あたりの標準賃金が周囲の相場の60 ％増しにあたる 1.88 ドルになるように設定された。これはトンあたり 3.2 セントである。数々の実験と詳細な観察の結果，この水準を超えて賃金が上

	旧来の方法	科学的管理法
作業者数	400 〜 600 人	140 人
1 日あたり作業量	16 トン／日	59 トン／日
平均賃金	1.15 ドル	1.88 ドル
1 トンあたり平均コスト	0.072 ドル	0.033 ドル

図表 3-1　科学的管理法の成果

出所：Taylor（1911）の内容から筆者作成

がると作業員の仕事にムラができて，かれらが浪費がちになる傾向が多少なりとも生じることがわかり，テイラーは労働者の多くが所得が向上して貯蓄に励むようになることを考慮してこの水準に設定した。こうした取り組みの結果，労働者は次第にテイラーを敵ではなくそれまでよりもはるかに高い賃金を得られるように導いてくれる味方と考えるようになった（cf., ibidem）。

　テイラー（ibidem）によれば，労働者を集団の1人としてしか扱わなければ，ほとんど全員がもっとも効率の悪いものと同水準以下になり，仲間同士で切磋琢磨するどころか一様に精彩を欠くことになるとされる。あるときベスレヘム・スチールの評判を聞いたピッツバーグの工場から，トンあたり4.9セントで労働者が引き抜かれる。このときテイラーはかれらに対していつ戻ってきても構わないと告げた。かれらはほぼ全員がピッツバーグへ向かい，6週間ほどでそのほとんどがベスレヘムスチールへ戻ってきた。

　ピッツバーグでの作業は8人で1台の貨車を担当した。しかしながら労働者1人ひとりの作業内容が記録されることはなくほかの労働者はできるだけ作業しない環境だったことから，8人でトンあたり4.9セントの歩合で共同作業するよりも3.2セントで単独作業したほうが稼ぎが良かったのである。ピッツバーグのマネジャーは1人1台の貨車を割りあてること，そして労働者1人ひとりの作業記録をつけることを怠ったのである（cf., ibidem）。

3-1-6　ギルブレスのレンガ積み作業

　テイラーの科学的管理法の原則に関心をもったフランク・ギルブレスはこれをレンガ積みの作業に応用しようと思い立った。かれは科学的動作研究をおこない，レンガ積みの作業に必要な1つひとつの動作を分析して不要な動作を取り除くことでレンガ積みにともなう動作を18から5へ削減し，残った作業のスピード向上を図った。設置場所を基準として両足，レンガの山，モルタルの容器を置く場所を正確に特定して作業にあたって足を動かすという無駄な動作を削減した。またレンガとモルタルの容器の作業時における最適な高さを特定してその高さに足場を組んで道具を載せる棚を取りつけることでレンガの壁の設置場所，職人，レンガ，モルタルが最適な位置関係にし

て，積み上げたレンガの高さにあわせて専門の作業員が足場全体を調整することで作業者の立つ，屈むという動作を削減した（cf., Gilbreth, 2018）。

　それまでレンガ積み職人は5ポンド（約2.3キロ）のレンガを積むたびに2フィート（約60センチ）の屈伸の動作を1日に1000回あまり繰り返してきた。さらなる研究の結果，レンガをトラックから職人のもとに運ぶまえに作業員が丁寧にレンガを選りわけ，もっとも綺麗な面を上に揃えて木枠の上に並べていくことで職人のレンガの面を見極めるプロセスを削減できるようになる。レンガを積む際にはモルタルの上にレンガを載せたあとレンガがしっかり固定されるようにてこの柄で何度かたたいていた。ギルブレスは特定のモルタルの練り加減であれば手で押さえたときの圧力でレンガを固定できることを発見し，レンガの調合担当者に練り具合の指示をおこなうことでレンガをたたくプロセスを不要にした（cf., ibidem）。

　ギルブレスはレンガを入れておく木枠，可動式足場などシンプルな道具，単純なサポートによる時間と疲労の削減，両手を同時に使うことでレンガ積みの作業を劇的に変革した。この方法で厚さ12インチ（約30センチ）の工場の壁を2種類のレンガを使用して両側にきれいに目地が見えるように仕上げる作業を組合に所属する選りすぐりの職人に任せたところ，1時間あたり350個のレンガが積み上げられたが，従来の方法では平均120個であった（cf., ibidem）。

　標準方法を導入して協力関係を生みだすのはマネジャー層の義務である。かれらは職人を指導して，望ましいペースで作業できるようになるまで適切な指導をおこなう必要がある。職人により多くの仕事をしてもらうためには従来のような労働者を集団のなかの一員としかとらえない方法ではうまくかない。マネジメントはレンガ積み職人と呼吸をあわせて足場を調整して，レンガやモルタルを準備する作業員に対して目配りをおこない，各自の仕事の成果を定期的に伝えることが重要になる。マネジメントがルールを設定，最適な道具や作業環境を導入し，マネジメントと職人が仕事と責任を均等に分けあってマネジャーが絶えず目配りと手助けをおこない，作業ペースを高めた者には日々上乗せ賃金を支給する（cf., ibidem）。

　ギルブレスは職人ではなくマネジメントがレンガ積みの科学を掘り下げて

職人の動作1つひとつに綿密なルールを設け，最適な道具や作業環境を突き詰めて一律に導入した。職人を選抜して訓練を施し，極めて高い技量を身につけさせる一方で適性のないものには去ってもらった。ギルブレスは職人とマネジャーが仕事と責任を分けあい，マネジメントがたえず目配りと手助けをおこなってかれらの困難を取り除き，指示を遵守して作業ペースを高めた職人には日々相応の上乗せ賃金を支払う仕組みを構築した。

3-1-7　ベアリング用ボールの検品作業

　テイラー（ibidem）のベアリング用ボールの検品に関する考察は，科学的視点に基づく人材選定が大きな意味をもつ事例である。この作業は自転車用ベアリングに用いられる硬化鋼製の小さなボールの製造プロセスにおいてヒビなどのボールを取り除く作業である。テイラーはアメリカ最大の工場から業務体系化の仕事を請け負った。

　検品作業では検査担当の女性が1日に10時間30分作業していた。作業内容は左手の甲を上にした状態で指を閉じて，明るい照明の下で指間に綺麗に光る小さなボールを載せて転がしながら検品して，くぼみ，硬度不足，キズ，ひび割れなどの欠陥を探しだし，欠陥品は右手の磁石でピックアップして専用の箱にいれる。ほとんどの欠陥は細微であり特別に訓練を受けたものでなければ見つけだせない。常に神経を研ぎ澄ませている必要があるため，神経はかなりの緊張を強いられる作業である。検査担当の120人以上の女性はすべてベテランで仕事に熟達していた。日給を据えおいたまま勤務時間を10時間30分から10時間，9時間30分，9時間，8時間30分と段階的に短縮していったところ，勤務時間を短くするたびに検査件数は減るどころか増加していった。（cf., ibidem）。

　被験者にまえ触れなくAやBなどの文字を見せ，その文字に気づいた瞬間に決められたボタンを押すなどの動作がおこなわれる間隔を精巧な装置で測定したパーソナル係数は，個人差がきわめて大きいことがわかっている。一部のひとは生まれつき抜きんでた知覚と反射神経をもっている。視覚からはいったメッセージが瞬時に脳に伝わり，脳も速やかに適切な指令をだして

手を動かす。視覚から動作までが速い人はパーソナル係数が低いと判断され，自転車のベアリング用ボールの検査官に求められる資質はパーソナル係数の低さであると考えられた（cf., ibidem）。

テイラー（ibidem）は，職長がロット番号を操作することで検査したひとをわからなくしたうえで，もっとも信頼できる4人の検査対象者が一般の検査対象者が前日に検査したボールを再検査する二重検査，2,3日に1度一定の良品のほかに各種の欠陥品を混在させた特別ロットの二重検品の仕組みを導入した。こうした環境を整えたうえで日々の実績を出来高と品質の両面から正確に記録して，両方で高い成果をあげたものは昇給させ，そうでないものは減給，改善の見こみがない場合には解雇した。

1日の作業時間を8時間30分に短縮したあと検査担当者を観察したところ，1時間30分程度作業を継続すると集中力が切れはじめることがわかった。そこで1時間15分ごとに10分間，午前と午後に2回ずつの休憩を設け，その間は席を離れて歩き回ったり，会話をするなどの気分転換を義務づけた。差別的出来高賃金を導入して二重検査の結果に基づいて賃金に格差を設けたところ，出来高が跳ね上がったばかりか品質も目覚ましく向上した。検査担当者たちに最大限の能力を発揮させるためには，1時間ごとという高頻度で出来高を測定して出来高が伸びないものには指導者をつけて問題点のあぶりだしと修正をおこない，背中をたたいて進歩をうながす必要があることがわかった（cf., ibidem）。

テイラー（ibidem）によれば人材マネジメントの一般原則として，働き手に最高の仕事をしようという意欲をもたせるために報奨を活かそうとする場合には，よい仕事をしたあとすぐにそれを与えなければならないとされる。大多数の人間は1週間，長くて1か月先のことしか考えられない。ごく普通の働き手に最善を尽くさせるためには終業時にその日の出来高を把握して報奨の大きさをはっきりと知らせることができるようにすることとされる。テイラー（ibidem）によればストックオプションや年末の特別手当は一生懸命働こうという意欲を引きだすうえで大きな成果をあげていないとされる。労働へのモチベーション向上に大きな効果をもたない。

テイラーによるベアリングボール製造における科学的管理法の成果は，作

業者数を120人から35人に削減して作業スピードがあがって製品品質が大幅向上したこと，賃金アップを凌ぐ検査コストを低減できたこと，労使間の良好な関係を構築できたことであった。一方作業員にとっても賃金が8割から10割アップしたことにくわえて，10時間30分から8時間30分に労働時間が短縮され，4回のほどよい休憩と月2回2日連続の有給休暇を取得できるようになったこと，そしてマネジャーから特別な気遣いをしてもらえるようになったことである（cf., ibidem）。

3-1-8　金属切削作業

つぎにテイラーは高度な作業へ科学的管理法の適用に取り組む。従業員300人の機械製造会社の高度な金属切削業務において，4種類の精巧な専用計算尺を使用して機械の動作を1つひとつの要素ごとに丹念に分析することで機械の各運転スピードでの牽引力，給送能力，適切な速度などを見極めていった。300人以上の工員の意識や習慣を変えるのは一朝一夕にはいかなかったが，ここでも3年後には工員1人あたり機械1台あたりの出来高を2倍以上に引きあげることに成功する。科学的管理手法を導入することで，初歩的な仕事をしていた工員が高度な作業において10年以上作業に専念していた優秀な機械工の2.5倍から9倍の作業量をこなせるようになり，工員の賃金を平均で35％上昇させると同時に出来高あたりの人件費を従来よりも低減させることに成功した（cf., ibidem）。

テイラーの科学的管理法は哲学の刷新である。工場での生産において労働者の判断に替えて科学を導入する。労働者が成りゆきで仕事を選んで覚えようとするのではなく，会社が人材を選抜，指導，育成をおこなう。労働者に問題の解決を求めるのではなく，マネジメントが労働者と密接に協力しながら科学的法則に則って仕事をすすめるのである（cf., ibidem）。

テイラーの科学的管理法の法則導出の5ステップは人材選抜，動作把握・道具検証，動作時間計測・動作分析，不要な動作の削減，最適な動作だけをつなぎあわせて最善のツールを用意するであり，科学的管理法を支えるメカニズムは時間研究，部門別職長制，作業・ツールの標準化，プランニング

ルーム，指示カード，差別的出来高賃金制，工程管理である（cf., ibidem）。

3-2
ファヨールの管理過程論

　テイラー（ibidem）の管理論は現場管理層を対象としており，作業研究という労働の技術的過程に焦点をあて機械工学的方法をとおして不確定要素をふくむ人間的側面を排除しようとした。それに対してファヨール（Fayol, 1930）の管理過程論は組織の全般管理を対象としていた。テイラーが職能化によって管理機能と作業機能を分離して機能別に職長を置いて組織を管理したのに対して，ファヨールは程度の違いはあるが管理機能は組織のすべての階層で分有されると考えた。

　ファヨールの管理論は後生の研究者によって人間指揮の学問といわれるように，人間という存在をとりあげてそれをいかに統御するかという点に焦点がおかれていた。かれの対象はつねに会社全体であり人間であった。そして経営者や管理者の立場から組織においていかにすれば上級者の命令が下級者に受けいれられるのかを考えていた。

3-2-1　ファヨールの経歴

　ファヨールは1860年，19歳で中部フランスの名門，サン・テチエンヌ鉱山学校を卒業してコマントリ炭鉱会社に技師として就職する。ボワグ家とランブール家が出資金の大半を負担していたが，企業経営を担当したのはサン・テチエンヌ鉱山学校卒の技師で実業家のステファーヌ・モニーであった。モニーは強力なリーダーシップで同社の事業を鋳鉄生産から鋼鉄生産へと転換し，1874年に同社をコマントリ・フルシャンボー（Société de Commentry, Fourchambault）に改組する。1884年に強力なリーダーシップでコマントリ・フルシャンボーを発展させてきたモニーが急死するとランブール

家の娘婿セズバールが主導権を奪還するが，1880年代後半の鉄鋼産業は激しい競争にさらされていた（cf. 佐々木編著・経営学史学会監修，2011）。

　ファヨールが入社した1860年前後からコマントリ炭鉱会社は鉄鋼生産に必要な良質で安価な石炭の確保と鉄鋼生産技術にみあった鉱石の確保が課題であった。コマントリ炭鉱は中部地域の代表的な炭鉱であったが1860年代すでに鉱脈は尽きかけていて坑道は地下深くまで掘り進められていた。こうしたとき優秀な鉱山技師を必要としたモニーが母校から選んだのがファヨールだった。炭鉱技師として入社して石炭火災や坑内出水，落盤事故などの解決に奔走していたファヨールはコマントリの現場で炭鉱会社の管理職に昇進していく。

　衰退しはじめたコマントリ・フルシャンボーの再建方針をめぐって取締役会で意見が対立すると，1888年，セズバールは社長の椅子を投げだしてしまう。火中の栗を拾うかたちで取締役会から社長に指名されたのがファヨールであった。このときファヨールは取締役には選任されず，かれが取締役会メンバーになったのは社長就任後12年経過した1900年だった。ファヨールは企業再建策として老朽化した施設や競争力のない事業分野を廃棄して成長が期待される分野の会社の合併を推進する。1892年，鉄鋼生産の燃料部門の補強策としてドゥカズヴィルの炭鉱会社を合併し，1899年，会社名をコマントリ・フルシャンボー・ドゥカズヴィル（Société de Commentry, Fourchambault et Decazeville, 通称コマンボール）に変更する（cf., ibidem）。

　ファヨールは資源確保のための企業合併，新規事業創出のための研究開発，研究成果を活用した経営多角化を実施していく。創業の地であるフルシャンボーからの全面撤退，ドゥカズヴィルに経営主力を移転，優位性を確立しつつあるジュードゥルヴィル鉱区の入手をおこない，1911年，アンフィー製鋼所に研究所を設立して鉄鋼生産と石炭の炭化技術の革新，製品開発，炭化副産物の製品化を実施する（cf., ibidem）。

　コマンボール社はファヨール指揮下で第1次世界大戦の苦境を切り抜け，1920年代から1930年代にかけてコマンボール社の石炭業から化学工業への事業転換，鉄鋼業から精密金属加工業や精密機械工業への事業の特化に結び

つけていく。

3-2-2　専門経営者ファヨール

ファヨールはコマンボール社の社長としてパリの本社で全社の経営の指揮するようになると，管理職と経営職の実戦経験を営利企業のみならず行政，教育，軍隊などあらゆる種類と規模の組織一般の 'administration' の理論として体系化していく。

テイラーの管理論の対象が工場における労働者の直接的作業管理であったのに対して，ファヨール（cf., Fayol, op. cit.）の管理論の対象は企業組織全体の管理である。かれは経営（government）と管理（administration）は異なるものと考えていた。かれによれば企業には技術的活動（生産・製造・加工），商業的活動（購入・販売・購買），財務的活動（資本調達・管理），保全的活動（財産・人員の保護），会計的活動（財産目録・貸借対照表作成），管理的活動（予測・組織・命令・調整・統制）の6つの機能があり，管理活動はそのうちの1つであるとされる。

テイラーが管理者が担う管理機能と労働者が担う作業機能を明確に区分したのに対して，ファヨールは企業組織の構成員には6つの機能すべてが求められるが，労働者，職長，現場責任者，部課責任者，経営者とその階層の上昇にしたがって技術的能力から管理的能力へとその必要とされる機能が異なってくることを明らかにした。ファヨールによれば組織階層の低いところでは技術能力が求められ，階層の上昇にともなって管理能力が要求されるようになってくるとされる。

ファヨール（ibidem）は階層ごとの各職能の相対的重要性の数値化を試みている。大規模な構造の労働者に求められる各職能の相対的能力は管理的能力が5%，技術的能力が85%，商業的能力が0%，財務的能力が0%，保全的能力が5%，会計的能力が5%とされる。同様に職長に求められる各職能の相対的能力は管理的能力が15%，技術的能力が60%，商業的能力が5%，財務的能力が0%，保全的能力が10%，会計的能力が10%である。

そして取締役に求められる各職能の相対的能力は同様に管理的能力が

40 %，技術的能力が 15 %，商業的能力が 15 %，財務的能力が 10 %，保全的能力が 10 %，会計的能力が 10 % とされる。このようにファヨール（ibidem）は職長，係長，課長，製造部長，取締役と階層があがっていくにともなって管理的能力の相対的重要性が高まっていくとしている。そしてファヨールは取締役社長に求められる各職能の相対的能力は管理的活動が 50 % でほかの 5 つの活動が各 10 % としている。

さらに当時のフランス産業社会の国家資本主義的性格を反映してか，国有企業の経営責任者として国務大臣と総理大臣が企業組織の最高位の階層に位置づけられて，担当大臣に求められる各職能の相対的能力を取締役社長と同じとして，総理大臣のそれは管理的能力が 60 % でほかの 5 つの活動が各 8 % としている（cf., ibidem）。

ファヨール（ibidem）は技術的活動，商業的活動，財務的活動，保全的活動，会計的活動，管理的活動それぞれの経営活動にはそれぞれの専門能力が対応するとして，つぎのような資質や知識との一体性を基礎にしているとされる。すなわち肉体的資質（健康・逞しさ・器用さ），知的資質（理解力と学習能力・判断力・知的逞しさと柔軟性），道徳的資質（気力・堅実さ・責任をとる勇気・決断力・犠牲的精神・機転・威厳），一般的教養（経験に富んだ職域領域にのみ属していない知識），専門的知識（技術，商業，財務，保全，管理の各職能にかかわる知識），経験（実務に由来する知識（行為のなかから自らつかみ取った教訓の記憶））であり，これらの重要性はその職能の性質と重要性に依存しているとされた。

3-2-3　ファヨールの管理原則

組織は分業によって効率的な生産活動をおこなうことが可能になるが，分業は機能の専門化とそれにともなう権限の分散化をもたらす。一方で集中は秩序の産物であり集中か分散かは程度の問題である。従業員の個々の役割の重要性が増すのは分散においてでありそれが減少するのは集中においてである。中小企業において集中は効果的だが大企業にとっては能率の低下を招くため組織が大規模化した場合には分業が求められるようになる。そこで分散

化された組織の秩序を維持するための仕組みとして上級者から下級担当者にいたる命令の一元化と，下から上への伝達の経路と責任の系列として階層を設ける。組織の効率的な運営のためには組織構成員によるこうした経路の遵守と迅速化が求められる。組織の管理者はその権限によって作業の円滑な進捗を指揮することになる。権限とは命令する権利と服従させる実力を意味するがこれには規定上の権限と個人的威厳がある。規定上の権限は職位に属する権利であり，個人的威厳は知識や経験に裏づけられた実力であり，個人的威厳は規定上の権限を補完する。ただし権限にはその権力の行使に責任がともなっている（cf., ibidem）。

マネジメントは従業員に規約を尊重させることをとおして組織内の規律を維持させなければならない。そのためには良いマネジメントを配置すること，明確かつ公平な規約を設けること，そして規約を守らなかったものに対しては明確に制裁を加えることが必要である。組織の協働が有効に機能するためには責任者の堅固な志操と良い規範，公平な規約，注意深い監督が重要である。とくに公平は親切と正義の結合の賜であり責任者には多くの良識，経験，善意が求められる。

ファヨール（ibidem）は組織を管理するための仕組みとして同一目的を目指す活動は1人の責任者の下で1つの計画にのっとって進められ，また活動に依存する原理として1人の従業員には1人のマネジメントが命令すべきであるとした。かれはこうすることで組織の規律と秩序が守られ管理者の権威が維持されると考えたのである。さらにかれは管理者の権威を高めて労働者を支配するためにはかれらを分割したほうが良いと考えるのは誤りで，従業員の団結こそ組織力を向上させるとしてそのためにも命令の統一が基本となると考えていた。

従業員を組織の構成員として働かせるためには個人的利益を全般的利益へうまく従属させる必要がある。具体的には遂行された仕事の労働力に対する対価として報酬が支払われる。その際かれらには公平な報償の保証，有効な努力への配慮をおこなうことが求められる。その仕事に関しても仕事に慣れて成果を発揮するために相応の時間の猶予を与えて，そのあいだの安定を保証することによってかれらを効果的に管理することができると考えた（cf.,

	テイラー	ファヨール
用語	マネジメント	アドミニストレーション
経歴	労働者→研究者	技師→経営者
視点	現場管理	全般的管理
目的	労使の幸福	社会組織体構築
手段	作業の科学化	管理過程・管理原則
組織	機械的組織観	有機体的組織観

図表 3-2　テイラーとファヨールの比較

出所：筆者作成

ibidem）。

　テイラー（Taylor, op. cit.）の管理論は現場管理層を対象としており作業研究という労働の技術的過程に焦点をあて，機械工学的方法をとおして不確定要素をふくむ人間的側面を排除しようとした。それに対してファヨール（Fayol, op. cit.）の管理論は組織の全般管理を対象としていた。テイラーが職能化によって管理機能と作業機能を分離して機能別に職長を置いて組織を管理したのに対して，ファヨールによれば程度の違いはあるが管理機能は組織のすべての階層で分有されるとした。

4

ホーソン工場実験

4-1
ホーソン工場実験の時代背景

19世紀から20世紀のアメリカでは企業合併が進み，ゼネラル・エレクトリック（General Electric Company），USスティール（United States Steel Corporation），デュポン（DuPont de Nemours, Inc.），スタンダード石油（Standard Oil Company）などのビッグビジネスが誕生し，組織構造は集権的職能制組織から分権的な事業部制組織へと移行していくとともに，所有と経営の分離が進んでいく。こうしたなかでビジネスを研究する専門大学院が誕生する。最初のアメリカのビジネス教育は1881年，ペンシルバニア大学に「商業会計」と「商法」の講座が設けられ，1908年，ハーバード大学は学部教育の上にビジネスを担う専門職業人を2年間かけて徹底して養成する経営大学院を創設した。法律大学院修了後にさまざまな企業再建に携わったウォレス・ドナムが2代目ディーンに就任すると，より複雑化する経営問題

を掌握して長期的な戦略を構築しうる能力を養成するために教育内容と教育方法を革新する（cf., 吉原＝経営学史学会，2013）。

　ドナムはそれまでの 'Business' に重点を置いた個々の産業の専門化された教育から，'Administration' に主眼を置いた経営者の活動の機能別に科目を構成し，それを基礎にした経営全般の問題をあつかう「ビジネスポリシー」を必修科目とした。かれは教育方法として「ケースメソッド」を導入して，経営者が実際のビジネスで直面した経営課題や意思決定問題をクラス討議に利用して現実に即してビジネスを具体的に考える方法論を確立していく。ケースメソッドは学生自らの判断に基づき自分の頭で考えることを目的としており，概念の意味と真理性はそれを行為に移した結果の有用性によって判断される。経営者を養成するためにより豊かでひろい基盤を与えてくれるのは，ケースにふくまれる事実の豊かさである。ケース資料は観察者によって細心の注意をもって記録され経営の現実性と細部にわたる実在性をともなった事実である（cf., ibidem）。

　ヘンダーソン（Henderson, 1935）の人間生物学は人間関係論形成にあたってその方法論に重要な影響を与えることになる。人間生物学は全体としての人間に関心をもち，産業，政治や社会において人間行動を研究する学問で，従来の心理学，社会学，経済学が認知していなかった産業構造の大幅な変革が人びとの精神にもたらした混乱を取り扱う。全体としての人間，日常生活に生きる人間に関心をもち機械的生産の浸透によって生まれた新たな産業構造と新たな労働環境のなかで，さまざまに生起してくる人間問題解明の基礎を築いていく。

　ジョージ・エルトン・メイヨー（Mayo, 1933）は人間関係論を生みだして経営学史上にその名を刻んだ人物である。1880 年，オーストラリアで生まれアデレード大学でミッチェル（Mitchell, 1988）から心理学を学ぶ。1922 年，ロックフェラー財団客員研究員としてペンシルバニア大学ウォートンスクールにおいて産業精神衛生の研究に従事して 1923 年にフィラデルフィアの紡績工場の調査を実施したのち，1926 年，ハーバード大学ビジネススクールへ移籍する（cf., 吉原＝経営学史学会，op. cit.）。

　ロックフェラー財団から総額 15 万ドルの援助を受けて疲労研究所と産業

調査室が設置され，ヘンダーソンを中心とした生理学研究とメイヨーの産業心理学研究プロジェクトがスタートする。疲労とはさまざまに異なる不愉快な感覚に共通した表現であり，身体の生理的均衡がどこかで崩れている状態であり，非常に多様性を有した異なる生理的条件にともなうものであることから研究成果の総合にあらゆる努力を払う必要があるとしている（cf., Henderson, op. cit.）。

　産業調査室にはメイヨーとフィラデルフィアからともにきたオスボーン，助手としてレスリスバーガー，ラヴキンが参加した。メイヨー（cf., Mayo, op. cit.）は，科学は1つひとつの原料や生産プロセスの探究には用いられているが，産業の新しい展開での人びとの適応，人間の性質や社会生活に関してはまったく用いられていないと考えていた。

4-2
ホーソン工場実験

　1928年3月，エルトン・メイヨーのもとにアメリカ電信電話会社電話機製造部門，ウエスタン・エレクトリック社ホーソン工場の人事部長スティーヴンソンから書簡が届き，メイヨーが4月にシカゴ郊外のホーソン工場を訪問したことから，かれがこの実験に参加することになる。

　ホーソン工場実験では，従業員数4万人に対して照明実験，継電器組立作業テスト室，第2継電器作業集団，雲母剥ぎ作業テスト室，面接計画，バンク配線作業観察室という6種の実験ないし調査が実施された。そして継電器組立作業テスト室からは人間関係論的効果の発見，面接計画からは人間関係論の形成，バンク配線作業観察室からはインフォーマル集団の発見へとつながっていくことになる。

　ホーソン工場実験の第1段階は照明実験であり，1924年から1927年に全米科学アカデミーの全米研究評議会（National Research Council：NRC）に設置された委員会が実施したもので，ホーソン工場の総工場長のストールが

NRC の研究に協力を申しでたことからホーソン工場で実験がおこなわれた。この実験の目的は当時電機業界等で唱えられていた照明を明るくすれば能率が上がるという仮説を実証することであった。

照明実験では 2 つのグループを構成して，第 1 グループ（テストグループ）では漸次照明を明るく変化させて作業をおこなってもらい，第 2 グループ（コントロールグループ）には一定の照度度のもとで作業をおこなってもらい，両者の作業量を比較することをとおして照明度の効果を調査するという内容であった。はじめにテストグループの照明を明るくしていく実験をおこなった結果，作業効率は照明度に比例して上昇していったが，コントロールグループにおける同じ実験においても同様の作業効率の上昇が確認された（cf., 吉原 = 経営学史学会，op. cit.）。

1927 年にホーソン工場では照明に関する別の実験もおこなわれている。この実験はハーバーガーらによっておこなわれたもので，2 名の継電器組立作業員を被験者として照明度を下げるなかで作業をおこなってもらい，かれらの意見を聞いている。実験の結果，手元が見えなくなる程度まで照明度が下がったときに作業量が大幅に減少した。作業員の意見は照明が明るすぎると目が疲れて，それが作業に支障をきたすというものだった。そこで照明度を一定にして被験者には照明度を変化させたと思いこませる実験をおこなった結果，この実験でも生産効率に変化はなかった。こうした一連の実験の結果，照明度の明るさと作業効率との間には明確な相関関係を見いだすことができなかった。照明実験から明らかになったことは，能率は単一の要因ではなく多くの要因に影響されるということである。そこで疲労と能率との関係を解明するために，継電器組立作業テスト室の実施へと進んでいく（cf. ibidem）。

継電器組立作業テスト室実験は 1927 年から 1933 年までおこなわれる。ホーソン工場技術部門長ペンノックらのマネジメントが解明したいと考えていたのは疲労と能率の関係であり，午後になると生産量が低下する理由，作業者は本当に疲れ切っているのか，休息をはさむことは望ましいのか，装備や設備の変更が与える影響，作業者の仕事や会社に対する態度，作業時間短縮と作業量の関係という 6 点であった（cf. ibidem）。

　継電器組立作業テスト室実験では5名の女性従業員を被験者として休息設定，終業時間繰上，休業の増加などの作業条件を変更しながら短いもので2週間，長いもので31週間にわたって実施された。継電器組立作業は35の部品を取りつけて継電器に仕上げるもので，1個組み立てるのに1分程度を要する作業である。この実験ではログシートとよばれる用紙に作業開始時間，終了時間，15分ごとの作業量，仕上品不良のための修復時間などを記録し，ヒストリーシートとよばれる用紙にメンバーたちの意見，それに対するハーバーガーらの返答をふくむテスト室でのあらゆる出来事を記録していった（cf., ibidem）。

　12期（1928年9月3日から同年11月24日）の実験では休息時間・軽食なし，メンバー5名だけの集団出来高制という3期と同条件でおこなわれ，実験開始以来1年5か月，労働時間の短縮がはじまった4期以降約1年1か月，実験当初の48時間労働へ戻された。ここでは作業量は直前11期よりも若干減少するものの同条件の3期よりも大幅増加した（cf., ibidem）。

　12期の実験結果からわかってきたことは，人間は組織のなかで人間的社会的存在としてあつかわれ作業方法等で相談をうけたりすると，仕事にやりがいを感じ作業条件が悪いときであったとしても作業遂行に努めるということだった。これ以降実験担当者たちはそれまでの考えを根本的に改めて従業員の態度と感情が決定的に重要であることを認識するようになる（cf., ibidem）。

　メイヨー（cf., Mayo, op. cit.）は生理的状態と心理的状態には相互作用があると考えており，作業場における人間的状況に関心をもっていた。ホーソンリサーチ開始から約1年を経過して，メイヨーは実験結果の解釈について外部の意見を求めるためにマサチューセッツ工科大学生物学・公衆衛生学教授，クレア・ターナーを招聘して実験過程での作業量増加の要因の究明が進められる。継電器組立テスト室の補足的実験として第2継電器作業集団（1928年8月27日から1929年3月16日），雲母剥ぎ作業テスト室（1928年8月27日から1930年9月13日）がおこなわれ，賃金と作業量増加の関係が調査される。第2継電器作業集団実験では通常の作業条件のもとで賃金制度のみが実験メンバー5名のみの集団出来高制とした。そして賃金体系を通

常の賃金体系期間のあとに集団出来高制期間を導入して，最後にもとの通常の賃金体系期間に戻すという順番で実施された。

　実験の結果，作業量は集団出来高制を導入すると作業量は 12.6 ％増加して，通常の賃金体系に戻すと 16.8 ％下落したが，集団出来高制の期間でも全体として作業量は増加したが継続して増加し続けたわけではなかったことから，賃金はある一定金額以上になると刺激機能がなくなると考えられた。レスリスバーガーとディクソンの総括は，実験期間の作業量増加は競争意識によるもので，賃金の作業量増加に対する刺激はいわれるほどにはないというものだった（cf., ibidem）。

　雲母剥ぎ作業テスト室実験では賃金制度を通常の作業場と同一に固定して，超過勤務，休息時間の導入などの作業条件の変化の影響を明らかにするために，一般作業場での一般作業期間ののちに実験ルームで休息時間を導入したうえで超過勤務の有無の変化が調査された。メンバーは自薦の 2 名が 3 名を指名して，賃金は個人出来高給制，規定時間外の超過勤務には 50 ％の割増金，休日勤務には 100 ％の割増金が支払われ，通常作業では設けられていない休息時間は午前午後 1 回ずつ設定されて作業がおこなわれた（cf., ibidem）。

　実験期間における作業量は実験開始約 10 か月後の「休息時間あり・超過勤務なし」のときに最高を記録して，14 か月間で作業量は平均 15 ％増加した。この実験では賃金制度は不変であることから，作業量増加は賃金以外の要因によるものと結論づけている（cf., ibidem）。

　面接計画は継電器組立作業テスト室実験において被験者メンバーに作業量増加が生じた要因を解明することを目的として，1928 年 9 月から 1931 年にかけて実施された。そして 1930 年に一般従業員対象が恐慌の影響で中止され，1931 年には監督者対象となる。この実験は 1936 年以降従業員管理の有力な方法の 1 つとなるカウンセリング活動につながっていくことになる（cf., ibidem）。

　継電器組立作業テスト室実験結果から従業員の作業量には賃金制度の変更，就労時間の変更（休息導入），友好的な管理監督方式が関係しているという仮説が立案された。検査部門での実験後本格的な実施が決定されると

1929 年に製造部門で実施され，その後全部門へ調査が拡大されることになった（cf., ibidem）。

　1929 年 7 月から非指示的面接方法が導入されて，メイヨーの指示でレスリスバーガーが担当するようになる。1928 年の検査部門の面接では 34 項目，製造部門では 37 項目の質問がおこなわれ，面接対象総数 1 万 300 名から有効とされたコメント 8 万 6371 件のデータが集められた。全体として不満というコメントは工場の作業条件に関したものが多く，賃金制度，監督，勤務時間，昇進などの労働条件は満足と不満足が拮抗していた（cf., ibidem）。

　これらのコメントを分析した結果，不満というコメントの多かった工場作業条件の場合，状況が悪い場合にのみ不満というコメントがなされることが多いことや満足と不満足が拮抗していた労働条件では，事実に対する個人的な考え方の違いによって相対立する矛盾したコメントが生じてくるということがわかってくる（cf., ibidem）。

　レスリスバーガー（ibidem）の見解によれば，面接計画で得られた従業員のコメントは必ずしも事実そのものを示しているとはいえず，その事実に関しての感情や好みなどが従業員の感情が表現されたものと理解すべきとされた。言葉は事実を正確にあらわしているわけではないが，従業員が本当のことを話しているのかが重要ではなく，そのものが本当と信じていることが重要であるというものであった。

　メイヨー（Mayo, op. cit.）の見解は従業員の不満はほとんどすべて非合理的な産物で不確定なものではあるが，従業員の意識のなかに存在してその感情によって行動が起こることが重要であるというものである。そしてかれはそのような感情が形成される個人のおかれた社会的状況の解明を目指すことになる。

　面接計画実験の結論はつぎのとおりである。従業員（監督者ふくむ）の態度は一定の感情の体系によって規制されコントロールされる。この感情の体系は管理者をふくむ社会的組織の評価をふくむ。仕事環境上のすべてのできごとはこの感情の体系に起因する。仕事環境上の人びとの満足，不満足を理解するためにはこれらのできごとの相互関係，その人がもつ社会的組織上の

ポジションに与える影響との関連，その人の属する社会的組織に与える影響，そのひとの欲求に与える影響などとの関連において理解する必要がある（cf., ibidem）。ホーソンリサーチが進むにしたがって，人間はその置かれている環境によって規定される社会的な意味あいとの関連においてのみ理解されるということが明らかになってくる。

バンク配線作業観察室実験は1931年6月22日から1932年5月19日におこなわれ，インフォーマル集団による作業量制限行為の存在とその実態を明らかにした。この実験はメイヨー，レスリスバーガーの個人心理志向的方法ではなく，労働者たちは職場で独自の集団や文化をつくり，それが組織のフォーマルなものと同様の有効性をもっているという社会人類学的な考えに立脚していた。この実験がおこなわれたきっかけは，実験の作業現場において確認された集団的作業量制限行為であり，このことは面接計画実験の報告書でも採りあげられていた（cf., ibidem）。

作業観察室実験では集団的作業量制限行為の存在とそのような集団の形成プロセス，その機能に関する実態の解明がおこなわれた。この実験では実際の作業環境があるがままに観察された。被験者となる労働者に実験関係者は上司的な機能をもたないこと，実験参加者の言動をかれらにとって不利益になるものとして取り扱わないことを伝えて，かれらに通常どおりの作業そしてもらった（cf., ibidem）。

被験者となったのは製造部門に所属する巻き線作業員，溶接作業員と検査部門に所属する検査作業員である。検査作業員は定められた基準に基づいて検査するだけではなく，そこに自己の判断を加味することが認められていた。巻き線作業員は溶接作業員に対して非公式的ではあるが権限を有した上位の立場にあって，巻き線作業員と溶接作業員のあいだには巻き線作業員を上位とした一種の主従関係が存在していた（cf., ibidem）。

実験開始直後，作業員たちは私語も少なく熱心に作業を進めていたが，日がたつにつれて観察者とのあいだの緊張関係が緩和されて，私語をするもの歌を歌うものがあらわれ，観察者はかれらとの会話にくわわれることができるまでになっていった。これは作業員たちが観察者たちを無害な存在と認識したことをあらわしており，こうした環境ができたことによって実際の作業

現場をあるがままに観察することができるようになっていった（cf., ibidem）。

　作業を観察していると作業員が1時間ごとに報告する作業量と観察者が実際に観察した作業量に違いがあること，すべての作業員が所定の就業時間以前に作業を終了すること，操作によって報告された作業量が平準化され作業量に変動が見られないことがわかった。作業量の平準化の理由は，現実の作業量を報告すれば現場の作業量水準を超えることになって，作業員たちにとって都合の悪いものになると考えられたからである。すなわち作業員たちの日々の成果は精いっぱいのものであって向上の余地がないことを組織的に示そうとするものである（cf., ibidem）。

　バンク配線作業観察室実験の結果，職務上における上下関係，主従関係にとらわれずに集団がインフォーマルに形成されてその所属員の行動を律することが確認された。被験者メンバーを対象とした面接調査から，集団作業量制限行為をおこなう理由として，作業量を多くするものがいるとボギーの切り上げがおこなわれて，同じ賃金を得るためにそれまで以上の作業をおこなわなくてはならなくなるという考え，そして作業量を多くするものがいると仕事上不要なものがでてきてレイオフされるであろうという見解があげられた（cf., ibidem）。

　ホーソン工場実験の成果として従来の人間に関する前提が経済人仮説から社会人仮説へと変化して，組織は人間の社会的関係のシステムであり，組織のインフォーマルグループの規範や人間関係が組織の生産性を規定していることが明らかになってくる。

5

学際的アプローチ

　仕事に科学を導入することをとおして効率的な作業プロセスが設計され，労使双方にとって説得力がある賃金体系が実現しても，組織のマネジメントにはそこで労働するのが人間であることに起因する問題が生じてくる。すなわち個人の意思をもった人間をどのようにして働く気にさせ，かれらの能力をいかにして引きだすことができるかがマネジメントにとっての普遍的課題であった。

　1990 年代までの日本では，超過時間給与の支給されないサービス残業を毎日繰り返し，公共交通機関の終電時間後に自らの負担でタクシーを利用して帰宅する会社員も珍しくなかった。かれらは「会社人間」とよばれ，家族との団欒と引き替えに仕事に精魂を傾注していた。かれらをそのように動機づけていたものはなんであろうか。マネジメントや研究者はこの疑問に対する回答を半世紀以上もまえから探し続けてきた。

　ホーソン工場実験の流れから生起した人間関係論では，非公式集団内の人間関係の良し悪しや集団規範の内容は企業組織の管理者の管理行動の如何に大きく関わっており，それらをマネジメントすることをとおして組織の生産性の向上を図ることが可能であることがわかってきた。その後 1950 年代をむかえて豊かな社会が出現するなかで，アブラハム・マズローに代表される

心理学的側面から人間の動機づけをとらえ直そうとする流れが生じてくる。

5-1
マズロー

　アブラハム・マズロー（Maslow, 1943, 1954）によれば人間はその満たされない欲求によって動機づけられ，低次の欲求が満たされたのちはじめてより高次の欲求が目覚めてくるとされる。かれによれば，空腹をしのぐ，渇きを潤す，寝る，寒さをしのぐといった生命を維持するうえで不可欠な生理的欲求が満たされたのち，物理的，精神的な障害からの保護と安全を求める安全の欲求が生じてくる。それが満たされたのち，愛情，帰属意識，友情など社会との関係をもつことへの欲求である社会的欲求に目覚め，自尊心，達成感，自我などの内的要因，および地位，表彰，注目などの他者から価値のある存在として認められたいという外的要因による承認欲求である自尊的欲求へとつながっていく。そして最後に人間のもっとも高い欲求として自分がな

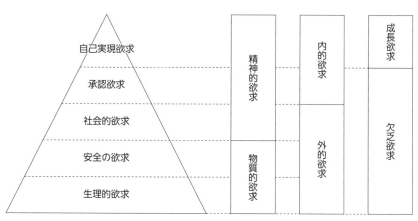

図表 5-1　マズローの欲求階層のイメージ

出所：筆者作成

れる存在になりたい，すなわち自己の潜在能力を発現したいという自己実現欲求が登場してくるとされる。

　そしてマズロー（Maslow, 1959, 1962）は人間の欲求を基本的欲求と成長欲求と欠乏欲求とに分類する。かれは成長欲求の動機を明確にするために被験者に生涯のうちでもっとも素晴らしい経験をあげてもらい，その瞬間の人間の感情の調査をおこなった。かれは被験者たちの報告に基づいて入念な考察をおこなって，人間に成長欲求を生じさせるものとして真実，善，美，統合・全体性，躍動・過程，独自性，完全性，完成・終局，正義，単純，富裕・全体性・総合性，無為，遊興性，自己充足，有意義の 15 の項目を導きだした。マズローによればこれらが成長欲求の動機の源泉であり，これを存在価値（the values of being）あるいは価値とよんだ。

　マズロー（ibidem）は実施された調査で 15 項目すべての項目を報告した被験者がいなかったことから，存在価値を被験者たちの部分的な反応をすべて合計してつくりあげられた理想的な複合写真と表現して存在価値の複合性を強調している。また 15 項目からなる存在価値は独立したものではなく密接に関連しあって融合していると解釈すべきであるとしている。かれによれば美は真実で，善良で，完全で生気があり，簡潔なはずであるとされる。すなわちすべての存在価値がなんらかのかたちで結合しており，単一の価値はあたかも全体の側面（facet）のようなものとされる。

　わたしたちは加工された宝石を見る場合，サイコロのすべての面を同時に見ることができないのと同様にそのすべての面を同時に見ることはできないが，見えないからといって宝石の反対側の側面が存在しないわけではない。これと同様に存在価値は 15 の側面をもつ 1 つのものとされる。存在価値のどの項目をあるいはいくつの項目を実感するかは個々人によって異なるものの，感じることのなかった項目もまた 1 つの存在価値として重複，融合していると考えられる（cf., ibidem）。

　「独自性」と「統合・全体性」あるいは「単純性」と「複雑性」といった反意語に関してはつぎのように説明される。人間を構成する 1 つひとつの細胞はその有機体全体のもつ構造と比較すると相対的に独自（単純）な存在であるが，その 1 つの細胞は核，リボゾーム，ミトコンドリアなど複数の物質

から形成されており，それぞれの物質がそれぞれの役割を担っている。このように考えるとき人間は自らのなかに独自性と統合・全体性，単純性と複雑性を内包しながら1つの有機体として機能していることがわかる。「独自性」と「統合・全体性」あるいは「単純性」と「複雑性」は区別しうるものでなく，どのような視点からものを見るかによって，同じものが単純にも複雑にもなる。このようにとらえるとき存在価値は1つの価値体系を形成している（cf., ibidem）。

　マズロー（ibidem）によれば，成長欲求は自己実現の欲求であり，自己実現の欲求は欠乏欲求と比較して長期的性格をもち人間をより非利己的，問題中心的にするとされる。マズローは精神的に健康で自己実現しつつある人間の欲求を説明する過程で欠乏欲求の充足のうえに真，善，美などの価値を求める成長欲求としての自己実現の欲求が生じると考えた。かれは自己実現する人間の至高（高原）経験（high-plateau experience）にあって認知はどちらかといえば自我超越的，自己忘却的で無我であり，不動，非人格的，無欲，無私で，求めずして超然たるものと考えた。かれはこのような境地を「自己超越」ととらえ，それは見返りを求めず自我を忘れてただ目的の遂行のみに没頭する心理状態であり，自己にとらわれない行為を志向する生き方のありさまとされる。マズロー（ibidem）によればこの領域に達することができるのは全人類の2％程度であり，その実現を目指すのは稀なケースとされる。

　人間は成長に動機づけられた瞬間，自分以外の存在に対して没人間性の関係にたつことができるために，対象それ自体の本質を見ることができるようになる。ひとが世界の本質的存在（being）を見るとき，人間は同時に自分自身の存在に一段と近づくようになるか，あるいは自分自身のうちに世界を見る。人間も世界も同一の存在価値を有することから，人間は他人や自然界や自分自身に同一の価値を見るのである（cf., ibidem）。

　ひとは存在価値に触れる至高経験のあいだおよびそのあとで普段自分が利己的に扱っているものに対して感謝の気持ちを抱き，それを行動に反映させたいと願うようになる。世間を美しいもの善なるものとして認め，世間に対して何か善行をおこない，衷心から報いなければならないという衝動に駆られ

るようになる。かれは存在価値に基づいて生きたいという欲求をもつように
なり，世界を欠乏欲求の満足のために利用しないこと，あるいはもっと積極
的に自分と同一化した自分以外のものに自身の存在価値を反映させた善行を
おこなうことを欲するようになる。マズロー（ibidem）によればこれが自
己実現の欲求である。欠乏欲求は成長欲求よりも相対的に優勢であることか
ら成長には通常大いなる勇気と長期の苦闘が必要とされる。マズロー（ibi-
dem）はこの点をふまえて，自己実現は大多数のひとにとっては希望，あこ
がれ，衝動，求められてはいるがまだ達成されないものでしかないことが強
調される。人間はある瞬間，存在価値というダイヤモンドの輝きを目にして
それを非常に高く評価して自身のもつダイヤモンドも輝かせたいと願うが，
美しい光を発するまでにそれを磨きあげるのは容易なことではない。そのた
めほとんどの人間はそれにあこがれるだけにとどまってしまう。

　人間が存在価値に基づいて生活する，すなわち自己実現するためには単純
で安易で無為な生活を断念して要求の厳しい責任ある生活をおくらなければ
ならないとされる。成長とは一生の課題として自分自身を改善させるという
ことを意味していることから，こうした願望には際限がなく完成することも
ありえない（cf., ibidem）。

　欠乏欲求を満足させることは善である。マズロー（ibidem）によればた
とえば医師になることをとおして自己実現するということはよい医師になる
ことであるとされる。医師になること自体大変な努力が求められることであ
るが，それによって自己実現するということは，医師になって安定した日々
を過ごすこと，高給取りになることあるいは医師として尊敬されることで満
足するだけのことを意味しないとされる。医者になっても治療方法や薬学な
どの知識を吸収するために日々の継続的な努力が求められ，治療の際は患者
を自分自身のように想い，自分を犠牲にしてでも仕えるのである。

　マズロー（ibidem）によれば，一部の人間に欠乏よりも成長が求められ
るのは，自己実現の価値は実在しなくても目標として現実に存在することか
ら，人間はありのままの人間であるとともにこうありたいと望んでいる人間
でもあるためであるとされる。現実に欠乏欲求の満足はより高次の欲求を芽
生えさせて自己実現の欲求を生じさせるとして，人間はさらに完全な存在に

なろうとするようにつくられていると述べている。すなわち人間は潜在的かつ基本的な欲求として自己実現の欲求をもった存在なのである。

成長欲求も欠乏欲求と同様に人間の欲求であり，その相対的優勢さのために軽視されがちであるが前者を重視することもまた可能なのである。こうして成長を選択したごく一部の人間は大いなる闘いのうちには大いなる喜びがあることを実感するようになる。このような人間は欠乏欲求によってではなく成長欲求に支配されている。かれらは欠乏欲求を充足させようと努力しているのではなく，存在価値に突き動かされて行動することが自分自身であり，内面的に発達し，成長し，成熟を続けて自己実現していくとされる（cf., ibidem）。一方でマズロー（ibidem）によれば，自己実現の欲求とは人間の存在価値を反映させて生きたいという欲求であり，自己実現とは存在価値に基づいて生き続けることであるが，非常に困難なことであるとされる。

かつては自己実現のフィールドは仕事だったが，こんにち自己実現の新しい手段が生まれている。コトラー＝カルタジャヤ＝セティアワン（Kotler=Kartajaya=Setiawan, 2016）によれば，さまざまな産業にまたがる最近の調査では，マーケットにおいてマーケティングコミュニケーションよりも「Fファクター」が重要であることがわかっている。Fファクターとは Friends, Families, Facebook fans, Twitter followers である。多くの人びとがソーシャルネットワーキングサービス（social networking service：SNS）上で見知らぬひとたちにアドバイスを求め，広告や専門家の意見よりも信頼するようになっている。マーケティング4.0のカスタマージャーニーでもっとも重要なのは「推奨（advocate）」のプロセスであり，SNSなどをとおして商品の良さを消費者自身に拡散してもらうことである。こうした背景からこんにちマーケットに大きな影響力をおよぼす存在としてインフルエンサーが注目されるようになっている。

グラッドウェル（Gladwell, 2002）はインフルエンサーマーケティングをあらわしている。インフルエンサーとは影響，感化，効果を意味する 'influence' を語源として，社会に大きな影響力をもつひとのことを指しており，メディアに出演する人気芸能人やアスリート，ファッションモデルなど特定分野の知識を有した専門家や政治家といったいわゆる有名人から，特定の層

からの圧倒的な支持を得る個人などその属性は多様である。かれらはSNSの消費者生成メディアの媒体の種類によって，動画共有サービス「YouTube」のユーチューバー，写真共有サービス「Instagram」のインスタグラマー，ショートビデオプラットフォーム「TikTok」のティックトッカーなどとよばれる。

フォロワー数が100万人以上のインフルエンサーは「トップ（メガ）インフルエンサー」，フォロワー数が10万人以上のSNS発信者は「ミドル（マクロ）インフルエンサー」，フォロワー数が1万人から数万人のSNS発信者は「マイクロインフルエンサー」，そしてフォロワー数が1万人に満たないSNS発信者は「ナノインフルエンサー」とよばれる。こんにちのデジタルエコノミーにおいてメガインフルエンサーやマクロインフルエンサーの影響力は大きい。

メッセージを発信することをとおして自らが社会に認知されたり，社会に影響力をあたえることが「なりたい自分」あるいは「あるべき姿」になれる自己実現の手段となっている。こうした環境でSNS発信者にとってフォロワー数は自己実現の裏づけという側面を有しているのである。

マズローの自己実現という概念は経営学において引用されている。その代表としてダグラス・マグレガー（McGregor, 1960），クリス・アージリス（Argyris, 1957），そしてフレデリック・ハーズバーグ（Hertzberg, 1966）の3人はマズローの自己実現という概念を明確に規定しなかったためにそれを三者三様に用いている。マズローの欲求階層理論は経営学を学ぶときに必ず登場する概念であるにもかかわらず，現状では自己実現に関するマズローの見解が十分に反映されているとはいえない。現実としてマズローの存在価値の概念を経営学に包摂することならびに経営に応用することは難しい。

5-2
アージリス

　アージリス（Argyris, 1957）は自己実現の概念を個人が潜在的に有する能力や人格を発達させることによって成長していくことと考えていた。かれのこの概念には自己実現とは成長することであるという点がふくまれているが，存在価値や自己実現の非利己的性格については言及されていないことから，アージリスの自己実現の概念もまたマズローの概念を正確に反映しているものとはいえない。

　アージリス（ibidem）によれば，人間は自己実現に向けて努力するがそのとき自己実現の欲求が目的を達成しようとする努力のエネルギーの源泉として作用するとされる。このエネルギーを生理的エネルギーに対して心理的エネルギーとよび，心理的エネルギーはあらゆる人間に存在し，人間である限りは必ず表出してしかもその量は個人の心的状態によって左右されると考えられた。こうして形成された個々のパーソナリティは自我（the self）とよばれる。かれによれば個人はさまざまな能力をそなえかつ意識的，無意識的にさまざまな欲求をもっており，それらの総合された全体がパーソナリティすなわち自我とよばれるものとされる。パーソナリティは多くの社会集団のなかに組みこまれ，それらの総体としての文化から大きな影響をうけ，個人はこうした社会集団との接触をとおして成長する。

　アージリス（ibidem）によれば，従来の伝統的組織論が人間のパーソナリティの成長に及ぼす問題点として，仕事の専門化，命令系統，指揮の統一，管理の範囲の原則が適用されることによって，人間のパーソナリティと組織との不適合が増大することをあげる。仕事を専門化することは個人の能力の一部分しか用いられないことになり，命令系統によって人間は上位の管理者に従属的，受動的にならざるをえず，指揮の統一は個人の自発的な目的設定にはなりえなず，管理範囲の原則は自己の統制範囲を狭めることにな

る。その結果組織内で自己実現を達成することが困難となったとき人間のとるべき行動は組織を去るか，順応するか，意識や価値観を変えることしかないのであるが，組織内で仕事を続けることが一般的な選択肢であるとすれば，人間は組織に対して順応行動を取りながら，インフォーマルな集団を形成して依存するようになる。

　しかしながら非公式集団は非公式な行動基準をつくりあげ，それにしたがうものはメンバーとして受けいれ，したがわないものを排除するという統制機構をもって公式組織の強制を集団的に避けようとする。マネジメントの側では労働者は刺激的賃金や昇進といった報奨によってよく働くという論理をもっているが，非公式集団はこうした論理を認めないで組織的怠業をおこなうことから，こうした行動は個人の自己充実をさまたげて欲求不満におちいることとなる（cf., ibidem）。

　組織はこれに対してさまざまな方策を講じることになる。労働者に経営方針を十分に周知させて詳細な計画や標準を設定して経営管理を強化し，人事考課を厳正に実施して作業成果を評価する，さらに強圧的なリーダーシップを行使するなどの方法をとる。しかしながらそうした方策はかえって個人に対立感や自主性の喪失や非公式集団への依存心を強める結果となる（cf., ibidem）。

　アージリス（ibidem）はこうした伝統的組織論のもつ課題に対して，個人と組織の両方を変革することによってはじめて両者間の調和が可能となると考えた。このような健全な個人と公式組織との要求の不一致という問題に対して，アージリスは参加的リーダーシップないし現実的リーダーシップによる解決を考えた。しかしながら個人にマネジメントに参加させてみても必らずしも積極的な参加はおこなわれず，コミュニケーションの努力をしても従業員は耳を傾けることはないとしている。

　アージリス（Argyris, 1960）によれば，組織のような複雑な事象において多数の変数があるときは細心の注意をはらって複雑性を分解して解明した結果を一部分ずつ統合するという研究方法には限界があるとして，複雑な事象のなかで少数の部分による枠組みの特性をとらえてモデルを設定し，それらの相互作用を追求する方法を採用することにする。ここでアージリスは個

人の能力という側面に重点をおき，とくに対人的能力（interpersonal competence）の伸張が組織と個人との対立にどこまで解決の道をひらくかに視点を移した。アージリス（ibidem）は公式組織や管理統制が組織活動の有効性を低下させることがあるが，組織構成や管理方式はそのままとして，組織のなかにおける人びとの対人的能力とリーダーシップに焦点をおいて，それらが組織にいかなる影響を与えるかを追求したのである。

　組織における管理上の能力は知的，合理的，技術的能力と対人的能力との2つの要因から構成される。個人のパーソナリティもしくは自我は個人の欲求，価値体系，能力の総合された全体であると考えられ，同時にそれは社会的関係のなかでさまざまな影響をうけて，対人関係の結果として自我が成長発展する。人間は幼時には両親や遊び仲間から，成長すれば兄弟，友人，同僚などとの関係から影響を受ける。そのプロセスで自責，責任転稼，攻撃，無関心などの防衛機構をつくりあげないためには人間的成長に関する基本理念や価値体系を発展させる必要があると考えるのである（cf., ibidem）。

　アージリス（ibidem）は，対人的能力は組織の有効な活動にとって1つの重要な要因であると考えた。かれは人間的成長にしたがって対人的能力を高めるためには，自己と他人とを容認することが必要だと考えた。容認とは自我および自己の行動がいかなるものであるかを卒直に意識し，かつ他人とその行動をそのひとが認めてほしいと思っているとおりに認めることである。自己と他人をありのままに容認することは相手のあることであって双方が努力をしなければならないことから，自己の欲求や考え方や感情を知るばかりでなく他人も自分を知るように仕向ける，すなわち他人もそうするような条件をつくりだす能力をもたねばならないと考えた。

　アージリスのマチュリティ理論は，人間はさまざまな環境との対応の過程で自我を適応，順応させることによってパーソナリティを成長させていくというものである。アージリス（Argyris, 1970）によれば，人間のパーソナリティの発達は受け身の状態から能動的になっていく傾向，他人に依存する状態から独立した状態に発展する傾向，数少ない仕方でしか行動できない状態から多様な仕方で行動できるようになる傾向，その場限りの浅い関心からより深い興味をもつようになる傾向，短期の展望から長期の展望へと発達す

る傾向，家庭や社会での従属的な地位から同僚に対して同等あるいは上位に位置したいと思うようになる傾向，自己意識が欠如した状態から自己を意識してコントロールしようとするようになる傾向という基本的傾向があるとされる。

アージリス（ibidem）によれば，人間は成長しながらも外的な脅威にさらされていることから，その脅威から自我を守るために攻撃，拒否，抑圧，罪悪感などの自我防衛の反応が無意識的に作用しながら，あわせて自己実現に向けて活動する存在としてとらえられている。パーソナリティの成長は基本的に個人の特性に基づいているが，人間は独立した存在ではないことから合理性を基礎とした組織である公式組織のなかで個人がどのようにパーソナリティと組織の目的とを調和させるかが問題となる。

5-3
マグレガー

マグレガー（McGregor, 1960）によれば，自己実現（self-actualization）とは自己充足（self-fulfillment）とほぼ同意義であり，自己を啓発してその能力を発揮し続けることである。かれは自己実現の欲求をもっとも高次な欲求として，人間が潜在的に有する能力を実現しようとする欲求としていることから，マズロー（Maslow, op. cit.）の概念に基づいたものであると考えられる。マグレガーはマズローの成長欲求や存在価値の概念などについては言及していない。

マグレガー（ibidem）は飴と鞭による管理の基礎となる人間観を X 理論，企業目的と個人的目的の統合と自己統制による管理の基礎となる人間観を Y 理論とした。かれは 1937 年に MIT に移籍して以降，長年にわたって従業員のレイオフや勤労意欲，ワークシェアリングなどに関してヒアリングやアンケート調査をおこない，このような実態調査の積み重ねから得られたデータや知識を体系的にまとめた。

　マグレガー（ibidem）によれば，1960年当時のアメリカ企業における経営管理手法としてひろく浸透していたのは，従業員を解雇や減給などの懲罰によって脅すことをとおしてかれらの仕事に対する意欲を高めようとする手法，あるいは従業員をなだめすかすことによって仕事へのやる気を高めようとする温情主義的な手法が中心であったが，このような管理手法は奏功していないと考えた。

　飴と鞭の方法では従業員の抱く欲求が仕事をとおして充足させられていないがゆえにかれらは欲求不満に陥り，結果として仕事に注意を向けることよりもいかにして管理者の命令を回避して抵抗するかに腐心することとなる。またなだめすかすという手法は従業員が管理者から与えてもらうという消極的な姿勢をむしろエスカレートさせて，結果として管理者はかれらを脅すことによって管理することにつながる（cf., ibidem）。マグレガー（ibidem）は飴と鞭による管理法がおこなわれる背後には管理者たちが一般的にもつ旧来の考え方があると考えた。その考え方とは，平均的な人間というものは元来仕事が嫌いであり可能であれば仕事などしたくないと考えている，仕事は嫌いだというこの人間特性のゆえにほとんどの人間に組織目標の達成のために適切な力を発揮させるためには強制，統制，命令，懲罰による脅しが必須となる，平均的な人間は命令されるのを好み責任から逃れたがるものであり，大望などはもたず何よりも安全を欲するというものである。

　マグレガー（ibidem）は経営側に見られる旧来の人間観を「Ｘ理論」と名づけ，経営側がそのような見方をもつならば従業員に対して飴と鞭による管理をおこなわざるをえないと考えた。しかしながらかれは「戦闘的労働組合」や「怠業」が多くなっていることをふまえて，人間性に関してこれとは別の信念があればまったく異なった組織原則がもたらされるとして，その当時までの社会科学者たちの研究や一部のマネジメントたちの模索から新たな組織原則が生まれつつあることを示唆している。

　かれによれば新しい組織原則は「統合と自己統制による管理」であり，従業員が企業の繁栄に向かって努力することで自分自身の目標を最高度に達成しうるような条件を創出することであった。マグレガー（ibidem）はこの新しい組織原則の提起にあたってマズローの5段階欲求説を援用している。

すなわち当時の多くのアメリカ人にとってもっとも優勢な欲求である「生理的欲求」と「安全欲求」はかなり充足されていると考えられることから，3番目に優勢な欲求である「所属と愛情の欲求」と4番目に優勢な欲求である「承認の欲求」，そして5番目の欲求である「自己実現の欲求」を仕事をとおして充足させることが重要であると考えた。経営側の施策はそれまで生理的欲求や安全の欲求を充足させるものであったが，従業員を動機づけるためには社会的欲求や自我の欲求が重視されるようになったと考えたのである。

　マグレガー（ibidem）は，人びとは仕事をとおしてこれら高次の欲求を充足する機会を与えられなければ，かれらは欲求不満となってそれが行動に反映されると考えた。このような状況のなかで経営側が相変わらず低次の欲求だけに注意を払うのであれば報酬を与えても能率は上がらず，罰するという脅しに頼らざるを得なくなる。マグレガー（ibidem）によれば，X理論の仮説は有効のように思われるとしてもそれは原因に対する結果の取り違えでしかないとされる。

　マグレガー（ibidem）は時代の発展と人間行動に関する科学的知識の新展開をふまえて，従来の人事管理論（personnel administration）に替わって新しい人的資源管理論（new theory with respect to the management of human resources）が生まれつつあるとして，管理者のもつべき従業員観をY理論の仮説としてつぎのようにあらわしている。すなわち従業員にとって仕事で心身を使うのはごく自然で遊びや休憩の場合と同じである。ふつうの人間は生まれつき仕事が嫌いだという訳ではなく，操作可能な条件次第で仕事は満足の源にもなり反対に懲罰の源にもなる。

　外部からの統制や懲罰による脅しだけが人間を組織目標に向けて努力させる唯一の手段ではなく，ひとは自ら進んで身を委ねた目標の遂行については自らを方向づけ自らを統制するものであることから，目標に向けて献身的であるかどうかは達成によって得られる報酬次第であり，そのような報酬でもっとも重要な自我欲求や自己実現欲求の充足が組織目標に向けられる努力の直接的な成果となり得る。ふつうの人間は適切な条件下では責任を引き受けるばかりか自ら進んで責任を担おうとする。責任の回避，大望の欠如，安全の強調は経験が生みだした産物でしかなく人間本来の特性ではない（cf.

	X 理論	Y 理論
人間の本質	仕事は嫌い・責任回避	仕事は人間の本性
欲求の段階	生理的・安全の欲求	社会的・自我・自己実現
管理の手法	命令・統制	説得・専門的支援
動機づけ	懲罰	参画

図表 5-2　X 理論・Y 理論

出所：筆者作成

ibidem）。

　マグレガー（ibidem）によれば，組織内の問題を解決するために比較的高度な想像力を駆使して知恵をだし，創意工夫をこらす能力は多くの人びとに備わっているにもかかわらず，現代産業の日常的な条件下ではふつうの人間が潜在的に有する知的能力がわずかしか活用されていないと考えられる。

　マグレガー（ibidem）は管理者が伝統的に有する受動的他律的人間観に替えて能動的自律的人間観を提示することで企業と個人の統合を図ろうとした。かれは Y 理論の考え方が完全に立証されたわけではないとしつつも，現実の職場で Y 理論的な労使関係が萌芽的に見られることを指摘して，研究が進むにつれて Y 理論の考え方は一層磨き上げられ入念な修正がなされていくことは確かであり，それが完全に否定されるようなことはありえないと主張している。

5-4
ハーズバーグ

　アメリカの臨床心理学者，フレデリック・ハーズバーグ（Hertzberg, 1966）の理論の土台となっている自己実現の概念はマズローの成長動機

（growth motivate）とほぼ同様のものとして自己実現を概念づけているが，マズローが成長欲求の動機の源泉と考えていた存在価値を自己実現の概念に包含しなかった。すなわちハーズバーグのいう‘growth motivates’には存在価値とそれを土台として生きることによって結果的に生じる非利己の考え方はふくまれておらず，ハーズバーグは意図的に存在価値の概念をその理論に包含しなかったと推察するのが合理的であると考えられる。マズローの存在価値の概念は経営学的な意味において難解であり，かつ現実への応用が困難になってしまう。

　ハーズバーグの2要因理論はハーズバーグが提唱した職務満足および職務不満足を引き起こす要因に関する理論である。人間の仕事における満足度はある特定の要因が満たされると満足度が上がり不足すると満足度が下がるということではなく，満足に関わる要因と不満足に関わる要因は別のものであるとする考え方であり，前者を「動機づけ要因」，後者を「衛生要因」とした。

　社会の産業化が進展するなかでハーズバーグは働く人びとの職務態度に関する研究をはじめる。1959年にハーズバーグとピッツバーグ心理学研究所は，200人あまりのエンジニアと経理担当者に対して仕事上どんなことによって幸福や満足を感じ，どんなことによって不幸や不満を感じたかという質問調査をおこなったところ，人の欲求には2種類あってそれぞれ人間の行動に異なった作用を及ぼすことがわかった。人間が仕事に不満を感じるときはそのひとの関心は自分たちの作業環境に向いているのに対して，人間が仕事に満足を感じるときはそのひとの関心は仕事そのものに向いている。

　仕事の満足に関わるのは仕事そのもの，達成すること，承認されること，責任，昇進などであり，これらが満たされると満足感を覚えるが欠けていても職務不満足を引き起こすわけではない。これらはマズローの欲求段階説の社会的欲求」の一部，自尊欲求，自己実現欲求に該当する欲求を満たすものである。仕事の不満足に関わるのは会社の政策と管理方式，監督，給与，対人関係，作業条件などであり，これらが不足すると職務不満足を引き起こすが満たしたからといっても満足感につながるわけではなく，単に不満足を予防する意味しかもたない。これらはマズローの欲求段階説でいうと生理的欲

求，安全・安定欲求，社会的欲求の一部の欲求を満たすものである。

　ハーズバーグ（ibidem）はなぜ特定の事象が職務に関する感情の変化をもたらすかに関して追加的に調査をおこなった結果，衛生要因は不快を回避する欲求であり，動機づけ要因は成長ないし，自己実現に対する欲求であることがわかる。ハーズバーグによれば衛生要因が積極的満足を提供できない理由は個人に成長の感覚を与えるために必要な特徴をもっていないからと考えられた。ハーズバーグ（ibidem）によれば，自分が成長したという感覚はその個人にとって意味をもつ課業の達成にかかっており，衛生要因は課業に関係がないことからこのような意味を個人に与える力をもたないと考えられる。成長のためには課業に関わる要因が必要であり，それらは個人を自己実現欲求へ向けて起動できる心理的刺激を提供するとされる。

　ハーズバーグ（ibidem）によれば，1人の人間のなかには「アダム的人間観」に基づく人格と「アブラハム的人間観」に基づく人格の2つの人格が存在して，アダム（動物）は環境からくる痛みを回避しようとし，アブラハム（人間）は課業からくる成長を追求する。聖書の伝説によればアダムは神によって完全な人間としてエデンの園のなかで生活するように創られたが，かれは知識をもたずに創造されたので精神の弱い存在であった。アダムが神の意志に反して知識の木の実を食べたとき神はこれを罰してエデンの園から追放した。このときからアダムはほかの生命体と同様に生きるために環境と闘わなければならなくなった。すなわち自分自身にふりかかってくるさまざまな痛みを生むような事象を回避しなければならなくなった。アダムに代表される人間観はすべての動物と似ており，その基本的動機づけは不満や不幸の回避であるとされる。

　ハーズバーグ（ibidem）によれば，アブラハムに象徴される人間観は人間が有能であり先天的な潜在能力をもち責任をもった存在であるとされる。人間アブラハムは回避のために動機づけられるのではなく，精神的な自己成長に対して動機づけられる。これは人間とそのほかの動物とを分ける大きな相違点である。ハーズバーグ（ibidem）によれば人間はアダムであり同時にアブラハムであるとされる。アダムの欲求はいくら充足されたところでアブラハムの欲求には何の影響も与えない。幸福にはなんらかの精神的成長を

	動機づけ要因	衛生要因
仕事の満足要因	仕事内容・責任・達成・承認・昇進	
仕事の不満足要因		ビジョン・管理方式・監督・作業条件・給与・対人関係
欲求の段階	自我の欲求・自己実現欲求	生理的欲求・安全の欲求・社会的欲求

図表 5-3　動機づけ要因・衛生要因

出所：筆者作成

就げることが要求され，人びとを仕事に対して動機づけようとするならば個人に対して精神的成長を期待しうるような仕事を提供しなければならないと考えられる。

　ハーズバーグの研究は経理担当者と技師を対象としておこなわれたが，のちに多くの産業分野におけるさまざまなタイプの労働者に対して実施されてその正当性が担保されていくこととなる。

6

近代組織論

　経営組織研究において現代経営学に大きな影響を及ぼしているのがチェスター・バーナード（Barnard, 1938）の理論である。バーナード理論は現代社会が直面している困難な問題，資源や環境問題の制約のなかでビジネス活動，そしてひろく地球社会の持続可能性の探究に示唆を与えてくれる。

　バーナードは近代組織論という経営学における新しい流れの創始者として位置づけられる。ファヨールからはじまった管理原則論という伝統理論では組織は支配と統制の仕組みであり，仕事を実行するための機械的メカニズムであって，そのなかで個人の果たす役割は検討されずに人間は捨象されていた。そこでは組織がおこなうべき仕事を決定すると個人が割りあてられた仕事を自動的におこなうことが想定されていた。やがて産業と社会構造の変革のなかで組織は大規模化，複雑化し，あわせて組織構造，活動目的も多様化してくるなかで，伝統理論の支配の機構としての組織観だけでは組織を運営していくうえで解決できない問題が生じてくる。

　近代組織論では組織における人間はさまざまな個人的動機や欲求をもつ意思決定の能動的主体であり選択する自由をもった人格とみなされる。バーナードは全人仮説としての人間観から出発して組織を人間の協働活動のシステムへと転換させる。かれは伝統理論の合理主義と人間関係論の非合理主義

を統一してより現実的で行動科学的理論へと組織論を昇華させる。

　伝統理論では組織を中心にして組織から個人に対してどのように働きかけるかが考察され，人間は基本的に他律的で消極的な存在と位置づけられる。これに対して近代理論では個人を自律的で積極的な意思決定の存在主体ととらえて，ひとりでは達成できない目的を実現するために協働が生まれ，組織が形成されると考える。バーナード理論では人間には多面的な側面があり，経済的動機や社会的動機をもつだけでなく自己実現のための動機をもつ複雑な存在とする全人仮説が採用される。人間は自律的で積極的な存在であるだけでなく外部環境によって制約される他律的で消極的な存在でもある。また人間は組織との関係においてパーソナル（人格的）という全人的な側面とインパーソナル（非人格的）という機能的な側面をあわせもつとされる。

　また伝統理論では組織はクローズドシステムと考えられるが，近代理論では組織を自律的なものととらえ，環境に適応しようとするオープンシステムと考えられる。すなわち組織は環境に制約されながらもその目的を達成するために環境に働きかるシステムととらえられる。

　伝統理論では組織目的が組織の中心に置かれてその達成を目指すものが組織であるととらえられるのに対して，近代理論では組織の目的達成度である「有効性」と個人の目的達成である「能率」という２つの視点から組織の成立と存続を考える。そしてバーナード理論の場合には社会目的に反することなく道徳的に問題がないかを判断する「道徳性」が組織の発展条件とされる。バーナードは営利企業組織だけではなく公益団体や共益団体などの非営利組織，官公庁や地方公共団体などの公的組織などをふくめてひろく組織を議論できる概念として協働システムを提示している。

　バーナード（ibidem）はハーバード大学中退後にアメリカ電話電信会社に入社する。1927年にはニュージャージー・ベル電話会社の初代社長に就任する。そして社長退職後，1948年からはロックフェラー財団長に転じ1952年まで勤める。かれの 'Functions of the Executive' は1937年に同じタイトルでおこなわれたハーバード大学ローウェル研究所の公開講座での講義内容である。

　バーナードの論述は極めて難解である。バーナード（ibidem）によれば，

組織は均衡を軸としたホメオスタティックなシステムであり，組織の存続のための調整過程を担うのが管理者としての職能であり，あらゆる段階で統制的地位にあるすべての人びとによってもおこなわれるとされる。そして人間が物的な存在であることは間違いないが人間は単なる物体だけではなく，生きものとしての人体はその内外のたえざる変化や広範な変異にもかかわらず，適応力，内的均衡を維持する能力，したがって継続性をもっている。そのうえ経験の能力すなわち過去の経験を生かして適応の性格を変える能力をもっているという意味で，人間は物的なものと生物的なものから成り立つ有機体であるとされる。

　人間という有機体はほかの有機体との関係をもたずに生きられないことから，物体の相互作用とは異なる社会性をもつことになる。有機体としての人間の相互反応は適応的行動の意味と意図に対する一連の応答であり，この相互作用に特有な要因は「社会的要因」，その関係は「社会的関係」とよばれる。バーナード（ibidem）によれば，個人とは過去および現在の物的，生物的，社会的要因である無数の力やモノを具体化する単一の，独特な，独立の，孤立した全体を意味する。

　バーナード（ibidem）は人間の欲求，衝動，欲望を動機とよぶ。かれによれば，動機はおもとして過去および現在の物的，生物的，社会的環境における諸力の合成物であるとされ，行為によって事後的に推論されるものであるとされる。動機は目的によって述べられることが多いが，心理的要因として生ずるものである以上目的そのものが本当に動機そのものなのかどうかは明らかではないと述べる。このように人間の活動は動機が単純に目的と因果的に結びついているようなものではないとされる。

　バーナード（ibidem）によれば，人間の活動はつねに求めないほかの結果をともなうことが確認され，求めざる効果はささいな無視できるようなこともあれば重大な結果を引き起こすこともある。活動には求めざる結果がつねにともなうということを踏まえて，バーナードは個人的行為と組織的行為に関して「有効的（effectiveness）」と「能率的（efficiency）」という2つの概念を区別する必要があるとする。

　バーナード（ibidem）によれば，人間の行為が組織の特定の客観的目的

をなしとげる場合にはその行為を有効的といい，組織にとって有効的である
かどうかにかかわらず人間の行為がその目的の動機を満足し，その過程がこ
れを打ち消すような不満足をつくりださない場合には能率的であるとされ
る。人間のある行為がその動機を満たさないか，または不満足を生じさせる
場合には，その行為はたとえ組織にとって有効的であっても，人間にとって
非能率的であると考えられる。このようにバーナードは組織の目的の達成度
を「有効的（effectiveness）」で，人間の満足度を「能率的（efficiency）」
で評価する。

<h1 style="text-align:center">6-1
協働の理由</h1>

　バーナード（ibidem）によれば，人間にとって個人ではできないことが
協働ならばできる場合にのみ協働の理由が存在し，協働は個人にとっての制
約を克服する手段として存在理由をもつとされる。協働の目的は個人的行為
の目的とは異なる。また組織には協働システムを維持，促進するために単純
に目的の達成を追求する活動だけでなく迂回的な活動が必要になる。した
がって協働として個人がおこなう行為のなかには個人が望まない行為や直接
的に協働の達成に結びつかない行為が多くふくまれる。
　環境の変化が協働システムにも継続的な適応を迫ることになるが協働の適
応と個人の適応は異なる。個人の場合は生理的な適応行動ということになる
が，協働システムの場合には組織的活動の均衡を保つということになる。そ
こで協働システムでは適応のプロセスおよび専門的な機関，すなわち協働を
維持することを専門とする活動の側面が発展してくる。このような適応プロ
セスがマネジメントプロセスであり，そのための専門機関が管理者と管理組
織である。そしてこのようなプロセスと機関がこんどは協働の制約となる。
このようにバーナード（ibidem）は変動する環境への適応の必要性から管
理プロセスや管理部門の必要性を導きだす。

　バーナード（ibidem）によれば協働の不安定性は物的環境の変化と協働システム内の適応や管理プロセスの不確実性から生じるばかりでなく，可能性の変化にともなう行為目的の性格の変更からも生じるとされる。新しい制約が1つひとつ克服あるいは失敗するごとに新しい目的があらわれて古い目的が放棄される。そして協働の発展にともなう目的の数および範囲の拡大はそれ自体として協働における不安定要因となり，いっそう不安定要因は増大していく。すなわちバーナードは協働が自ら不安定要因をつくりだす傾向をもっていることを指摘している。

　人間の心理的要因は個人の行動の物的，生物的，社会的要因の合成物である。バーナード（ibidem）によれば，協働における個人の評価は個人の経験，記憶を踏まえた能力とその能力の範囲内における決断力または意欲の2つであるとされる。ほかの人間との関係を確立するにあたってひとりの人間がなしうることは，ほかのひとの選択の限界を狭めるかまたは選択の機会を拡大するかのいずれかである。前者の場合は外部の状況を変えるかあるいはそのひとの心理状態を変えるのかのいずれかの方法，換言すれば可能性を制限するかまたはその人の欲望を制限するかのいずれかである。後者の場合はほかのひとが利用できる手段をつけくわえてその選択力をひろげることである。バーナード（ibidem）によれば，社会的要因は協働システムならびにほかの社会的関係から個人に対して働きかけるとされる。

　バーナード（ibidem）は協働における社会的要因としてシステム内の個人間の相互作用，個人と集団間の相互作用，協働的影響力の対象としての個人，社会的目的と協働の有効性，個人的動機と協働の能率をあげている。協働システムの目的が達せられた場合にはその協働は有効的であったとされ，達せられていなければ有効的でなかったとされる。有効的かどうかは協働システムの観点から決定されるものであって，個人的観点は関係ない。すなわち協働の個々人の行為が有効的であるということと協働が有効的であることは別の次元の話である。能率は有効性とは異なって協働の能率は個人の能率の合成物になり，あくまでも各個人の動機がどれだけ満たされたかが問題であり，動機の充足度の総和が協働の動機の充足度である能率になる。

6-2
協働行為の諸原則

　協働は諸要素の統合であり物的，生物的，人格的，および社会的な諸要素や諸要因が1つでも欠けているような協働システムは存在せず，すべての協働行為が全体状況に影響を与える。われわれの行為はさまざまな要因が関係した状況でおこなわれており，そのような複雑な状況を変えるためにはある1つの要因に働きかけていくしかない。単純な状況では協働の制約はある1つの要因によってもたらされると考えても良いが，通常制約は全体状況すなわち諸要因の結合から生ずる。制約というものは基本的には諸要因の合成効果であるが，目的達成のために行為をなそうとする場合には1つの要因によるものとみなしてもよい場合があり，このような要因は戦略的要因とよばれる（cf., ibidem）。

　物的，生物的，社会的要因で構成されている全体状況が複合的である以上戦略的要因である1つの要因が状況の変化を直接引き起こすわけではないが，その変化によってほかの要因にも変化が生じて結果的に状況の変化を引き起こしうる。努力の目的は一部分を変えることによって好ましい方向に全体状況を変えることである。全体状況の修正のための特定の要因への働きかけの究極の目標は個人的動機の満足である。そしてその直接的結果は個人の動機の直接的満足か，協働のよりいっそうの促進かのいずれかであるとされる（cf., ibidem）。

　協働の可能性の増大のための物的要因への働きかけとして建設や機械の発明などの自然環境の意図的変化，生物的要因への働きかけとして教育訓練，機会の専門化，公衆衛生，医療などがあげられる。これらは外的働きかけによる協働促進プロセスであるが，社会的要因への働きかけは内的な人間関係を効果的にする直接の工夫をふくんでいる（cf., ibidem）。

　有効性は協働システム全体という観点からの評価になるのに対して，協働

システムの能率はシステムを構成する努力を提供する各個人の能率の合成であり，各個人の観点からみられたものである。各個人は協働が自分にとって能率的でなければ協働を止めると考えられる。その意味で協働システムの能率とはそれが提供する個人的満足によって自己を維持する能力である。能率あるいは協働システムの均衡は個人に生産成果を分配するか個人の動機を変えるかのいずれかの方法によって得られる。バーナード（ibidem）によれば，個人にとって負担と利益が均衡するだけであれば満足は生じず，なんらかの余剰があってはじめて交換は満足を生みだすとされる。個人にとって能率とは満足のいく交換であり，協働プロセスには満足のいく交換のプロセスもふくまれる。ここでいう余剰は物質的な量の問題だけではなく，たとえば協働に参与することが変化をもたらすことなどもふくまれる。したがって能率の確保のためには，個人に満足を与えられるようなものの生産の問題とその分配が重要である。そして満足な分配そのものが全体状況に働きかけることになる。

　個々の人間は限られた選択力をもっていると同時に全体状況の諸要因の合成物であり，それらの要因によって強く制約される存在でもある。かれらは動機をもち目的を立ててそれらをなし遂げようとする。各人の状況における制約を克服するもっとも有効な方法はつねに協働という方法であり，そのためには集団的すなわち非個人的な目的を採用することが必要である。この目的に関連する状況は無数の要因からなりそれらは制約的なものと非制約的なものとに識別されなければならない（cf., ibidem）。

　協働は全体状況の社会的側面であり協働から社会的要因が生じる。協働の永続性は協働の有効性と能率という2つの条件に依存する。有効性は社会的，非人格的な性格の協働目的の達成に関連しており，能率は個人的動機の満足に関連して本質的にパーソナルなものである。協働の存続は相互に関連し依存する環境との関連における協働のシステム全体に関するプロセス，個人間に満足を創造したり分配したりすることに関するプロセスである。協働の不安定や失敗はこれらのプロセスの欠陥から別々に生じるとともに，各プロセスの組みあわせの欠陥からも生ずる。管理者の諸職能はこれらのプロセスの有効な適応を確保するという職能である（cf., ibidem）。

協働システムとは少なくとも1つの明確な目的のために2人以上の人びとが協働することによって構築される特別なシステムを構成する物的，生物的，個人的，社会的要素の複合体である。バーナード（ibidem）は2人以上の人びとの協働という言葉のうちにふくまれているシステムを「組織」とよぶ。すなわちバーナードは協働をおこなっているさまざまな要素をふくんだものを協働システムとし，そのなかの多くの協働システムに共通してみられるものを組織として取りだしている。協働システムはさまざまなものがあるが，組織とは目的をもつ人びと相互間の協働であり，2人以上の人びとの意識的に調整された活動や諸力のシステムとされる。

　バーナード（ibidem）によれば，協働システム一般に斉一性があるならば，それらすべてに共通な特定の側面，または部分のなかにも斉一性がみられることは明らかであるとされる。協働システムの多様性をもたらすものは物的環境，社会的環境，個人，その他の諸要因の差異であり，これらの要因を除外した共通な側面を組織とよぶ。バーナードによれば，人間の集まりは集団という概念で押さえることができ，集団の概念でとらえるべき本質は相互作用とされる。

　バーナード（ibidem）は組織に関与する人びとをとらえる概念として，メンバーではなく「貢献者」という概念を導入する。貢献者は組織という協働のシステムに関わる活動の提供者であり，メンバーよりもひろい範囲の人びとをふくむ概念である。同様に「貢献」はメンバーであることやメンバーとしての活動よりもより広義の用語としてとらえられる。したがって組織を構成する行為はメンバーや従業員の行為にとどまらない。バーナード（ibidem）によれば，組織力の証拠である行為にはあらゆる貢献の行為やエネルギーの収受がふくまれることから，商品を購入する顧客，原材料の提供者，資本を提供する投資家もまた貢献者となる。

　組織は広範な人びとの行為で成立するがその行為は非人格的なものである。バーナード（ibidem）が組織と名づけるシステムは人間の活動で構成される1つのシステムとされるが，これらの活動を1つのシステムたらしめるものはさまざまな人間の努力がここで調整されるということであり，これらの活動の重要な諸側面は人格的なものではない。組織の様態，程度，時間

はいずれもシステムによって決められることから，調整された人間努力のシステムを取り扱うという場合には，たとえ人間が行為の担い手ではあってもその行為は人格的なものではないことを意味する。その性格はそのシステムの要求によってあるいはそのシステムにとってもっとも重要なものによって決められる。人間の行為が組織を構成する行為としての貢献になるのは，あくまでも組織というシステムが自らの要素として行為の様態を規定するからである。組織というシステムは自らの要素である貢献を自ら規定する。貢献が貢献でありうるのは行為者個人の意図や意思の反映ではないという点で貢献という行為は非人格的なものである。

　バーナード（ibidem）によれば，システムとは各部分がそこにふくまれるほかの部分とある重要な方法で関連をもつがゆえに全体として扱われるべきあるものであるとされる。何が重要かということは，特定の目的のためにあるいは特定の観点から規定された秩序によって決定される。したがってある部分とほかの1つあるいはすべての部分との関係にある変化が起こる場合には，そのシステムにも変化が起こり1つの新しいシステムとなるかまたは同じシステムの新しい状態となる。

　システムは部分の数が増えてくると部分システムを形成する。現実のシステムは諸システムが階層をなしているなかに存在して，関心の限定によって1つのシステムとして取りだされている。バーナード（ibidem）は組織も同様であるとして，各組織は協働システムとよばれるより大きなシステムの構成要素であり，物的システム，社会的システム，生物的システム，および人間などは協働システムのほかの構成要素であるとされる。さらに大部分の公式組織はより大きな組織システムのなかにふくまれる部分システムとされ，もっとも包括的な公式組織は通常「社会」と名づけられる非公式な，不確実な，漠然たる，方向の定まっていないシステムのなかに包含されているとされる。

　バーナード（ibidem）は組織とよぶ協働のシステムを社会的創造物，すなわち「生き物」とみなす。

6-3
公式組織の理論

　バーナード（ibidem）によれば，組織は相互に意思を伝達できる人びとが存在し，それらの人びとは行為を貢献しようとする意欲をもって，共通目的の達成をめざすときに成立し，組織が成立するためには「コミュニケーション」，「貢献意欲」，「共通目的」が必要であるとされる。

　組織が存続するためには有効性または能率のいずれかが必要であり，組織の寿命が長くなればなるほど両方がいっそう必要となる。組織の生命力は協働システムに諸力を貢献しようとする個人の意欲のいかんにかかっており，この意欲には目的が遂行できるという信念が必要である。実際に目的が達成されそうにもないと思われればこの信念は消えてしまうことから，有効性がなくなると貢献意欲は消滅する。意欲の継続性はまた目的を遂行する過程において各貢献者が得る満足に依存している（cf., ibidem）。

　バーナード（ibidem）によれば，組織が成立するのはコミュニケーション，貢献意欲，共通目的の3要素をそのときの外部事情に適合するように結合することができるかどうかにかかっているとされる。組織の存続はそのシステムの均衡を維持しうるか否かに依存しているが，この均衡は第一義的には内的なものであり各要素間の釣りあいの問題であるが，究極ではこのシステムと外的な全体状況との均衡の問題である。組織の成立条件であるコミュニケーション，貢献意欲，共通目的はそれぞれ外的要因とともに変化して同時に相互依存的である。したがってこれらの諸要素によって構成されるシステムが均衡を維持する，すなわち存続し，生存するためには1つのものが変化すればそれを償う変化がほかのものにも起こらなければならない。

　バーナード（ibidem）によれば，人間をはなれて組織はありえないが，組織を構成するものとして扱うべきは人間ではなくて，人びとの用役，行為，行動，または影響力であり，協働システムに対して貢献しようとする人

びとの意欲が必要不可欠であるとされる。ここでいう意欲とは克己，人格的行動の自由の放棄，人格的行為の非人格化を意味しており，その結果は努力の凝集であり結合である。結合に必要な気持ちなくしては協働への貢献としての持続的な人格的努力はありえず，人格的行為を非人格的な行為システムに貢献しようという気持ちがまずなければ活動は調整されうるものではない。なんらかの公式的協働システムに対する潜在的貢献者の意欲は不安定なものであることから，組織の側からなんらかの誘因を提供することで貢献意欲を引きだす必要がある。個人の観点からすると貢献意欲とは個人的欲求と嫌悪との合成であり，組織の観点からすると提供する客観的誘因と課する負担との合成である。

　バーナード（ibidem）によれば協働意欲は協働の目標なしには発展しえない。目標のない場合にはどのような特定の努力が個々人に求められるのか，また多くの場合にかれらがどんな満足を期待しうるかを知ることも予想することもできない。このような目標は組織の目的とよばれる。かれによれば協働目的は，協働する人びとの観点から見ると協働的側面と主観的側面の2つの側面があるとされる。したがって目的はただ存在すればよいものではなく，目的が与えられても目的が組織を構成する努力を提供している人びとによって容認されなければ，かれらに協働的活動を鼓舞することはできない。

　バーナード（ibidem）によれば，協働をおこなっているものが協働の一環として目的を解釈したものと客観的にみられる目的はかならずしも一致しないとされる。客観的目的と各人によって協働的に見られた目的とのあいだの相違が大きくなると，協働が分裂する場合もありえる。そこで協働の参加者が協働の対象としての目的の理解にはなはだしい差異があると認められない場合にのみ，目的は協働システムの一要素として役立ちうると考えられる。協働システムの基礎として役立ちうる客観的目的はそれが組織の目的であると貢献者によって信じこまれている目的であり，その信念をうえつけることが管理職能であるとされる。

　バーナード（ibidem）によれば，組織のすべての参加者は組織人格と個人人格という二重人格をもつものとみなされ，厳密には組織の目的は個人に

とっては直接にはいかなる意味ももたず，参加者にとって意味をもつのは組織がかれに課する負担や与える利益であるとされる。バーナード（ibidem）によれば組織目的と個人動機は明確に区別される。個人的動機は必然的に内的，人格的，主観的なものであるが，共通の目的はその個人的解釈が主観的なものであったとしても必ず外的，非人格的，客観的なものであるとされる。そして組織は自らを永続させる傾向があり，存続しようと努力してその存在理由を変えることもあるとされる。組織の継続はその目的を遂行する能力に依存し，これはその行為の適切さと環境の条件の両方に依存する。組織運営においては具体的な遂行目的とは別に一般的な目的が定式化され，通常は一般的目的が本来の目的の遂行の替わりとなることから，目的の一般化は組織継続のためのきわめて重要な側面といえる。

バーナード（ibidem）によれば，共通目的の達成の可能性と人間の存在とは協働的努力システムの相対する両極であり，これらの潜在的なものを動的ならしめるプロセスがコミュニケーションであるとされる。原始的な社会においても高度に複雑な社会においても，ともに観察的感覚（observational feeling）は重要なコミュニケーションの一側面であり，言葉では表現できない場合や言葉を使う人びととの言語能力に差異があるためにそれらが必要となる。特別な経験や訓練および個人的な交際の継続に際して非常に大きな要素となるのはたんに状況とか条件のみでなく，その意向を言葉をとおさないで理解する能力であるとされる。

バーナード（ibidem）によれば，組織の構造，ひろさ，範囲はコミュニケーションによって規定され，組織の理論をつきつめていけばコミュニケーションが中心的地位を占めることになるとされる。組織内の多くの専門化は本質的にはコミュニケーションの必要性のために生じ，またそのために維持されていると考えることができる。

バーナード（ibidem）によれば，組織にとっての能率とは協働システムに必要な個人的貢献の確保に関する能率を意味しており，組織というレベルにおいては存続という絶対的な基準のみが客観的に重要な意味をもっていると考えられる。貢献は誘因によって引きだされることから，組織の能率とはそのシステムの均衡を維持するにたりるだけの有効な誘因を提供する能力と

いうことになる。組織の生命力を維持するのはこの意味での能率であり，物質的生産性の意味での能率ではない。誘因としては非物質的なもの非経済的なものがあり，非経済的誘因が多くの場合に有効性に不可欠であるばかりでなく，基本的な能率に不可欠なものである。

　バーナード（ibidem）によれば，組織は単位組織から生まれて規模が拡大するにつれて複合組織へと分化していく。複合化した組織では管理組織を上層としてもつようになり，こうした構造的特徴はコミュニケーションの必要性が組織の規模に及ぼす影響によって決定される。

　バーナード（ibidem）によればすべての公式組織にそれに関連して非公式組織が存在し，その非公式組織とは個人的な接触や相互作用の総合および人びとの集団の連結という不明確なものであり，決まった構造をもたず，はっきりとした下部単位をもたない密度の程度のさまざまなかたちのない集合体と考えられる。非公式組織は一定の態度，理解，慣習，習慣，制度を確立して公式組織の発生条件を創造する。非公式組織における制度は個人の無意識的あるいは非理性的な行為や習慣に対応し，公式組織における制度は個人の思考と計算に基づく行為と政策に対応しているとされ，公式組織の行為は非公式組織と比較して相対的に論理的であると考えられる。

　バーナード（ibidem）によれば，非公式な結合関係は公式組織に先行する条件であり，共通目的の受容，コミュニケーション，協働意欲のある心的状態の達成を可能にするためには事前の接触と予備的な相互作用が必要であるとされる。非公式的な関係がある状況から公式組織が生まれるが，その一方で非公式組織はどうしてもある程度の公式組織を必要とし，公式組織が出現しなければ非公式組織は永続も発展もできないと考えられる。全体社会は公式組織によって構造化され，公式組織は非公式組織によって活気づけられ，条件づけられる。一方がなくては他方が存在しえず，公式組織がまったく存在しなければほぼ完全な個人主義の状態，および無秩序の状態となると考えられる。

　バーナード（ibidem）によれば，人間が関係を長続きさせるためには目的，明確な行為対象が必要であり，能動的で活動目的を求める人間は活動がなければ社会的接触を継続することが困難になると考えられる。個人の諸活

動はかならず局地的な直接的集団の内部でおこなわれ，人間の国家とか教会のような大規模組織に対する関係はかならずかれらが直接に接触している集団をとおして生じる。バーナード（ibidem）によれば，社会的結合がなければ人間性が失われることから個人の本質的欲求は社会的結合であり，この欲求が個人間における局地的活動すなわち直接的相互作用を求めることにとなるとされる。人間の面倒なルーティンや危険な仕事に対する忍耐力は社会的統合感を維持する必要から生まれると考えられる。

　バーナード（ibidem）によれば，非公式組織は公式組織に関連すると否とにかかわらず日常の結合関係というあたりまえの身近な経験の一部であることから，それにふくまれる特定の相互作用の一部のみを見ているだけで非公式組織には気がついていない。しかしながら公式あるいは特定の活動との関連における人びとの結合関係にはそれに付随的な相互作用がかならずふくまれている。バーナードは公式組織における非公式組織の機能としてコミュニケーション機能，貢献意欲や客観的権威の安定とを調整することによって公式組織の凝集性を維持する機能，自律的人格保持の感覚，自尊心および自主的選択力を維持する機能の3つをあげている。

6-4
バーナードの管理論

　バーナード（ibidem）は組織関係のなかで作業をする人間に関する専門化と組織自体に関する専門化を「社会結合の専門化」と名づけた。かれはすべての安定したあるいは永続性のある単位組織はそれ自体1つの社会結合の専門化であり，複合的な組織における組織全体の有効性はどのような分化あるいは複合化をおこなうかが大きく影響する。協働システムの有効性は専門化の革新の工夫あるいはその採用に依存しており，専門化の第一義的側面は目的の分析すなわち一般的目的を中間目的に分析することであるとされる。

　専門化は共通目的を下位の細部目的へと精緻化することすなわち目的の分

析であり，それは同時に状況の分析である。重要な側面では組織と専門化とは同意語であり協働の目的は専門化なしには成就されない。そこにふくまれる調整は組織の機能であり，目的をなし遂げうるような仕方で個人の努力を協働の諸条件に相関させることである。この相関をなし遂げる方法は目的を部分ないし細部目的に分割することであり，それらを適当な順序で達成すれば最終目的達成が可能となる。バーナード（ibidem）によればこのプロセスの性質と専門化の機能とは管理作用の理解にきわめて重要とされる。

　組織の存立条件として共通目的は細部目的を根拠づけ正当化するものとして機能すればよく，細部目的のもとでの活動に意味があるということを保証するものとして機能することが重要である。組織を構成する貢献は組織が個人に与える誘因との交換のかたちで発生することから，組織と個人とは誘因と貢献の交換関係になり，誘因の効果がなくなると即座に貢献者の貢献はなくなると考えられている（cf., ibidem）。

　バーナード（ibidem）によれば，組織の本質的要素は人びとが快くそれぞれの努力を協働システムへ貢献しようとする意欲をもたせることにある。組織のエネルギーを体現する個人的努力である貢献は，誘因によって人びとが提供するものである。その目的にかかわらずあらゆる型の組織において必要な貢献を獲得し，維持していくためにはいくつかの誘因とそれに対する個人のある程度の説得が必要である。外的環境がたえず物質的誘因の可能性に影響を与えること，そして人間の動機が変動的であることから，誘因システムは協働システムの要素のなかでもっとも不安定である。組織がさまざまな誘因とくに組織の威信，社会結合の誇り，ならびに共同体の満足などに関する誘因を維持するためには，組織の成長，拡大，拡張が必要になることから，組織のもつ固有の不安定性は組織の拡張傾向をもたらすことになる。

6-4-1　権威受容説

　バーナード（ibidem）によれば，権威とはコミュニケーションの受容の問題であり，受容されてはじめて権威は成り立つと考えられる。こうした考えは「権威受容説」とよばれる。権威とは公式組織におけるコミュニケー

ションの性格であって，それによって組織の貢献者ないしメンバーがコミュニケーションを自己の貢献する行為を支配するものとして受容したときに機能する。この考えによれば権威にはコミュニケーションを権威あるものとして受容する主観的，人格的な側面と，受容されるコミュニケーションのもつべき性格である客観的側面がある。命令的なコミュニケーションがその受令者に受けいれられるならば，そのひとに対するコミュニケーションの権威が確認あるいは確定されることになる。命令が権威をもつかどうかの意思決定は受令者の側にあり権威者すなわち発令者の側にはないのである。

個人に対する権威を確立するためにはその個人の同意が必要である。ひとはコミュニケーションが理解でき実際に理解すること，意思決定にあたりコミュニケーションが組織目的と矛盾しないと信じること，意思決定にあたりコミュニケーションが自己の個人的利害と両立しうると信じること，そのひとが精神的にも肉体的もコミュニケーションにしたがいうると思ったときに，コミュニケーションを権威あるものとして受容する。これは基本的には受容者の意思決定の問題であり，受容の最終根拠は受容者にとってそうすることにメリットがあるときである。権威が根本において受容されることで確定するものである以上，命令や指示は拒否されるかもしれないという不確定性をつねにはらんでいるが，現実においてこの不確定性が問題にならないような理由がある（cf., ibidem）。

個人には「無関心圏」が存在してその圏内では命令はその権威の有無を意識的に反問されることなく受容しうるとされる。受令者はこの圏内にある命令はこれを受けいれ，権威の問題に関するかぎり命令がなんであるかについて比較的に無関心である。このような命令は組織と関係をもったときにすでに予期された範囲内にある。無関心圏は組織に対する個人の執着を決定する誘因が負担と犠牲をどの程度超過するかに応じてひろくもなり狭くもなる（cf., ibidem）。

無関心圏は誘因との関係で生じてくるとされる。組織の運用にとって重要なのは個人に無関心圏があるかどうかではなく，無関心圏があることを前提としてよいかにあり，メンバー制では前提とみなしてよいと考えられる。しかしながらバーナードの組織論においてはメンバーというものの意義が重要

視されないことから，無関心圏だけでは受容による確定のもつ不安定さを回避することはできない。そこでバーナードは上位権威をフィクションとして導入することになる（cf., ibidem）。

　組織の能率は個人が命令に同意する程度によって影響されることから，命令がだれにも受けいれられない場合は別として，組織伝達の権威を否定することはその組織との関連から利益を確保しているすべてに人びとにとって脅威となる。したがって大部分の貢献者間にとって無関心圏にある命令には組織伝達の権威を維持しようとする積極的な個人的関心があり，この関心の維持はおもに非公式組織の機能とされ，これは一般に「世論」，「集団態度」などとよばれている（cf., ibidem）。

　非公式に成立した共同体の共通意識は人びとの態度に影響を与えて無関心圏にある権威を個人として問題にすることを忌避させる。この共通意識を形式的に述べたものが権威は上から下へ下降し，一般的なものから特殊なものにいたるというフィクションである。このフィクションは上位者からの命令を受けいれやすくし，人格的屈従感を招くことなくまた同僚との人格的，個人的地位を失うこともなく，命令に黙従することを可能にするにすぎないものとされる。貢献者たちがコミュニケーションの権威を維持しようとするのは共同体意識が貢献者の動機に影響を与え，この意識の実行のツールとして機能するのが上位権威というフィクションであり，それが人格的な問題を非人格的に扱うことを可能にしている（cf., ibidem）。

　非公式組織が生みだす仲間意識や一体感をとおして命令の非意思決定的な受容がおこなわれるようになり，こうした状況を正当化する仕組みとして上位権威が機能する。これが調整的性格の事実によって非人格化されている組織的決定をおこなう責任を個人から上方へ，すなわち組織へ委譲するプロセスである。組織運営上の困難は自己および他人の組織行為に対する責任を必要以上に引きうけたがることにあるのではなく，むしろ組織における自己の行為に対する責任を取りたがらないことにあるとされる（cf., ibidem）。

　権威は公式性と結びついておりコミュニケーションは組織努力あるいは組織行為でなければ権威をもたない。ひとは公的に行動するときにのみ権威を行使できるため，コミュニケーションの公的性格を確立するためにコミュニ

ケーションの時間，場所，服装，儀式ならびに認証などが重要だとみなされることになる。すべての権威あるコミュニケーションは公的であり組織行為のみに関係することから，その行動が協働システムのなかにふくまれない人びとにとっては意味をもたない（cf., ibidem）。

バーナード（ibidem）は権威を職位の権威とリーダーシップの権威の2種類に分けている。上位の職位から送られるコミュニケーションがその職位にふさわしいすぐれた視野と展望があれば，それを発令したひとの個人的能力とは無関係に人びとはこれらのコミュニケーションに権威を認める。また上位の職位にあるひとの個人的能力すなわち個人の優れた知識や理解力によって人びとが権威を認める場合がある。バーナード（ibidem）は前者を職位の権威，後者をリーダーシップの権威といい，2つの権威の相乗効果が生じると人びとがより権威を受けいれるようになる。

リーダーシップの権威が職位の権威と組みあわされると，組織とすでにきまった関係をもつひとは一般に権威を認めて無関心圏外にある命令でもこれを受けいれるようになる。こうした信頼関係が生じてくれば命令への服従それ自体が個人の誘因の1つになりうるとされる。バーナード（ibidem）によれば，権威ある職位を占めるひとが状況を知らず当然伝えられるべきことをコミュニケーションしないとき権威は消滅するのである（cf., ibidem）。

6-4-2 コミュニケーションシステム

バーナード（ibidem）によれば，リーダーは個人人格とは別にリーダーシップの影響力に相応した組織人格をもっているが，組織職位にあるひとがその意思決定に関して主観的に組織に支配されていなければ，客観的権威はかれらに帰属させえないとされる。客観的権威はその職位あるいはリーダーがつねに適切な情報を受けている場合にのみ維持されることから，組織のコミュニケーションシステムの運用が重要である。上位権威のフィクションの維持は組織におけるコミュニケーションシステムの運用に依存している。コミュニケーションシステムの機能は権威ある職位に対し適切な情報を提供し，発令に適切な便宜を供給することである。このように権威は一方では個

人の協働的態度に依存し，他方では組織のコミュニケーションシステムに依存しており，後者なくして前者は維持されえないとされる。

　コミュニケーションシステムは命令系統として知られているものである。バーナード（ibidem）によれば，コミュニケーションシステムの維持は公式組織の基本的かつ本質的な継続的問題である。組織の存続要因である有効性ないし能率に関するあらゆる問題はコミュニケーションシステムに依存している。権威は協働システムの要求に服従しようとする個人の意欲と能力に与えられた別名とされる。客観的権威が維持されるためにはコミュニケーションシステムが組織のあらゆるメンバーに対する明瞭かつ直接的な公式的コミュニケーション経路をもち，コミュニケーションセンターとしての役目を果たすマネジメントや監督者の能力が適確で，すべてのコミュニケーションが認証されなければならない。権威は一方では協働システムの，他方では個人の技術的，社会的制約から生じてくることから，社会における権威の状態は個人と社会の状況，双方の尺度でもある。

6-4-3　組織的意思決定

　バーナード（ibidem）によれば，意思決定においては達成されるべき目的と用いられるべき手段が問題となるとされる。個人の行為は熟考，計算，思考の結果である行為と，無意識的，自動的，反応的で現在あるいは過去の内的もしくは外的状況の結果である行為とに分けられる。組織の行為は個人目的でなく組織目的によって支配されている個人の行為によって生まれる。どのようなプロセスによるにしてもひとたび目的がきまると手段に関する決定それ自体は識別，分析，選択という論理的プロセスになる。

　個人のおこなう組織行為はそれが個人的でない目的を達成する手段の意識的な選択を必要とすることから，直接的には自動的，反応的な行為ではなく，おそらく論理的であると考えられる。ただし組織には無意識的，自動的，反応的な行為がふくまれていないという意味ではなく，非論理的組織プロセスは公式組織にとっては不可欠であり，組織に参加している個人の行為はその多くが習慣的，反復的である。ここで重要なことは個人行為とは対照

的に組織行為が最高の程度まで論理的プロセスによって特徴づけられなくてはならず，また特徴づけうるということ，および意思決定が組織においてどこまで専門化されるかということであるとされる（cf., ibidem）。

　組織行動は意識的，論理的におこなわれるもので最終的に意思決定に帰着するものである。個人の意識的行動はある種の選択的行動でありその意味において意思決定的であると考えられる。組織の行為の背景には組織に貢献するという個人の意思決定があって，そのうえで組織的な意思決定がおこなわれると考えられる。管理的意思決定はほかの人びとのあいだの適切な意思決定をともなう正しい行為の促進に関連している。管理職能ないし管理者の相対的業績の評価がむずかしいのは，意思決定の本質的作用を直接に観察する機会がほとんどないことによる。管理的意思決定は全般的結果から推察されなければならないのである（cf., ibidem）。

　管理的意思決定の真髄とは現在適切でない問題を決定しないこと，機が熟していない状況では決定しないこと，実行しえない決定をしないこと，そしてほかのひとがなすべき決定をしないことである。こうした消極的意思決定はおもに無意識的で相対的に非論理的で本能的なものであり，良識といわれるものであるとされる。

　意思決定の機能は物的世界，社会的世界，外的事物の諸力とそのときの状況のあいだの関係を調整することである。この調整は目的を変更するかあるいは目的をのぞいた環境を変えるかのいずれかによって達成される。環境は組織側から目的によって見いだされていくものであり，その意味において環境とは組織が認識する環境でしかないが，目的はそれ以外の環境の部分になんらかの意味を与えるために必須である（cf., ibidem）。

　バーナード（ibidem）は組織の共通目的を変えることに関して目的の道徳的要因の重要性を説いている。多くの場合組織行為の目的は組織自体の行為の独自の結果である。この目的は個人の参加意思が協働目標の性質によって影響されることが多いという意味で参加者個人の考えに制約されるが，目的自体はこのような制約によって決定されるものではない。協働行為の手段と条件によって影響されることは別として組織目的は組織の 'good（善，徳，幸福，利益）' に基づいて明確なかたちをとるようになる。「善」はおも

として参加者に対する関係に作用する組織の内的均衡，あるいは環境に対する関係に作用する組織の外的均衡のいずれかに関連をもつが，どちらの場合にもそれはつねに未来に関係して願望のなんらかの標準ないし規範からみた展望（foresight）を意味しているとされる。組織目的のこの側面は理想であって，バーナード（ibidem）はこれを道徳的要因とよび，これは公式組織に不可欠であって，公式組織が道徳的要因をもたずに行為することは定義上不可能とされる。

　組織的意思決定における機会主義的要因は，現状のもとで利用しうる手段による以外はいかなる行為もなしえないという事実による要因である。機会主義的要因はその範囲内で行為がなされるべき客観的な領域に関連しており，この領域に関係するかぎり本質的に分析のプロセスである。状況の分析は一部分はそのまま目的の規定であるとともに，その目的に関してどんな状況が重要であるかを発見するプロセスでもあり，意思決定のために必要な分析とは戦略的要因を捜すことである（cf., ibidem）。

　戦略的要因を決定することはそれ自体ただちに目的を新しいレベルに変形させる意思決定である。戦略的要因を正確に識別することは難しく，とくに過去の扱いの難しさが確認される。人間の目的が適用される状況は物理的，化学的，生物的，生理的，心理的，経済的，政治的，社会的および道徳的要素をふくんでいることから，意思決定が全体として関係する全体環境のさまざま要素を認知するにあたってどうしてもアンバランスが生じる。過去の正当な意義は現在の客観的環境にあるのではなくて新しい目的を設定するという道徳的側面にある。過去の知識は現在の事実に影響を与えないが，経験にもとづいてのみわたしたちは現在の目的に照らしていま観察していることの将来的意義を判断することができる。目的は過去と未来をつなぐ橋梁でありそれが現在に基づいているときにのみ機能する。現在よりあとにはじまらない未来はなく現在よりまえに終わらなかった過去もない。また現在の目的でないようないかなる目的もないとされる（cf., ibidem）。

　組織的意思決定のプロセスは専門化される。意思決定が個人的な場合には意思決定の事実はその個人に特定的であるが，個人の内部での意思決定プロセスは，決定が特定の時間，順序，場所でなされることをのぞいては専門化

されない。反対に受容された事実としての権威をもつ組織的意思決定は個人に特定化されるものではなく全体としての組織の機能であるが，意思決定のプロセスは必然的に専門化される。組織における個人の努力は一部分は非人格的に行為するほかの人びとによって必然的になされた意思決定の結果から生じる。このように組織の概念は意思決定の諸プロセスが割りあてられ専門化されている人間の努力のシステムを意味している（cf., ibidem）。

　管理的意思決定は組織の内部環境に対する意思決定である。管理的意思決定の直接的環境は第一義的に組織自体の内部環境であり，管理的意思決定の戦略的要因は第一義的に組織運営上の戦略的要因である。外部環境に働きかけるのは組織であって管理者ではない。管理者の意思決定は第一義的に組織の有効的，能率的運営においてほかの人びとの意思決定を促進し，あるいは阻止することに携わっている（cf., ibidem）。

　意思決定の機会主義的な環境の分析が専門化を導き，それが協働の威力をもたらす。意思決定の機会主義的側面は一般に目的達成の手段および条件に関係する。この側面は組織行為の側面のうち論理的，分析的方法と経験的観察，観察，実験などが有効に働く側面である。それらは組織に内在的な専門化を要求し，それが専門化を可能にする。バーナード（ibidem）によれば協働の威力がもっとも明白なのはこの側面においてであるとされる。道徳的側面とは物的，生物的，社会的経験の無数の経路をとおして人びとの感情に影響を与え，そして協働の新しい特定目的を形成する態度，価値，理想，希望の側面である。これらの態度によって客観的環境の抵抗は克服され，環境は修正される。そして環境の抵抗はこれらの目的の修正を強制してこれらの目的がしめす抱負を限定することになる。

6-4-4　管理者の機能

　バーナード（ibidem）によれば，管理職能は協働努力のシステムを維持する作用をするもので非人格的であるとされる。その職能は人びとの集団を管理することではなく，協働努力のシステムを管理することでもない。協働努力のシステムは全体として自ら管理するものであってその一部である管理

組織によって管理されるのでない。バーナード（ibidem）によれば，管理
職能は頭脳をふくめた神経系統の身体のほかの部分に対する機能のようなも
のであるとされる。管理者の機能は組織の存立条件の確立，維持である。管
理職能は組織にコミュニケーションシステムを提供し，組織に不可欠な努力
の確保を促進し，組織の目的を定式化し，規定することとされる。組織の諸
要素は相互関連的であり相互依存的であることから管理職能も同様とされ
る。

　コミュニケーションシステムの構築はひとの配置とその関係の構築の二面
がある。コミュニケーションはひとを介してのみ遂行されることから，管理
組織に充当されるべき人びとを選択することがコミュニケーションの手段を
確立する具体的な方法であり，そののちに職位すなわちコミュニケーション
の仕組みが創造されなければならない。そしてコミュニケーションシステム
の構築はほかの管理職能の基礎となる（cf., ibidem）。

　組織におけるポジションの規定は「組織構造」とよばれる。組織構造は目
的の細分化，専門化という内容をポジションとして表現するものである。
バーナード（ibidem）によれば，管理者に要求される唯一のもっとも重要
な貢献，もっとも普遍的な資質は，忠誠すなわち組織人格による支配であ
る。それは責任，信奉，忠誠，忠節，帰依とよばれているものであり，これ
らは有形の誘因によって導きだせるものではないとされる。人格的忠誠なら
びに帰依という貢献は有形の誘因にはほとんど動かされない。それは物質的
誘因によってもそのほかの積極的刺激によっても生みだされず，「威信への
愛着」，「仕事への興味と組織の誇り」などが誘因として効果をもちうるが，
いかなる組織においても管理活動に対する適切な誘因を提供することは非常
に難しいことであるとされる。

　バーナード（ibidem）によれば，責任，信奉，忠誠，忠節，帰依などの
組織人格になりきる能力のつぎに重要なのはより特殊的な個人能力とされ
る。それらは2つの種類に分けられ，1つは一般的な機敏さ，ひろい関心，
融通性，適応能力，平静，勇気などをふくんだ一般的な能力であり，もう1
つは特殊的な資質とか習得技術に基づく専門能力である。バーナード（ibi-
dem）によれば権威の職位が高くなればなるほどより一般的な能力が必要と

なるとされる。そしてこの能力の希少性が公式管理職位の数を最小限に縮小することにつながると考えられた。

　組織構造の展開にともなってひとの選択，昇進，降格，解雇などがコミュニケーションシステム維持の核心となる。管理者の伝達職能のなかには伝達手段としての非公式管理組織を維持することもふくまれる。コミュニケーションが良好におこなわれるためには管理者の非公式的管理への適性も重要とされる。非公式管理組織を維持する一般的方法は人びとのあいだに調和という一般的状態が維持されるように運営し，そのように管理者を選択して昇進させることである。バーナード（ibidem）によれば，非公式的な管理の機能は非公式に処理することで公式化された場合のトラブルを回避すること，また利害および見解の過度の違いから生ずる目にあまる政治的派閥を最小限に食い止めることとされる。

　管理者の職能は組織を構成する個人的活動の確保を促進することであり，この職能はひとを組織との協働関係に誘引する関係の構築と関係に誘引したのちに個々人の活動を引きだす活動の抽出である。組織に関わる意思をもったひとからいかに活動を引きだすかが持続的組織における大きな問題である。確固たる継続的な組織においてはその支持者から質的にも量的にもすぐれた努力を引きだすことが重要であり，これが人事管理のより大きな部分を占めているとされる（cf., ibidem）。

　バーナード（ibidem）によれば，メンバーであることは活動の確保という点からは最低限の活動しか確保できないとされる。メンバーシップだけに頼っていては組織の持続は難しく，組織の持続，発展のためにはメンバーであることから得られるよりも大きなコミットメントの確保が必要である。人事管理においてはメンバーシップや従業員などから努力や影響力の発揮を促進する業務よりも採用のほうが注目されるが，メンバーであることすなわち名目上の結びつきはたんに出発点であるにすぎず，つながりの保持を可能にする最小限の貢献は活発なまたは生産的な組織の存続には不十分であるとされる。どのような組織であっても，その存続のためには有効性および能率に必要なことをする組織の権威を維持し，成長させていかなければならない。

　目的の細分化と割りあては責任の割りあてであり権威の委譲である。コ

ミュニケーションシステムはこの職能の潜在的側面であり，ほかの側面はこの職位構造を生きたシステムたらしめる現実の意思決定であり行為である。目的の定式化と規定はひろく分散した職能であり，そのうちより一般的な部分だけが管理者の職能である。管理者は組織構造の下層の人びとに一般的目的を教えてつねに結束をたもち，かれらの具体的状況ならびに特殊決定をつねに理解している必要がある（cf., ibidem）。

　管理プロセスの本質的な側面は全体としての組織とそれに関連する全体状況を感得することである。かれによれば管理プロセスは本質的に論理的であるよりもむしろ審美的なものであり，それは科学よりもむしろ芸術の問題であるとされる。こうした理由から管理プロセスは記述されるよりはむしろ感得されるものであり，分析によるよりもむしろ結果によって知られるものであるとされる。したがって管理プロセスで取り扱いうるのはそれが何から成立するかを細かく規定することよりも，むしろなぜそうであるのかを述べることができるだけであるとされる（cf., ibidem）。

　管理プロセスにおいて全体という観点から考慮されなければならない要因は行為の有効性と能率である。有効性は基本的には技術的問題であり，有効性は最終目的を達成するために全体状況のもとで選択された手段が適切であるかどうかということだけに関係がある。これは広義の技術の問題であり応用科学の技術のみならず組織構造の技術，儀式の技術，システムの技術がふくまれる。管理プロセスをかりに組織の有効性の側面ならびに組織活動の技術面だけに限定しても，それは全体の総括のプロセスであり，局部的な考慮と全体的な考慮とのあいだならびに特殊的な要求と一般的な要求とのあいだに効果的なバランスをみいだすプロセスである。有効性を考慮するにあたっても全体という観点からの考慮が必要ではあるが，全体という観点がつねに支配的であるのは能率との関連においてである（cf., ibidem）。

　バーナード（ibidem）によれば現実には適切な管理者は少なく，公式に秩序立って全体を考えることはまれでまた考えることさえできず，それができるのはただ少数の天才的管理者あるいはその職員が鋭敏な感覚をもち，よく統合されている少数の管理組織の場合に限られるとされる。

6-4-5　組織の能率

　能率の問題を論じるにあたってバーナード（ibidem）は組織の四重経済という概念を導入している。組織は協働的な人間活動のシステムであって，その機能は効用の創造，効用の変形，効用の交換である。組織は協働システムを創設することによってこれらの機能を完遂することができるが，協働システムのなかでは組織は中核であると同時に1つの補助システムである。協働システムにはその構成要因として物的システム，人的システムおよび社会的システムがあり，効用の創造，変形および交換という視点から，協働システムには物的経済，社会的経済，個人的経済，組織の経済という4種類の異なった経済が存在する。これらの経済のうちある部分だけが商業組織およびそのほか多くの組織の貸借対照表に組みいれられている。バーナード（ibidem）によれば，組織の経済の計算書は成功か失敗かであらわされたものであり，これは組織行動に関する意思決定の分析であり，組織効用の経済に関する測定単位は存在しないとされる。

　四重経済をとおして効用の余剰を確保することが組織の存続の条件となる。組織の経済の均衡に必要なことはさまざまな種類の効用を十分に支配し，交換し，それによって組織を構成する個人活動を支配し，交換できるようにすることである。そのために組織はこれらの活動を用いることによって効用の適当な供給を確保し，その効用をさらに貢献者に分配して，はじめて貢献者から適当な効用の貢献を継続して受けとることができる。これらの貢献者が各自の交換において余剰，すなわち純誘因を要求するかぎり，組織は自らの経済において交換，変形および創造によって効用の余剰を確保することをとおして存続することができる（cf., ibidem）。

　四重経済はそれらを計量化する共通の尺度が存在しないことから，産出と投入を均衡させることが不可能であるという本質的な事実があるとされる。このことは協働システムの性質として，協働システムそのものもしくはそれが生産し，消費するものと，それを構成する部分あるいは貢献の総計が異なるということを別の観点から表現したものである。部分が集計されても全体

にならず，協働の成果は結果による以外判明しないことから，組織の究極の能率は部分の能率と全体の創造的な経済という2つのまったく異なる要因に依存することになる。したがって組織の能率は交換点すなわち組織の周辺での収支の細部にわたる統制と組織の内的で生産的要因である調整から生ずることを意味している（cf., ibidem）。

バーナード（ibidem）によれば，組織の創造的な側面は調整であるとされる。効用を生産するために組織の諸要素の適切な組みあわせを確保することは協働システムを持続させる基礎であるとされる。組織が生存するためには協働自体が余剰を生みださねばならないことから，多くの事情のもとでおこなわれる調整の質こそが組織の存続における決定的要因となる。四重経済が計量不可能，数的比較不可能であるがゆえに，四重経済のバランスを感知して創造性を生みだすように管理をおこなうセンスが必要とされるのである。

創造的能率は結果的に技術の発明をふくむが，性格としてはもともと非技術的であり，必要なのは事物の全体感であり，部分を全体に永続的に従属させることであり，もっとも広範な観点に立ってすべての諸要因から戦略的要因を識別することである。物的，生物的，経済的，社会的，個人的および精神的な効用をはかる共通の尺度は存在しえないことから，創造的協働の戦略的要因を決定することは直感の問題であり，バランス感覚の問題であり，異質な諸部分の全体に対する重要な関係の問題である。バーナード（ibidem）のいう管理のプロセスに求められるセンスとは，計算できず測定できないものを感知してバランスをとる感覚を意味している。

6-4-6　リーダーシップ

バーナード（ibidem）によれば，公式組織における行為は個人の選択，動機，価値的態度，効用評価，行動基準および理想に依存するとされる。また協働においては道徳的側面も重要である。現実の組織においてはこの道徳的側面はリーダーシップの問題とされ，道徳的側面が多くの側面に関わるものであるがゆえに，リーダーシップもまた多様な問題の解決を担わされ，そ

うしたリーダーシップの本質は信念をつくりだすことにあるとされる。通常組織は構造的な特徴があいまいで作用要因の把握が困難であるために，人間協働における主要要因をリーダーシップだけに求めることになる。道徳的要因は物的環境と人間の生物的構造にともなう諸制約，協働の成果の不確定，目的の共通理解の困難，組織に欠くことができないコミュニケーションシステムの脆弱さ，個人の分散的な傾向，調整の権威を確立するための個人的同意の必要，組織に定着させ組織の要求に服従させようとする説得の大きな役割，動機の複雑性と不安定，意思決定という永続的な負担などの組織要素のなかにあらわれる。リーダーシップには信念を創りだすことによって協働的な個人的意思決定を鼓舞することが求められる。

　組織にとってリーダーシップは触媒であり起爆剤であるとされる。目的のある協働は構造的性格のある限度内においてのみ存立可能であり，それは協働に貢献するすべての人びとから得られる諸力から生じる。協働の成果はリーダーシップの成果ではなくて全体としての組織の成果である。信念を創りだすことができなければ，すなわち人間努力の生きたシステムがエネルギーおよび満足をたえず交換し続けうる触媒がなければ，これらの構造は成立，存続することができない（cf., ibidem）。

　リーダーシップには技術的な側面と個人的優越性の2つの側面があるとされる。決断力，不屈の精神，耐久力，および勇気における個人的優越性の側面は特定的に育成することが難しく，より絶対的で主観的であり社会の態度と理想およびその一般的諸制度を反映するものである。個人的優越性の側面は行動の質を決定するものであり，責任という言葉にふくめるリーダーシップの側面であり，ひとの行動に信頼性と決断力を与え，目的に先見性と理想性を与える性質とされる（cf., ibidem）。

　バーナード（ibidem）によれば組織は道徳的なものとしてつくられねばならないとされる。経営者は道徳として個人の行動に影響を与える理念，哲学，ビジョンあるいは物語を紡ぐことで組織を存続させなければならない。リーダーシップが道徳を創造することをとおして組織は道徳的存在となる。そして公式組織の側から個人の心理的なものへの働きかけが可能なことに道徳的側面の管理が可能である根拠が求められる。

6-4-7　組織の道徳

　バーナード（ibidem）は道徳を諸力あるいは諸要因が個人に働きかけることによって個人のうちに形成される傾向性，準則であるとする。道徳とは個人における人格的諸力，すなわち個人に内在する一般的安定的な性向であり，こうした性向とは一致しない直接的特殊的な欲望，衝動，あるいは関心はこれを禁止，統制，あるいは修正し，それと一致するものはこれを強化する傾向をもつ。この傾向が強く安定しているときにはじめて責任の一条件が備わることになる。これらの内的な諸力あるいは一般的な性向は積極的あるいは消極的な指示からなる私的な行動準則であると解釈される。私的道徳準則のなかには多くの人びとにとって共通と認められるものと，個人あるいは比較的少数の人びとにだけ限られる特殊のものとがある。責任とはあくまでも道徳の拘束力の強さすなわち遵守力であり，各自に内在する道徳性の性質にかかわらずそれが行動に影響を与えるような個人の資質である。

　公式組織に関わることで個人のなかには組織の道徳が生まれる。一定の公式組織から派生する私的道徳準則は組織人格の一面であり無関心圏の一面でもある。人間の道徳はその水準の質と相対的な重要性，道徳準則に対する責任感，あるいは誘因の効果の点で一様でないのみならず，またかれらの行動を支配する準則の数にもかなりの差があるとされる。組織に関わるにつれて個人の道徳は多様化して対立も増加ことから，責任を果たす高い能力が要求されるようになる。バーナード（ibidem）によれば準則の対立は幾何級数に似た割合で増加するとされる。責任感の弱い人，能力の限られたひとはさまざまな種類の多くの義務を同時的に果たすという重荷にたえることができない。複雑な道徳性，大きな活動性，および高度の責任感という状況はそれに対応した能力がなければ維持できないとされる。

　管理職能の道徳問題の特質として道徳の複雑性への対処と道徳創造をあげる。管理職位には複雑な道徳性をふくみ，高い責任能力を必要とし，活動の条件下で道徳的要因として相応の一般的および特定の技術的能力を必要とし，ほかの人びとのために道徳を創造する能力が要求される（cf., ibidem）。

責任能力とは準則に反する直接的衝動，欲望あるいは関心にさからい，準則と調和する欲望あるいは関心に向って，道徳準則を強力に遵守する能力である。この能力の一面をあらわす一般的な言葉は「信頼性」であって，その意味はあるひとの準則すなわちその人の性格を知れば，おかれた状況のもとでそのひとの行為を正しく予見できるということである（cf., ibidem）。

　管理職位が高くなればなるほど道徳的な対立にさらされ，意思決定過程は道徳的にも技術的にも複雑となることから，かれらには決断が必要とされる。かれらに高い責任感がある場合には状況の戦略的要因をより正確に決定し，それによっていかなる準則にも反しない正しい行為を発見するために当該環境をさらに分析すること，あるいは一般目的と合致する新しい細部目的を採用することをとおして，組織内の対立が解消される。したがって管理職位には高度な能力が要求され，管理職能にともなう道徳的な複雑性は，それに対応した能力をもつ者だけがこれにたえることができるとされる（cf., ibidem）。

　管理責任は複雑な道徳準則の遵守だけではなく，ほかの人びとのための道徳準則の創造を要求する。この職能のもっとも一般的に認められている側面は組織内における「モラル」の確保，創造，鼓舞である。これは組織ないし協働システムと客観的権威システムに組織の基本的態度および組織への忠誠心を教えこむプロセスであり，それが個人的利害や個人的準則を協働的全体の利益に従属させることにつながる（cf., ibidem）。

　バーナード（ibidem）によれば，全体としての創造的機能はリーダーシップの本質であるとされる。創造的機能を成功裏に遂行するためにはリーダーの見地からみて個人準則と組織準則とが一致しているという「確信」の要因を必要とすることから，管理責任の最高のテストとなる。この機能は組織の構成員ならびに非公式の組織に確信をもたらし，組織を構成するために進んで貢献する人びとに，組織への定着要求を起こさせる不可欠の要因であるとされる。

　人間協働におけるもっとも一般的な戦略的要因は管理能力であり，道徳的創造をおこなえるリーダーシップの存否が組織の存続にとって重要な課題である。そして組織の存続はそれを支配している道徳性の高さに比例する。す

なわち予見，長期目的，高遠な理想こそが協働が持続する基盤であり，組織の存続はリーダーシップの良否に依存し，その良否はそれの基盤にある道徳性の高さから生じると考えられる（cf., ibidem）。

　リーダーシップは自然の法則を無効にするものでも協働努力に不可欠な諸要因に替わりうるものでもないとされる。それは社会的，本質的存在であって，共同目的に共通の意味を与え，ほかの諸要因を効果的ならしめる誘因を創造して，変化する環境のなかで無数の意思決定の主観的側面に一貫性を与え，協働に必要な強い凝集力を生みだす個人的確信を醸成する。永続的な協働の基盤となる道徳性は多次元であることから，管理責任によって組織にもたらされる道徳性の深さとひろさが重要となる。バーナード（ibidem）は自由意思と決定論という昔ながらの問題を協働における人間行動，組織の社会的制約および管理者の本質的任務のなかに見いだした。それを人間の日常生活に無関係な抽象的な問題としてではなく，現実の協働の破綻および人びとの道徳的分裂のうちにあらわれる問題として把握したのである。

　バーナード（ibidem）はひとを自由に協働せしめる自由意思をもった人間による協働の力を信じ，協働を選択する場合にのみ完全に人格的発展が得られると信じる。また各自が選択に対する責任を負うときにのみ，個人的ならびに協働的行動のより高い目的を生みだす精神的結合にはいりこむことができると信じる。そして協働の拡大と個人の発展は相互依存的な現実であ

	古典派	新古典派	近代組織論
理論	科学的管理法 管理過程論	人間関係論	組織論的管理論
研究者	テイラー ファヨール	メイヨー	バーナード サイモン
人間観	経済人仮説	社会人仮説	全人仮説 経営人仮説
目的	生産性向上	動機づけ・管理	個人と組織の均衡

図表6-1　古典派・新古典派・近代組織論

出所：筆者作成

り，それらのあいだの適切な割合すなわちバランスが人類の福祉を向上する必要条件であると信じる。そしてバーナード（ibidem）によれば，それは社会全体と個人のいずれにおいても主観的であることから，この割合に関しては哲学と宗教の問題であるとされる。

6-5
カーネギー学派

　ハーバート・サイモンは，1978 年「経済組織における意思決定過程の先駆的研究」でノーベル経済学賞を受賞している（cf., Simon, 1947）。サイモンは行動する主体の「限定合理性」（bounded rationality）に関して研究し，限定合理性を克服する組織の意思決定過程を考察した。

　カーネギー学派は認知心理学をベースとして組織メカニズムの解明を研究する研究者の総称である。この名称は学派の牽引役の 3 人がともにカーネギーメロン大学の関係者だったことに由来している。経営学における認知心理学理論の始祖はノーベル経済学賞受賞者，ハーバード・サイモンであり，サイモンの理論を発展させたのがジェームズ・マーチ，リチャード・サイアートである。カーネギー学派はそれまでの経済学が市場メカニズムや社会全体の効用を重視するあまり，企業の現実の意思決定メカニズムを考慮してこなかったとしてその問題点を指摘する。

6-5-1　経営人モデル

　サイモン（Simon, 1947）の登場以前の古典的な経済学，経営学において人間とは完全に合理的な意思決定をおこなうことができる「経済人（economic man）」であると考えられていた。経済人は意思決定に関してすべての代替案とそこから生まれる結果を正確に予測することができ，これらの結果を価値基準に基づいて評価することをとおしてもっとも望ましい代替案を

選択することができる。すなわち経済人モデルにおける意思決定者はつねに完全な情報をもち，合理的な選択をおこない，効用の最大化を図るという考え方である。

　サイモン（ibidem）によれば，人間が合理的であることは否定しないものの，人間は完璧ではなくその認知能力，処理能力，もてる時間に制限が存在するがゆえに，人間は限られた合理性しかもちえないと説明される。人間は意思決定の過程において完全な知識をもっておらず，利用可能な代替案のすべてをリストアップすることはできない。代替案の結果はつねに予測とは異なる可能性があって，選択の基準として一貫した選好の体系があるわけではない。これは「限定合理性」とよばれる。

　サイモン（ibidem）は組織を限定合理的に行動する人間が役割を分担して相互関係をもつシステムととらえ，人間の行動は人間の意思決定の特性と相互の関係の特性に左右されるとする。サイモン（ibidem）によれば，人間は完全に合理的な意思決定をすることはできず，限られた時間で限られた情報を前提に，しかし合理的に最善な答えを探し求めるとされる。すなわち人間ができることは最大化ではなく「サティスファイシング」である。サティスファイシングとは認知に限界のある人間がその時点で認知可能な選択肢のなかから，とりあえず満足できるものを選択しておくことである。すなわち人間は最高の答えにいたることはできず，つねに最善な答えをもとに行動を決めているとされるのである。サイモンはこうした人間を「経営人（administrative man）」となづけた。こんにち経営学で人間というときはこの経営人を意味している。

　人間は知識や能力の制約から複雑な現実をそのまま扱うことはできず，人間はそれを処理可能なものにするために現実の状況を自分の能力にあわせて単純化する。経営人は経済人のように極大化を図ろうとするのではなく満足化を考えるのである（cf., ibidem）。

　経済人モデルは最適な選択肢を瞬時に判断できるとされて意思決定のプロセスは考慮されないのに対して，経営人モデルでは意思決定のプロセスが重視される。自らがリストアップした選択肢から満足できる意思決定をおこなった意思決定者は，その意思決定に基づいた行動の結果から認知をひろげ

ることで新しい選択肢が見えてくるようになる。その選択肢がより満足できる選択肢であれば，合理的な意思決定者はその選択肢を選択するようになる（cf., ibidem）。

人間同士の関係はそれぞれのコミュニケーションと関係のパターンによって確立され，公式の組織構造のみではその特性を完全にとらえることはできないとされる。組織の行動はより複雑な調整のプロセスにより決定されており，その調整のプロセスが個々人の意思決定を統合してより高次元の意思決定を可能にする。サイモン自身も合理性では説明しがたい要因が人間の行動に影響を与えることは否定していないが，かれによれば，組織に所属してその枠組みのなかで活動する人間は，組織がその行動を制約するがゆえにより合理的に行動する人間となるとされる。経営者の重要な役割の1つは，組織構成員が限定された合理性のもとで組織の目標達成に資する意思決定と行動をとるように組織を運営することである（cf., ibidem）。

サイモン（ibidem）は個人の意思決定プロセスを，意思決定のための問題の認識，意思決定のための判断基準の特定とウエイトづけ，問題解決のための可能な代替案の作成，代替案の実行結果の予測，判断基準に基づいた代替案の結果の評価，代替案の選択としている。そのうえでかれは人間の認知能力や情報処理能力には限界があり，「制約された合理性」のもとで意思決定の選択がおこなわれるとした。

サイモン（ibidem）によれば意思決定には定型的意思決定と非定型的意思決定があるとされる。定型的意思決定は同一パターンのルーティン業務に関する意思決定であり，業務マニュアルや組織慣習，組織構造に基づいておこなわれるつねに同じパターンの意思決定であり，通常想定しうる課題の解決に用いられる。それに対して非定形的意思決定は定形的意思決定の要件にあてはまらない状況において課題対応的におこなわれる。たとえばそれまでその組織が直面したことのない課題に対面したとき，意思決定者はその知識や直感，判断力，創造力を駆使して最良の解決策を選択しようとする。ここではいわゆる人間的な知恵，経験法則に則った判断が求められる。そしてこうした意思決定に備えるために管理者の選択と訓練の必要性が説かれる。

カーネギー学派の理論をベースとした研究にアッパーエシュロン理論があ

る。これはハンブリック＝メイソン（Hambrick=Mason, 1984）によって提唱されたもので，企業の行動やパフォーマンスはその経営者の個性，特性，経験などに大きな影響を受けるとされる考えである。この理論は認知能力に限界がある人間を仮定した考えである。認知に限界がなければ企業の行動が特定の経営者の影響を受けることはないが，組織は影響力の大きい経営者の意思決定にしたがうことになる。しかしながら経営者もまた認知に限界があることから，経営者の資質や能力が重要となる。

6-5-2　主観的合理性

　サイモン（Simon, op. cit.）の提唱した経営人モデルはのちにジェームズ・マーチの協力を得て「主観的合理性」の理論へと発展していく。マーチ＝サイモン（March=Simon, 1958）によれば，意思決定者の選択は現実の状況の単純化されたモデルに基づいておこなわれ，そこで扱われる要素は意思決定者にとって与件ではなく，それ自体がかれらの活動とそれに関連するほかのひとの活動とをふくむ心理学的および社会学的プロセスの結果であるとされる。かりに完全な情報が入手可能であるならば代替案やその結果について客観的な判断をおこなうことができる。しかしながら意思決定者が得ることができる情報が不完全である以上その判断には客観的な合理性を求めることはできず，意思決定者の設定した判断基準において相対的に合理性であるという意味において，主観的な合理性であるにすぎない。意思決定者は現実的制約がある限り客観的環境自体に対して意思決定をおこなうのではなく，客観的状況から意思決定者によって規定された主観的状祝に対して意思決定をおこなうのである。

　マーチ＝サイモン（March=Simon, 1958）はサイモン（Simon, op. cit.）の研究を土台として組織の意思決定の循環プロセスモデルを提示した。組織は「サーチ」をおこなうことで認知がひろがってよりよい選択肢が増えることから業績が高まることが期待されて，業績が向上すれば企業はその「サティスファクション（満足度）」を高める。一方で組織はサティスファクションが低いほどサーチをおこなうようになることから，サティスファク

ションが高くなった組織はサーチをおこなわなくなる。なぜならばサーチにはコストがかかることから，合理的な人間はサーチをおこなわないほうが合理的と考えるからである。マーチ＝サイモン（March=Simon, op. cit.）によれば，こうした矛盾を解決するために組織は「アスピレーション」を高く保つ必要があるとする。高いアスピレーションは組織の現状に対するサティスファクションを低め，サーチへの欲求を高めることにつながる。

　「サーチ」とは限定合理的な意思決定をおこなうプロセスのなかで自身の認知の範囲をひろげて新たな選択肢を探す行動をあらわす。合理的な組織は現状に対する満足度が低いほど人間は新しい選択肢を求めてサーチを活発におこなうが，人間の認知力には限界があることから自身の認知に近いところで探索がおこなわれがちになる。組織はひろく選択肢を探究していくことをとおして自らにとっての新しい知識を獲得できる可能性がある。

　「アスピレーション」とは自らの組織の目標水準，評価基準である。人間の認知には限界があることから自らの目標を設定する，あるいは自らを評価する際には何らかの基準をつくってそれを単純化する。組織は経営行動において目標であるアスピレーションを設定して，それを基準として自らの成果を評価するようになる。

　マーチ＝サイモン（March=Simon, 1958）によってその骨格が形成されたカーネギー学派の理論は企業行動を体系的に説明する理論へと応用されていく。サイアート＝マーチ（Cyert=March, 1963）は企業行動メカニズムに関

	経済人	経営人
情報・認知	すべての選択肢を事前に知りうる	選択肢の一部
結果予測	結果を見とおすことが可能	結果を推測
意思決定	最善の選択肢	満足できる選択肢
合理性	客観的合理性	主観的合理性

図表 6-2　経済人と経営人

出所：筆者作成

するさまざまな命題を提示している。かれらによれば企業はそれまでのパフォーマンスが心理的なメカニズムをとおしてその後の企業行動に影響するとされる。また業績がアスピレーションに達しない企業は心理的な焦りからリスクの高い行動をとりがちになる。また，企業はサーチによる認知の負担を軽減するために組織はその内部で当然とされるルールや慣習を構築していく。この考えはネルソン＝ウィンター（Nelson=Winter, 1982）の「ルーティン」の概念につながっていくことになる。

7

組織形態

7-1
組織構造

　バーナード，サイモンによって生みだされた組織論的管理論が機能する組織形態は，環境の変化とともに進化をつづけて多様な形態に進化してきた。人間はひとりではできない目的を達成するために組織を創る。人類が誕生したときから人間は集団を創ることによって厳しい生存競争を生き残ってきた。ほかの動物より体の小さな人間は協働して狩猟や農耕生活をおこなうことによって自分たちよりも大きな獲物を倒し，集団で外敵から身を守ってきた。

　人類の祖先が組織を構成した目的は生存であり，こんにち企業組織が構成される目的は製品やサービスの産出であり，その活動をとおした財貨の獲得であり組織構成員の自己実現である。人間は個々人の意思と判断によって自律的に行動する動物である。小さな組織においては自然発生的な協働で目的

を達成することが可能な場合もあるが，組織が大きくなればなんらかの決ま
りや仕組みがなければ自由意思をもった複数の個人の目的を組織の目的に適
合させることは困難である。個人が組織のなかで与えられたタスクをおこな
い組織が機能するためには，タスク間の関係のあり方とそれを扱う人間の活
動を調整しなければならない。組織が有するこうしたメカニズムを組織構造
という。

　また組織を特定の目的を達成するためのシステムととらえたとき，その構
成要素は相互に関連づけられ全体として1つの体系を構築する。こうした組
織のシステムはその置かれている環境との相互作用の有無によってオープン
システムとクローズドシステムに分類される。オープンシステムとしての企
業組織はインプット，スループット，アウトプットで構成される。たとえば
製造業者はインプットとしての原材料や労働力など経営資源の投入から，ス
ループットとしての組織内での生産活動をとおしてアウトプットとしての製
品が産出される。オープンシステムにおいては，組織は環境に対して働きか
けをおこなう一方で，環境の変化に応じて組織を変化させることをとおして
環境に適応している。

　組織における機能とは組織の目的を達成するために果たすべき働きでり，
組織における機能的行動とは組織目的に方向づけられた合目的的行動を意味
している。経営組織は規模の拡大にともなって，組織目標を達成するために
組織内に設けられたさまざまな機能をその目的にあわせて規則的に分化して
構造的な組織を形成してきた。

　ホール（Hall, 1972）によれば，組織構造とは組織における分業，権限配
分，コミュニケーションのパターンとされる。そのなかで組織的行動の枠組
みが構築され，組織的意思決定が行われ，組織構成員の行動がマネジメント
される。伝統的組織論では経営組織の管理構造を計画，組織化，指揮，調
整，統制という要素で構成される一連のプロセスであるとしてきた。組織の
目的は組織目標を達成するためにもっとも合理的な組織構造を構築すること
にある。

　組織には機能分化の単位として職位が置かれる。これは社会的身分的なス
テータスではなく，組織内における職務上の地位を意味する。そして職位に

は仕事の質と量である職務が配分され，誰がどのような仕事をどれぐらい担当するのかが決められる。職務は組織内においてその目的に応じて部課などの組織単位に部門化される。部門化の目的は機能的な協働であり，職務上の能力である職能による部門化や製品別，顧客別，地域別などで編成される事業別の部門化がある。

さらに職位にはその職務を遂行する手段の1つとして権限が付与される。権限とは組織内におけるフォーマルな権利であり，職位に応じて意思決定，職務命令，予算執行，人事などの権限がある。職位にはこうした権限とともにそれにみあった責任がともなうことになる。個々の職位に配分された職務はその職位を与えられたひとが果たすべき職責であり，かれらにはその実行責任，結果責任，上級管理者への職務進捗に関する報告責任が発生する。

組織は規模の拡大にともなってその組織構造の変革がおこなわれていく。規模の拡大は組織管理をより複雑なものにし，それに対応するために組織は組織構造を変革するとともに，そうした組織をマネジメントする人材の育成をおこなっていかなければならない。また組織の成長はマネジメントの意思決定をとおしておこなわれるものであり，戦略の変化をともなうものである。

ペンローズ（Penrose, 1959）は企業の事業活動において余剰資源が生じる限り，それを利用して成長行動をとるほうが成長行動をとらない場合に比べて収益性は高いという企業成長論を提示した。そしてチャンドラー（Chandler, 1962）は，「組織構造は戦略にしたがう。」という有名な命題を提唱している。またスコット（Scott, 1981）はチャンドラーの研究成果を継承し，唯一最善の組織構造は存在せず組織構造は企業の経営戦略に適応して変貌していくが，そうした企業組織の成長ステージを単純，統合化，多角化の3つのステージに分けている。

スコット（ibidem）によれば，成長ステージの第1段階は個人経営の段階であり，ここでは所有と経営が一致しすべての従業員がオーナー経営者の指揮下にある。つぎに第2段階では組織の規模が拡大して複数の製品を取り扱うようになり，それに対応するために組織の職能化がおこなわれ，生産機能のほかに研究開発や販売，財務，人事といった職能の専門化が進み，各職

能部門は専門経営者によって管理されるようになる。そして第3段階では事業領域において製品分野の多角化がおこなわれ，それぞれの製品分野ごとに事業部が設けられて，各事業部は当該製品事業領域における権限を委譲される一方で利益責任を負うようになる。この段階ではマネジメント層は長期計画，業績評価，人材育成，財務管理などの職能に専念するようになる。

7-2
組織観の変遷

　こんにちわたしたちが目のあたりにしている組織構造が登場するまで，組織はその目的を達成するために進歩を続け，現在もそれは進行している。かつてウェーバー（Weber, 1947）は実務的にもっとも有効な組織構造は官僚制組織であるとした。ウェーバー（ibidem）は，「権力」という概念を組織の構造と権威に結びつけて考え，権力の影響の大きさは誰が権力を握っているのか，その人物が他人にどのように見なされているのか，そしてどのような状況下でそれが行使されるかによって決まるとした。この制度のもとでは職位は階層的に序列化され，そこへの人材の起用はそのポストに必要とされる資格と適性に基づいておこなわれ，職員にはあらかじめ任務と責任範囲が割りあてられる（cf., Andreski, 2006）。

　ウェーバー（Weber, op. cit.）は組織における正当な権威として，カリスマ的権威，伝統的権威，合理的合法的権威の3つの類型を提示した。カリスマ的権威とはリーダーが有する特殊で超自然的な資質に由来するものであり，「カリスマ」とは人並み外れた超自然的資質をもった人物で，その資質ゆえにリーダーとして扱われる。ただしカリスマ的権威は属人的であり，本人がその地位を退けばその神聖性や模範性は消えてしまう。そこでウェーバー（ibidem）はもっと継続的で系統的な権威を正当と位置づけるべきだと考え，歴史研究から伝統的権威を導きだす。リーダーは特定の身分をうけ継ぐことをとおして権威をもつ場合があり，その源泉となるのが血統，習

慣，先例である。現代の株式公開企業のなかでも創業一族がその組織のトップに就くケースは散見され，こうした場合トップの選定は能力にくわえて血縁関係に影響される。たとえば2009年，トヨタ自動車は創業一族で当時53歳の豊田章男を社長に選任している。組織構成員が創業者一族をシンボルとして一致団結して組織目標の達成に邁進するような場合には伝統的権威は有効に機能することになる。当然のことながらこうした方法には危険性がある。現代の競争社会を生き抜いていくためには，組織が大きくなればなるほどそのマネジメントには類い稀なる才能が求められるためである。

　ウェーバー（ibidem）が持続的な組織の権威の形態を模索するなかで辿り着いたのが第3の権威である合理的合法的権威であり，これにしたがう官僚性組織をもっとも能率のよい組織形態と考えたのである。かれによれば官僚制組織における権威はその職位に対して定められた規則，手順にしたがって行使する限り合理的かつ合法的であるとされる。官僚制組織は機能をもった職位を核として形成され，それぞれが固有の専門能力を有している。それらが階層を構築し，各職位は規則に基づいて運営され，運営規則，決定事項，および実行内容は文書として記録，保管される。職員にはしたがうべき規則や手順などの組織行動のルールが徹底して教育される。

　官僚制組織の特徴は重要な意思決定が組織の上層部でのみおこなわれる集権化，職務行動の公式化と，それに従順にしたがう組織構成員の没人格性である。しかしながら官僚機構ではルールや手続きに縛られることから情報の伝達に時間がかかり，イレギュラーなケースには対応できないという欠点がある。

　ベニス（Bennis, 1989）は1970年代から1980年代にかけておこなった研究の成果として，リーダーは自らを差別化する資質をもっていると提言している。ベニスがウェーバーと異なるのは「超自然的」という言葉を使わなかったことと，リーダーの資質は生まれつきではなく開発可能だと考えた点である。

　テイラー（ibidem）の科学的管理法，ファヨール（ibidem）の管理過程論，そしてウェーバー（Weber, op. cit.）の官僚制組織論は機械論的経営学とよばれる。組織は機械のように正確な組織であるという前提に立った機械

論的組織観に対して，組織をその置かれた環境のなかでその変化に適応しながら生存する有機体として理解しようとする考え方が生まれてくる。

　メイヨー（ibidem）とレスリスバーガー（ibidem）のホーソン工場実験に端を発する人間関係論は組織を有機体ととらえる有機体論的経営学のパイオニアである。かれらの研究はマグレガー（McGregor, 1960）のX理論・Y理論，アージリス（ibidem）の自己実現人モデル，ハーズバーグ（ibidem）の衛生要因・動機づけ要因などの研究につながっていく。そして有機体論的経営学の立場に立って組織に関する新しい考え方を提唱したのが近代組織論の創始者とされるバーナード（ibidem）である。

7–3
コンティンジェンシー理論

　1960年代になるまで多くの研究者によって組織の置かれた環境や条件に関係なくあらゆる組織に有効に機能する普遍的組織原則の探索がおこなわれてきた。1960年代にはいってあらゆる経営環境に唯一最善の組織はなく，環境が異なればそこで有効な組織もまた異なるという考え方が生じてくる。こうした考え方はコンティンジェンシー理論，あるいは組織の条件適合理論とよばれる。

　バーンズ゠ストーカー（Burns=Stalker, 1961）はイギリスのエレクトロニクス企業の研究から，安定した環境のもとでは組織構成員の職務，権限，責任を明確化した機械的組織が高い業績を上げ，不安定な環境のもとでは流動的な有機的組織が高い業績を上げることを実証した。かれらによれば既存の知識や情報に基づいて対応可能なルーティン業務が中心の場合には，組織構成員に裁量を与えずかれらにあらかじめ決められたルールを遵守させるように構築された組織形態，すなわち機械的組織においてもっとも効率的に職務が遂行されるが，機械的組織ではルールやプログラムのない問題には対応できない。そして組織が未知の問題を解決するためには新たな知識や情報の

獲得が必要であり，そのための仕組みを内包した組織形態として有機的組織が機能するとした。

　機械的組織では職務は職能別に専門化され，職務内容は明確化，公式化されている。職務には権限が付随しておりそうした職務構造はピラミッド型に階層化され，情報は垂直に流れて組織の上層部に集中している。組織構成員は組織や上司に忠誠を求められ，職務遂行には当該組織内だけで通用するローカルな知識が求められる。それに対して有機的組織では職務内容の境界はファジーで，それらは知識や経験によって分化されて専門知識に基づいた権限が付与される。組織では組織の枠を超えて応用可能なグローバルな知識が重視されて職務権限は柔軟である。また組織構成員には職務に対する忠誠が求められ，情報は水平に流れ組織内に分散する。

　バーンズ＝ストーカーのほかにコンティンジェンシー要因として環境に着目した研究にローレンス＝ローシュ（Lawrence=Lorsch, 1967）の研究がある。かれらは企業を構成する研究開発部門，生産部門，販売部門を採りあげ，組織構造の各部門やマネジメントはそれぞれ異なった環境に適応したうえで全体として統合されている方が組織の効率が高いことを実証している。かれらによれば研究開発部門は科学環境に，生産部門は技術環境に，販売部門は市場環境から影響をうける。こうした環境の相違は環境変化の速度，環境情報の不確実性，情報のフィードバックのタイムスパンで測られる。そして環境の不確実性の程度が異なれば有効な組織特性は異なるとして，この組

機械的組織	有機的組織
職能的専門化	知識・経験の分化
明確な職務権限	専門知識に基づく権限
ピラミッド型職務権限	柔軟な職務権限
垂直的情報伝達	水平的情報伝達
情報集中	情報分散
組織・上司への忠誠	職務への忠誠
ローカルな知識の重視	グローバルな知識の重視

図表 7-1　機械的組織と有機的組織

出所：筆者作成

織特性を測定する指標として組織構造の公式化の程度，組織構成員の対人志向性，時間志向性，目標志向性を提示した。ローレンス＝ローシュ（ibidem）によれば，研究開発部門では組織の構造化の程度は低く参画的経営がおこなわれて時間志向性や目標志向性は長期的，生産部門では組織は高度に構造化して命令的リーダーシップを採用して時間志向性や目標志向性は短期的，そして販売部門はその中間であるのが有効な組織であると結論づけている。

　コンティンジェンシー要因として環境の不確実性以外に着目したのがウッドワード（Woodward, 1965）である。彼女はイギリスのサウスエセックス地区の製造業者を対象として，技術システムを技術の高度化の程度によって個別生産，大量生産，装置生産の３つに分類したうえで，技術と組織構造の関係に関する研究をおこなっている。ウッドワード（ibidem）によれば，個別生産と装置生産においては権限と責任は明確ではなく意思決定の権限と責任が高度に委譲されて参加的経営がおこなわれる有機的組織が有効であり，大量生産においては指示命令系統，職務と権限が明確化された機械的組織が有効であるとされる。彼女の研究は組織で使用される技術が異なればそれらが有効に機能する組織構造も異なることを明らかにした。

7-4
組織形態

　家族経営のように組織規模が小さくトップが業務プロセスや従業員属性などの情報を把握できる場合，組織内での情報共有は迅速かつ的確におこなわれることから組織の管理機能も単純である。しかしながら組織が大規模化，業務内容が多様化，高度化してそれを担う組織構成員数が増えてくると，組織として業務に円滑に運営するための仕組みが必要になる。そのポイントとなるのが分業による協働である。分業による協働は業務を知識や経験の制約から開放して多くの人びとの仕事への参加の可能性をひろげて，企業組織の

目標達成への道筋をひらいてくれる。

　ヘンリー・フォードがつくりあげた分業のシステムは，それまで一部の資産家しか手にすることができなかった自動車を一般大衆の移動手段へと変貌させた。かれが考えた生産方式は自動車の製造過程を標準化，専門化，細分化，単純化させ，細分化された個々の作業プロセスをベルトコンベアで結んだ流れ作業プロセスであった。これは自動車生産をそれまでの自動車という機械に関する専門的知識とそれを製造するための熟練した技能をもった熟練工による作業から，分業とオートメーション化への革新的移行を意味していた。自動車を製造するという企業の目的を達成するために，従業員たちは内燃機関や車体の部品をつくる，そしてそれらの部品を組み立てるといった特定の作業を担い，最終的なアウトプットとして自動車が完成する。

7-4-1　職能制組織・職能部門制組織

　分業による協働は組織に総務，財務，研究開発，購買，製造，販売，営業，サービス，マーケティングなどの機能である職能を生みだした。このように権限と責任を職能別に区分して職能に応じて組織が機能するように構造化された組織を職能制組織という。一般的には設立初期の組織形態に多く見られる限られた職能から，事業の成長にともなって職能制組織はその職能を拡大して，それまでの原材料調達，生産，販売といった事業本体に関わる職務にくわえて総務，財務，研究開発，サービス，マーケティングなどの組織運営に関わる専門的職能が付加されるようになる。職能制組織はこんにちの多くの組織の構造の基本的なユニットを構成している。

　企業規模の拡大にともなって各職能ごとに部門がつくられ，それぞれの職能部門に権限を委譲した組織を職能部門制組織という。職能制組織，職能部門制組織は同一職能をまとめて専門化する「専門化の原則」を基礎にしており，効率的な職務の遂行ができるようになっている。

　職能制組織，職能部門制組織の長所は管理者の負担軽減，専門性の追求，資源共有による管理費節減などがあげられ，短所は部門間調整の必要性，責任の所在が不明確，業績評価の困難性などをあげることができる。これらの

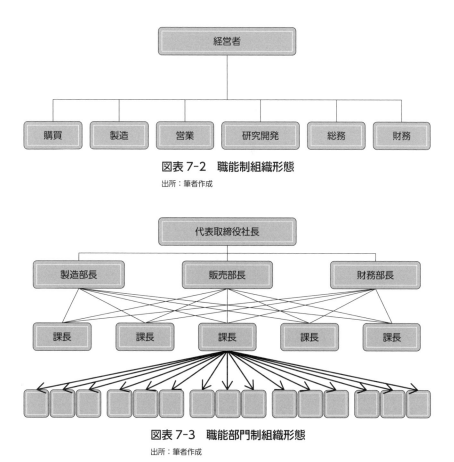

図表 7-2 職能制組織形態
出所：筆者作成

図表 7-3 職能部門制組織形態
出所：筆者作成

組織形態では職能間の調整を適切におこなうことが困難で，その結果として権限争いや混乱が生じて組織の秩序を維持することが困難になる場合がある。企業が単一事業を営んでいた段階から多角化によって複数の製品や事業を営む段階になると，これらのデメリットを補うために事業部制組織が登場する。

7-4-2　ライン組織・ラインアンドスタッフ組織

　ライン（直系）組織とは指揮命令系統が上位から下位まで１本の直線で結

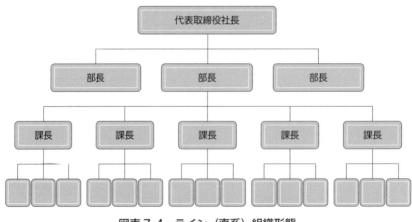

図表 7-4 ライン（直系）組織形態

出所：筆者作成

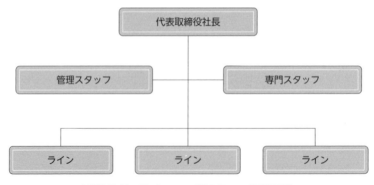

図表 7-5 ラインアンドスタッフ組織形態

出所：筆者作成

ばれている組織形態である。その特徴として命令一元化が徹底されることがあげられ，軍隊，警察，消防などの組織で採用されている。組織構成員は直属の上司の指示にしたがい，自分よりも職位が上位であってもほかのラインからの指示にはしたがわない。

ライン組織では「監督範囲適正化の原則」によって組織構成員をグループ化する。各グループはそれぞれの長を結んで上位のグループに所属することから，ライン組織はピラミッド型になる。ライン組織の長所としては情報伝

達が速いこと，一貫性が保たれることがあり，短所としては組織の規模が大きくなると管理者の負担が大きくなること，人材育成には適していないことなどがあげられる。

　組織形態はラインとスタッフという観点からも整理することができる。企業組織においてその目標を達成するために直接的に必要な職能はラインとよばれ，ライン職能をサポートする職能をスタッフとよぶ。

　ラインスタッフ組織とはライン組織と職能制組織の双方の利点を取りいれ，命令系統の統一性を維持しながら専門化の利点を追求する組織形態である。この組織形態は執行職能と管理職能をふくむライン職能と専門的知識をもって助言をおこなうスタッフ職能の双方から成り立つが，命令や決定の権限はあくまでもラインが握っており，スタッフの役割は助言や助力に限られている。たとえば製造業の場合，調達，製造，販売がライン職能であり，流通業では仕入れと販売がライン職能になる。スタッフ職能はライン職能の職務に関わる意思決定，指揮命令系統に助言し，サポートする役割を担っており，研究開発，総務，経理などがこれに該当する。

7-4-3　事業部制組織

　企業がその活動領域を拡げて複数製品を取り扱ったり事業の多角化をおこなうようになると，職能制組織では効率的な組織運営ができなくなる。機能ごとに分割された部門構造をもつ職能制組織で取り扱う製品や事業が複数に及んだ場合，単一の製品や事業のもとで機能していた規模の経済が働かなくなるばかりか，製品あるいは事業間の活動プロセス調整がコストの増加をもたらすケースも起こるようになる。

　活動領域の拡大にともなうこうした問題に対応しながら，職能制組織のメリットを享受する仕組みとして事業部制組織が登場してくる。事業部制とは事業ごとに編成された組織である事業部が本社機能の下に配置された組織形態であり，事業部ごとに購買，生産，営業，マーケティングといった事業の遂行に必要な機能と権限を有しており，自己完結的に事業活動をおこなう。事業部制組織は職能制組織の水平展開であり，こうした組織展開は事業の多

角化に限らず地理的な拡大でもおこなわれる。事業部はその内部に事業運営をおこなううえで必要となるすべての機能を内包しているのが原則であるが，実際には調達，製造，販売，人事，経理等の機能を全社レベルで共有しているケースも少なくない。

　事業部制のメリットとしては権限委譲をとおして市場の変化を的確に踏まえた迅速な意思決定が期待できること，利益責任が明確になることによって業績向上に向けたインセンティブが働きやすいこと，競争原理による社内活性化，業績評価がおこないやすいこと，経営者の育成などがあげられる。事業部制組織の短所はセクショナリズムの弊害，短期的利益の追求，全社的長期的展望を共有しづらいこと，販売される製品や商品に直接関わることのない業務をおこなううえでの間接費用であるオーバーヘッドコストの発生，撤退の決断が困難であることなどがあげられる。

　本社は企業組織の目的達成に向けて全社的，戦略的な活動に集中することができるようになる一方で，本社機能が有効に機能しない場合には組織的な弊害も生じる可能性がある。たとえば各事業部がそれぞれの利害を優先してセクショナリズムに陥ってそれを本社がコントロールできない場合，企業内競争が生じることもある。

　この組織形態は1920年代のアメリカにおいてデュポンやGM（General Motors Company）といった大手企業が導入したのがはじまりとされ，日本では1930年代に松下電器産業（現パナソニック）がはじめて導入されたとされ，こんにちでは多くの企業で事業部制組織形態が採りいれられている。事業部制組織は取り扱う商品，サービスによって各事業部を構成する製品別事業部制組織，地域によって各事業部を切り分ける地域別事業部制組織に分類することができる。

　機能組織，ライン組織，ラインアンドスタッフ組織は集権的な組織構造であるが，事業部制組織は分権的組織である。事業部は会社のなかの会社であるかのようにそのなかにはほぼすべての職能がふくまれており，プロフィットセンターとして購買，製造，販売にいたる一貫した事業をおこなう。事業部は利益責任をもつプロフィットセンターであり，独自の収入と支出に裏づけられ，独自の事業に関して全般的な管理権限を有する。プロフィットセン

ターの目標は利益を最大化することであり，ここでは収益と費用の両方がマネジメントされる。事業部制組織の1つの形態として職能別事業部制組織がある。この形態では職能別に事業部として部門化され，それぞれの専門職能部門に権限が委譲された組織形態である。

　企業において事業活動をおこなう部門はプロフィットセンターとよばれ，利益を生まない部門はコストセンターとよばれ費用だけをマネジメントする。コストセンターではコストをおさえつつ良いパフォーマンスをあげるこ

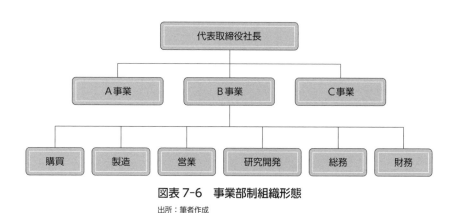

図表7-6　事業部制組織形態

出所：筆者作成

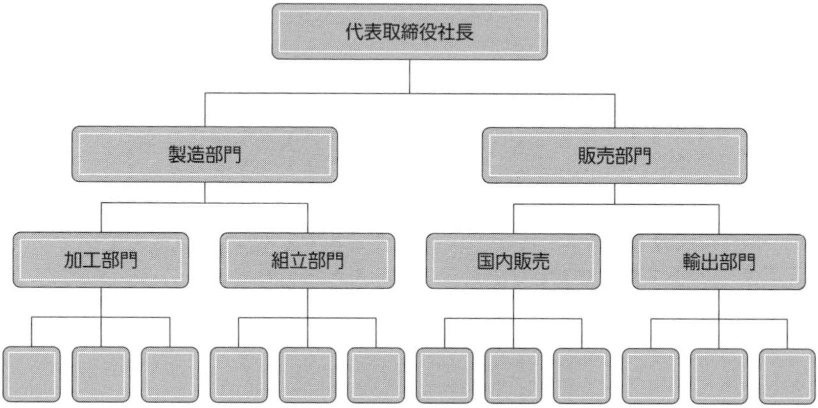

図表7-7　職能別事業部制組織形態

出所：筆者作成

とに責任をもつ。職能別事業部制組織はその専門職能領域では全社的な権限を有するが専門職能以外の権限をもたない。たとえば製造部門事業部は製造コストに関しては組織横断的な権限をもつが，その販売価格を決定する権限は有しておらず費用責任のみを担う。

　ただしコストセンターと位置づけられていた部門においても，付加価値に着目して収益と費用の両面をマネジメントすることも可能である。たとえばコールセンター部門をコストセンターとして考えた場合には顧客対応部門として応答速度，通話時間を指標として効率性がマネジメントされるが，プロフィットセンターとして考えた場合には顧客満足度の向上，ほかの商品の販売といった利益への貢献を考慮したマネジメントがおこなわれることになる。同様に人事部門をプロフィットセンターとしてとらえた場合には良い人材を採用することをとおして利益を生みだすことを考慮し，経理部門をプロフィットセンターとしてとらえた場合には経費削減をとおして全社的な利益向上に貢献することを考慮する。

7-4-4　戦略的事業単位

　戦略的事業単位は，米国のボストン・コンサルティング・グループ（Boston Consulting Group：BCG）が開発した戦略策定のための組織区分で，アメリカの多国籍コングロマリット企業 GE（General Electric Company）が事業部制の弊害を取りのぞくために全社的に導入したのを手はじめに，1970年代以降普及した組織形態である。日本においても東芝，東レなどの大手企業で導入されてきた。

　戦略的事業単位（strategic business unit：SBU）とは全社的な戦略を実現するための経営資源の効率的な配分や事業部間のヨコの連係の実現を狙いとして設計され，企業の事業ポートフォリオのなかでどの事業領域にどの程度の経営資源を投入するかが決定される。事業部制組織では経営資源の重複保有，事業部間のセクショナリズム，戦略的整合性の欠如といった分権化の弊害が生じるが，SBU は事業や製品の集合を 1 つの単位としたもので戦略上実在する事業部などの区切りとは別に設定されるグループであり，保有す

る経営資源の総合的かつ長期的なマネジメントが可能になる。

　SBU の設置方法はさまざまであるが，代表的な手法として BCG のプロダクトポートフォリオマネジメント（product portfolio management：PPM）が知られている。PPM では事業の潜在収益力を市場成長率と相対的市場シェアを指標とした事業ポートフォリオから推定して，SBU への資金配分が決定される。企業によって SBU の形態はさまざまであり，共通して使用されている部品から事業部横断的に設定される SBU，共通のマーケットから複数の製品カテゴリーや製品，ブランド横断的に設定される SBU などがある。

　SBU には事業部の戦略的再編成，事業部の撤退をふくんだ全社的戦略立案が可能になるといったメリットがある一方で，その裏返しで不明瞭な事業単位や製品単位から生じる不都合，新規事業機会を見つけにくいなどのデメリットがある。1990 年代にはいって，ゲイリー・ハメルとコインバトール・プラハラードはコアコンピタンスという概念を提唱して，SBU の問題点を指摘している（cf., Hamel=Prahalad, 1994）。コアコンピタンスとは価値のある製品を生みだす組織的知識や能力であり，これが具現化したものが製品であることから，かれらは結果としての製品のみに着目することに警鐘を鳴らしている。

7-4-5　カンパニー制組織・持株会社

　カンパニー制組織は企業内の複数の事業部門をそれぞれ独立させて 1 つの独立した会社として扱う組織形態である。この組織形態では事業部門を 1 つの独立企業として位置づけて採用や配置などの人事権，資金調達の権限など企業戦略をふくむ重要な経営判断を迅速におこなうことができる。独立採算制を採用することから意思決定が迅速化し，カンパニーごとの業績が一目瞭然となり責任の所在が明確化する。

　カンパニー制組織と事業部制組織は同一企業内で利益を追求するという点では共通しているが，カンパニー制組織は事業部制組織と比較して責任の範囲と権限の両方がひろい特徴がある。カンパニー制組織と持株会社制組織と

は法的に法人の扱い方が異なり，持株会社制組織は別法人であるのに対して
カンパニー制組織は同一法人として取り扱われる。持株会社制組織はカンパ
ニー制がスリム化した組織形態と位置づけられ，より柔軟な経営判断が可能
である。日本では 1994 年にソニーがはじめて導入したとされる。

　カンパニー制組織形態は 1 つの独立した会社のように運営されるためビジ
ネスの拡張や事業展開の迅速化などのメリットがあり，組織力が向上して次
世代の経営者育成に適している。その一方で独立した組織運営となることか
ら本社との連携や企業内交流が希薄化しやすく，組織を横断したシナジー効
果を得にくくなり，カンパニーごとにスタッフ部門や業務が重複してコスト
が増大しやすい側面をあわせもっている。

　事業部門に権限を委譲し，それらを独立した企業のように扱う社内カンパ
ニー制は 1990 年代から多くの企業に採用された分権的な経営手法である
が，その縦割り組織の弊害などから見直す企業も存在する。音響機器を製造
するティアックは，2006 年，導入後わずか 1 年半でカンパニー制を見直し
て 3 つのカンパニーを 7 つのビジネスユニットに再編成した。その理由は国
内外の 5 つの工場が各カンパニーの系列下にはいった結果として，低稼働率
に悩む工場がほかのカンパニーの製品を生産しにくくなったためで，組織の
再編生後は工場間の連携が進んでいる。

　カンパニー制を見直す企業に見られる理由の多くはティアックのように全
社的な視点の欠如によるカンパニー間の事業連携不足がもたらす経営資源の
不経済，さらには相乗効果や範囲の経済の喪失である。パソコン販売の東芝
情報機器は，2006 年，間接部門のコスト増加を理由として 2 年間採用した
カンパニー制を見直した。同社はカンパニーごとに管理部門を置いたため従
業員 1000 人の規模に比べて間接部門が肥大化してしまった。

　ベネッセホールディングスは，2007 年，「進研ゼミ」を中心とした 18 歳
までの学生を対象とする教育事業において，幼児，中学，高校など 5 つの階
層別に設けていたカンパニー制を廃止し，社長が直轄する体制に改めた。こ
れはプロモーションなどのマーケティング戦略における経営資源の集中によ
るメリットを考慮したことによる。

　半導体商社の丸文も，2007 年，2000 年に導入した社内カンパニー制を本

社の内部統制機能強化を狙いとして以前の事業部制に戻した。同社は産業用ロボットなどを扱うシステムカンパニーと半導体など部品のデバイスカンパニーを3事業部に改組し，各カンパニーに設置していた人事，経理などの管理部門を本社に集約した。ソニーも業績低迷をうけた2005年にカンパニー制を廃止し，社長がエレクトロニクス事業を直接指揮する体制を敷いた。

　カンパニー制が有効に機能している企業も少なくない。三菱マテリアルは1999年以来カンパニー制を維持している。同社の事業領域は，セメント，非鉄金属，切削工具，電子材料と広範であり，同社の場合各事業が個別に経営判断を下す方が効率的であるとされる。同社は本社部門の部長以上やカンパニーの幹部を集めた会議を毎月開催することをとおして縦割りの組織構造の弊害を取りのぞく工夫を凝らしている。同社のように事業の規模が大きく多角化が進んでいる企業の場合はカンパニー制組織が有効である。

　持株会社（ホールディングカンパニー（holding company））とは総資産に占める子会社の株式の比重が50％を超える会社を指し（独禁法9条5項1号），株主として別の会社を支配する目的で別の会社の株式を保有する会社を意味している。持株会社には純粋持株会社と事業持株会社の2つの類型があり，純粋持株会社はほかの会社の事業をコントロールすることを事業の目的としている会社であり，事業持株会社は自らもビジネスをおこないながらほかの会社の事業をコントロールすることもおこなっている会社である。

　持株会社のメリットとしては複数の会社を子会社とすることによって特定の事業の利益にとらわれず，全体としての利益を追求する1つの大きな組織として機能することができること，多角化や多国籍化に対応した効率的企業組織の実現などのほか，グループ企業として企業買収（M&A）や経営統合をおこないやすくなることがあげられる。日本では純粋持株会社は戦前の財閥支配などのように事業支配力が過度に集中するとして独占禁止法によって禁止されていたが，1997年6月の法改正によって解禁され，子会社が金融機関に限定されている金融持株会社も1997年12月に解禁されている。

　純粋持株会社の解禁はバブル崩壊後多額の不良債権を抱えこみ経営不安に陥っていた金融機関の救済のため，第2次橋本内閣が提唱した「金融制度改革」いわゆる金融ビッグバンにおける法的環境整備の一環として実施された

経緯もあり，同法の改正以降わが国では経営統合の際に共同で持株会社を設立して，両社がその子会社となったのちに合併などの再編をおこなう事例が多くなっている。

　2001年に東京三菱銀行（現三菱UFJ銀行），三菱信託銀行（現三菱UFJ信託銀行）および日本信託銀行（2001年，三菱信託銀行に吸収合併され消滅）が株式移転によって三菱東京フィナンシャル・グループを設立し，2005年にUFJホールディングスを吸収合併して現在の三菱UFJフィナンシャル・グループに商号変更しており，傘下に三菱UFJ銀行，三菱UFJ信託銀行，三菱UFJ証券ホールディングス，三菱HCキャピタル，三菱UFJニコスなど主要中核5社を中心とした総合金融グループを形成している。

　2006年に資本金3兆5000億円で設立された日本郵政は傘下に100％出資子会社として郵便局会社，郵便事業会社，ゆうちょ銀行，かんぽ生命保険を有する日本郵政グループの持株会社である。

　持株会社化のメリットとしては企業の買収，統合が容易になるというほかに税制上の優遇が大きなポイントとなっている。持株会社は連結納税制度を適用することをとおして子会社からの受取配当金に関する節税メリットを享受することができる。一方でこの組織形態が目的どおりに機能せずにカンパニー制組織と同様のデメリットを生じることもある。

　以上見てきたように中央集権と分権のはざまで組織形態の模索を続けている企業は少なくない。カンパニー制は市場環境の変化に応じて事業部制に戻しやすい利点もあり，そうした企業にとって自社の事業規模や多角化の進展具合を見極めたうえで環境に対応した組織形態の選択が可能である。

　事業部制組織，カンパニー制組織はいずれも大規模組織の効率的な運営のために構築された組織形態である。これらの組織形態の構築をとおして多数の人間による複数の事業展開が可能となるが，そこには大規模化した組織ならではの問題が生じてくる。それは組織の硬直化と従業員のモチベーションの低下である。大規模組織はその大きさゆえに情報伝達に時間がかかり情報の共有が進まない。またこうした組織を運営するためにはルールやプログラムが重要になるが，これらはルーティン業務をおこなうには効果的であるが，一方で従業員の自由な発想を妨げる要因として機能するというジレンマ

を抱えている。

7-4-6　プロダクトマネジャー制組織

　事業部制組織やカンパニー制組織形態におけるそれぞれの事業部やカンパニーがさらに取り扱う製品を増加させたとき，組織は改めてそれらの組織形態の採用をもたらした規模の拡大がもたらす組織の硬直化や，不採算プロセスの発生といった課題への対応を迫られることになる。事業部あるいはカンパニーはそれぞれに職能制組織を採用しており，それぞれの職能では自らの担当職務領域に関しては責任を負うが，職務を超えて特定の製品の管理をおこなうことはない。そもそもこうした仕組みが生みだす問題点を解決する手段として事業部制やカンパニー制組織形態が誕生した背景がある。

　こうした状況への対応策としては事業部の新設が考えられるが，組織の増殖はそこに新たな経営課題を招きかねない。そこで考えられたのがプロダクトマネジャー制度である。企業組織はこの制度の下で新たに事業部やカンパニーを設けることなく，既存の枠組みのなかで個々の製品レベルでの分権化を実現することができると考えられた。この制度では事業部あるいはカンパニー内部に製品ないしはブランドごとにマネジャーを置き，かれらは当該製品に関わるすべての事業プロセスをトータルにマネジメントすることになる。そうすることで職能制組織を採用する事業部やカンパニーにおける職能間の水平的な調整を図って，さきに論じた組織の規模拡大が生みだす弊害に対応しようとした。さらにプロダクトマネジャー制度には複数の製品を取り扱う事業部やカンパニーにおける製品ごとの採算を明確にする役割も期待されていた。

　プロダクトマネジャー制度を採用している企業にキリンビールがある。1988年，同社はアサヒビールとの熾烈なマーケットシェア競争のプロセスで3つの新商品開発チームを発足させた。これらのチームは1989年にマーケティング，販売，プロモーションの機能もあわせもつようになる。同社の「一番搾り」はプロダクトマネジャー制度から生まれた製品である。

　プロダクトマネジャー制度においてはプロダクトマネジャーあるいはブラ

ンドマネジャーはあくまでもスタッフとしての位置づけであり，ラインとしての権限は与えられていない。したがってかれらが特定の製品やブランドに関しておこなったアドバイスも，ライン職能の責任者に支持されなければそれらは受けいれられないことになる。マネジメントにとって重要なことは管轄する職能のパフォーマンスであって個別の製品やブランドの採算ではないため，プロダクトマネジャー制度が機能するためにはそれぞれの事業部やカンパニーレベルでのマネジメント能力が問われることになる。またプロダクトマネジャーサイドからも「木を見て森を見ない」，すなわち自らが担当する製品やブランドのことしか考えられないマネジャーがでてくることによる弊害も起こりやすくなる。しかしながらプロダクトマネジャー制度には硬直化した縦割り組織に刺激を与えるというメリットがあることは否定できない。

　プロダクトマネジャー制度におけるマネジャーにラインの権限を付与した組織形態がマトリックス組織である。これは情報の伝達やコミュニケーションの経路を組織階層に沿った縦方向にくわえて，組織横断的にも同様の経路を組み合せた形態である。技術環境のみならずマーケット環境が大きく変動しているときには職務ごとに専門化した組織形態ではマーケットの変化に適切に対応できない。こうした状況に対応するために製品やブランドごとに置かれたプロダクトマネジャーにもラインの職務と同様の権限と責任を与えることをとおして，市場への迅速な対応を実現することが考えられたのである。

　マトリックス組織は情報の伝達経路が増える分だけ情報処理能力は改善されることになるが，反対に組織内部を縦断するライン職能と横断するプロダクトやブランドごとのマネジャー間での意思決定に関わる調整が複雑になり，結果として後者が前者を上回って全体としては効果が発揮されないことも多い。

　1992 年，本田技研工業は小型乗用車「シビック」で日本カーオブザイヤーに選ばれているが，このモデルチェンジをおこなったのは同社のマトリックス組織，RAD（representative automobile development）である。同社はRAD を「車づくりの神様的存在」と説明しており，1991 年に発足した四輪

企画室に所属し，製品企画，営業，生産，品質，コストをそれぞれ担当する役員と意見を交換しながら新車づくりの筋道を描いていく。製品を企画した時点のコストが最終仕上げまで守られているかを監視する一方，開発部隊と営業部隊とのあいだの見解の相違などの調整，裁定にあたるのも同部署の機能である。RAD は役員クラスで構成されその担当する車種においてもっとも強い権限を有している。

　2000 年，日産自動車は車種ごとの収益管理を徹底するために製品企画，デザイン，開発，生産，購買，販売・マーケティングの 6 つの機能をプログラムディレクター（program director：PD）が組織横断的に束ねるマトリックス組織を導入した。それまで同社では商品主管が製品企画，収益管理をうけもち，デザインや開発などのほかの部門をまたいで全体を統括していた。しかしながらかれらは自動車に関するいわゆるスペシャリストでない場合が多く，夢を語ることはできても各部門がもつ能力を十分に引きだすことができず，結果として組織の縦割りを生み，意思決定責任の所在をあいまいにする負の側面が目立っていた。

　PD は常務取締役をはじめとして部長クラス 5 人の計 6 人がマーチやキューブ，サニーやブルーバードといった車種群ごとに担当し，収益管理を中心に強い権限を与えられる。こうした新体制のもとで新たに製品企画に12 人の CPS（Chief Product Specialist），デザイン部門に 9 人の PCD（Product Chief Designer），開発部門に 5 人の CVE（Chief Vehicle Engineer），販売・マーケティング部門に 6 人の CMM（Chief Marketing Manager）が責任者として配置された。PD はその担当する車種群ごとに製品企画における当初イメージの実現や開発に関わる原価低減目標の達成など 5 部門の職務達成状況を中立的にマネジメントする。同年発売された新型セダン「ブルーバードシルフィ」は新体制で開発された最初の製品である。

　プロジェクト組織は特定の目的を遂行するために組成されるプロジェクト単位で編成される組織であり，プロジェクトの運営に関して予算や期限の範囲内で権限を有する専門家組織である。タスクフォースは特定の任務や課題解決のために臨時に編成された匿名性のある組織である。

　プロジェクトとは新製品開発，新規事業参入などの特定のアウトプットを

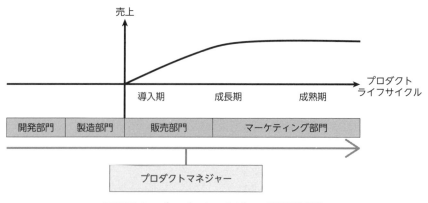

図表 7-8　プロダクトマネジャー制組織形態

出所：筆者作成

目的とした計画である。プロジェクト組織には組織のラインを支援するライン型プロジェクト組織と，ラインにプロジェクトを組成するスタッフ型プロジェクト組織がある。プロジェクト組織はプロジェクトの目的に対して機動的な対応が可能で，予算や期限が限られた場合にその目的達成に必要な経営資源を集中することができる一方で，臨時的組織であることに起因する限界がある。

8

組織形態の進化

8-1
ミニカンパニー

　ミニカンパニーは1902年にアメリカミネソタ州で設立された世界的化
学，電気素材メーカー3M（3M Company, 2002年までMinnesota Mining
& Manufacuturing Co.）が採用している独自のプロジェクトチームである。
同社の事業は幅広く，電気素材から医療，保健，ヘルスケア，道路標識など
の交通安全用品，セーフティ・セキュリティ技術，工業用品分野，そして，
Scotchブランドで有名な各種接着剤，接着用テープ，さらには文房具，家
庭用補修・掃除用具にまでおよんでおり，組織形態は事業部制を採用してい
る。日本の住友スリーエムは1960年に同社と住友電気工業らとの合弁会社
として設立された企業である。

　3Mの特徴は新製品開発である。同社は経営ビジョンとして競争の基盤を
変えるような新製品を継続的に開発することを掲げ，全売上高のうち発売か

ら1年以内の新商品が10％，4年以内の商品が30％を占めることを謳っている。3Mの研究開発スキームは新技術を創出することとそれらを組みあわせて新しい製品を創りだすことの大きく2つに分けられる。3Mには，新製品開発のためのアイデアの事業化の可能性を検証する組織的な仕組みとして，NPI（New Product Introduction）とNTI（New Technology Introduction）とよばれる新商品開発・導入プロセスが用意されている。NPIでは新商品の開発から生産，販売までを7つのステップに分け，ゲートとよぶチェックポイントにおける審議をパスしなければつぎのステップに進めない（cf., https://www.3m.com/, 31 March 2021）。

NTIはNPIの内容を共有するための仕組みであり，これによって新製品開発における研究や審査の重複が回避される。このほかにも3Mのすべての技術者が加入するテクニカルフォーラムとよばれる会合，さらにはその下に多数の分科会があり，同社の研究開発を支えるインフォーマルなコミュニケーションが促進されるフィールドが用意されている。新製品開発はプロジェクト組織でおこなわれる。事業部内でプロジェクトチームが発足するケースでは事業部長には開発費の9％の自己裁量権限が与えられている。会社レベルでのプロジェクトの場合には社内公募制度を採用して社内から人材を公募することができる。社員がプロジェクトを発足させる場合にはそのプロジェクトチームはミニカンパニーとよばれ，リーダーはプロダクトチャンピオンとよばれる。ミニカンパニーが発足するとチーム構成員は通常の職務を離れ，ミニカンパニーはプロフィットセンターとなる。プロフィットセンターになったミニカンパニーは予算をもらった1年目の終りから事業部同様の財務的達成基準が課せられ，3年間の累積赤字が200万ドルを超えた場合プロジェクトからの撤退を余儀なくされるが，いくつかの基準を満たして年間売上が100万ドルを超えた場合には表彰される。さらに年間売上が500万ドルを超えると事業部内の1部門となり，2,000万ドルを超えると事業部として独立することが約束されている（cf., https://www.3m.com/, 31 March 2021）。

プロダクトチャンピオンを志望した場合，かりにアイデアが優れていても予算や人材の面で組織の協力を得られない場合がある。そこで3Mには管理

職に対してプロダクトチャンピオンを支援するスポンサーとなることを奨励するスポンサーシップとよばれる仕組みがある。スポンサーとなった管理職は，所属事業部にとらわれず予算や人材面での支援をおこなう。こうしたスポンサーシップが有効に機能するように，部長レベル以上の管理職の業績評価にスポンサーシップが評価項目として採用されている（cf., https://www.3m.com/, 31 March 2021）。

このほかにも同社には旧約聖書の創世紀になぞらえたジェネシスプログラムとよばれる仕組みが用意されている。これは技術者の研究に対して所属事業部門から予算が割りあてられなかったりスポンサーシップの支援を得られなかった場合でも，管轄する委員会の審査を経て会社からの予算措置がおこなわれる仕組みである。

このように 3M では徹底的にアイデアが尊重され，それらの事業化の支援を目的とした多くの仕組みが準備されている。そしてプロダクトチャンピオン制度においては，発案者が技術者や製造をはじめとして財務，販売，マーケティングなど，その新製品開発，市場導入に関わるチーム構成員を自らがリクルートし，ミニカンパニーを編集する社内起業家（イントラプルナー）となる。

8-2
ネットワーク組織

1つの組織が特定の目的を達成するために 2 人以上の人間が集まってつくられるのと同様に，共通の目標を達成するために 2 つ以上の組織が集積して組織を形成する場合がある。ネットワーク組織では独立した企業組織がそれぞれの目的を達成するために特定のビジネス領域のなかで自らの機能を遂行する。こうしたビジネスネットワークのなかには，ビジネスプロセスをとおして複数の組織があたかも 1 つの組織であるかのように活動をおこなうことがある。

寺本（1990）によれば，ネットワーク組織の本質はさまざまな主体がルースに結合された（loose coupling）システムであり，その組織形成の原理として自己組織性（self-organization）をもっているとされる。自己組織化とは自然に秩序が生じて自分自身でパターンのある構造をつくりだして組織化していく現象である。

　アルドリッチ＝ジマー（Aldrich=Zimmer, 1986)）によれば，ネットワークの特徴は密度（density），ひろがり（reachability），求心性（centrality）であらわされる。密度はネットワークを構成する人びとの結びつきの多さ，強さであり，ひろがりはネットワーク構成員間に存在する媒体数で，そして求心性はネットワーク構成員間の距離と数の2つのファクターで測られる。

　ネットワーク組織の属性として個（要素）の行動の自由度が高いこと，中心が多数あるいは脱中心，要素の結合，分離などの組み替えが自由，個々の要素の創発生，要素間の統合が困難，ドラスティックな変換が困難，継続性，持続性が欠如，時間の経過とともに結びつきがタイトになるといった特徴があげられる。

　ネットワーク組織のメリットとして，企業は他社の経営資源をあたかも自社の経営資源であるかのように使うことができること，ドラスティックなビジネスの組み替えが可能であることがあげられる。

　ネットワーク組織の例として楽天市場のビジネスモデルをあげることができる。楽天市場のビジネスモデルはインターネットをとおした消費者と小売業者との仲介である。消費者が取引するのは楽天市場に出店している小売店であり，楽天市場は取引のために仮想空間のなかに取引のための場を提供している。2021年8月2日において楽天市場に出店された店舗は54,792店で，3億586万3184点の商品が販売されている。実際の取引は小売店とこの仮想商店街を訪れた消費者のあいだでおこなわれ，商品は小売業者から配送業者をとおして直接消費者に届けられる。楽天市場はそこに出店する小売業者，決済手段を提供する金融業者，商品の配送を担う宅配便業者の存在によってネットワーク組織を形成している。

　このプラットフォームを構成する各取引業者は楽天のためにサービスを提供しているわけではなく，あくまでも自らのビジネスとして事業活動をおこ

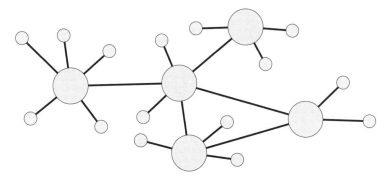

図表 8-1　ネットワーク組織形態

出所：筆者作成

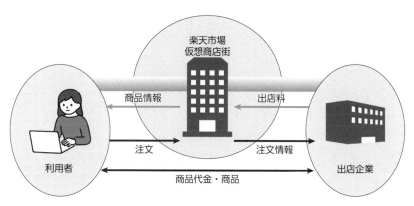

図表 8-2　楽天市場のビジネスモデル

出所：筆者作成

なっているが，プラットフォーム全体として見た場合に，かれらは楽天市場というネットワーク組織を構成する行為主体として機能している。ネットワークに参加する各行為主体の動機はそれぞれの目的を達成することであり，これを満たさなくなった場合かれらはネットワークから離脱していく。

8-3
ホロン的経営

　こんにちの環境変化はその速度がかつてなく速く，影響する規模が甚大である。ハイパーコンペティション環境下において，硬直化したピラミッド型組織では激変する経営環境に対応できないことから，変化への適応力に富み，ダイナミズムを失わないゴム毬のような柔軟な組織が求められるようになっている。組織を部課などで固定化してルーティン化していてはつぎつぎと生起してくる部際的，課際的な職務に対応できず，マーケットのなかで淘汰されてしまう。

　事業部制組織やカンパニー制組織形態が有するメリットを活かしつつもその硬直化を防ぎ，構成員のモチベーションを促進しながらマーケットの変化に迅速に対応する仕組みを模索するなかで生まれてきた，社会科学である企業経営に生命科学における有機体の調和の概念を採りいれて変化の激しい市場競争を生き抜いていこうとする組織の仕組みがホロン的経営である。

　ホロンという言葉はギリシャ語のホロス（全体）とオン（個，部分）の合成語で，イギリスの小説家アーサー・ケストラー（Koestler, 1982）の造語である。ホロンにはゆらぎ，自己組織化，エントレインメントなどの性格が付与されており，個と全体が有機的に調和する機能を意味している。エントレインメントとは母子共感を意味する心理学用語で，それぞれ自主的なリズムで動いている複数の主体が全体として1つのリズムに収斂していく現象をあらわしている。

　生命科学の分野ではホロンは個と全体の有機的調和を意味する。生物は環境の変化に柔軟に対応しながら各細胞が自主的活動をおこなうことで全体の調和が図られる。ホロン的経営の目的は組織全体と組織構成員である個人がそれぞれの役割を担い，環境の変化に対応しながら全体，個ともに活かされる企業活動の実現である。

8-3-1　アメーバ経営

8-3-1-1　アメーバ組織形態

　ホロン的経営の1つに京セラ（当時，京都セラミック）が採りいれている
アメーバ経営がある。アメーバ経営とは同社の創業者，稲盛（2006）が自ら
の経営哲学を実現していくために創りだした経営形態である。

　1959年，ファインセラミックスの専門メーカー，京都セラミックとして
資本金300万円，従業員28名で設立された同社は，こんにち携帯電話，
ソーラーシステムなど生活に密着した製品から，半導体，精密機器の素材製
品までを取り扱い，2009年3月期決算では資本金1157億円，連結売上高1
兆1285億円，グループ従業員6万3477名の巨大企業に成長してきた。

　京セラは早くから部課長制を廃止して組織内に5人から数10人で構成さ
れる600を超えるアメーバ組織を内包している。それぞれのアメーバの責任
者には，いわゆる「ひと」，「もの」，「かね」に関する裁量権が付与されると
ともに，与えられた職務に関する全責任が負荷される。アメーバは仕事が増
えると大きくなり，その逆に仕事が減ると小さくさせられ，新製品の開発や
生産には新しいアメーバが創られる。

　京セラは事業部制組織に相当する組織形態として本部別組織を採用してい
る。アメーバ経営では上位組織であるそれぞれの本部のなかでアメーバ組織
が独立した経営体として活動しながら，会社全体の一部として機能している
状態を目指している。それぞれのアメーバの活発な活動が会社組織を活性化
させる。アメーバは神経細胞になぞらえられ，ニューロンがシナプスをとお
して電気信号を伝達するように，アメーバ同士が連携を図り，相互作用を促
進することによって社員および部門の自主性と会社全体の方向性の調和を目
指していく。その際，本部は全体と個の調和によるエントレインメント効果
を高めることを目的としてアメーバ間のムダな競争や競合を調整している。

　アメーバ経営の特徴はアメーバ組織ごとに経営の内容が正確に把握できる
ように，独創的で精緻な部門別採算管理の仕組みを構築した点である。これ
によって経営をガラス張りにし，部門別の経営の実態が誰にでもわかるよう

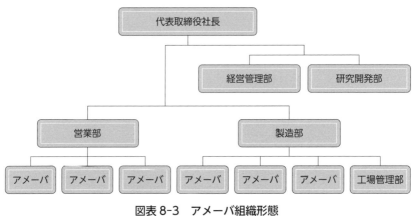

図表 8-3　アメーバ組織形態

出所：筆者作成

にした。稲盛（ibidem）は売上を最大にして経費を最小にしていくという会社経営の原理原則を全社にわたって実践していくため，組織を小さなユニットに分けて市場の動きに即座に対応できるような仕組みの実現を目指したのである。

　それぞれのアメーバでは出荷や納品などで計上される収益，稼働人数と時間，設備の稼働率などから時間あたり売上高が算出される。アメーバ組織のリーダーはこうしたプロセスをとおして主体的に自らが任されたアメーバの採算を向上させることを考える。そして上位の組織のリーダーたちには個々のアメーバの自主性を引きだしながらも，全体として相乗効果が発現できるようにリーダーシップを発揮していくことが求められる。

　稲盛（ibidem）によれば組織からこうしたアメーバを創りだすポイントは3つあるとされる。第1にそれぞれのアメーバが独立採算組織として成り立つために明確な収入が存在し，かつその収入を得るために要した費用を算出できなければならない。第2に最小単位の組織であるアメーバがビジネスとして完結する単位となることが求められる。そして第3に会社全体の目的や方針を遂行できるように，組織全体のなかからアメーバ組織を分割することが必要となる。かれによればこれらの3つの条件を満たしたときにはじめて1つのアメーバを独立させることができるとして，こうしたアメーバの組

織創りこそがアメーバ経営の要諦であるとしている。

　稲盛（ibidem）がアメーバ経営のなかに求めたもう1つの役割は将来の組織のリーダー養成のインキュベータとしての機能を果たすことである。アメーバ経営は組織を細分化して自由度の高い無駄のない経営を目指すものであり，そこでは全社員が管理されて働くのではなく自らの意志で創意工夫を積み重ねながら仕事に取り組み，それをとおして自己の能力を高めていく。一方で自由であるということはその組織の責任者の経営者マインドや構成員のモラルの高さが問われることになり，かれは小さなアメーバ組織のなかからリーダーとしての経営感覚を鍛えられた優秀な人材が育ってくることを期待していた。

8-3-1-2　アメーバ組織の仕組み

　アメーバ組織では「時間あたり採算」が採用される。部署ごとに「採算表」と名づけられた家計簿とほぼ同じ構造の帳簿がつけられる。製造部門のアメーバで使う採算表では家計簿の収入にあたるのが「総生産」，支出にあたるのが「経費」，残高にあたるのが「差引収益（利益）」である。「時間あたり付加価値」は差引収益を総時間で割って算出するものでアメーバの規模が違っても収益性を比較できる便利な指標であり，アメーバの余剰能力や経営効率を見ることができることから，アメーバが創意工夫を生みだすための重要な指標である。この指標をとおして社員1人ひとりがどのように動けば会社の売上を向上させ，自分の給料の原資となる付加価値を増やすことができるのかを理解することができるようになる。

　「社内売買」は各部門の採算を明確にするための仕組みである。これは各アメーバを1つの会社のように位置づけ，アメーバ間で製品などが動くときは社内売買があったとみなす仕組みである。アメーバの総生産高は社内の別のアメーバに販売する「社内売」と社外に販売する「社外出荷」の合計から「社内買」を差し引いたものとされることから，総生産高から製造にかかった経費などを引いていけば差引収益が算出できるようになっている。マスタープランは事前に決められた各部門の年間の目標数値であり，その策定にあたっては経営者が「会社をこのくらい成長させたい。」という方針を決め

るところからスタートし，部門長クラスが現場リーダーの意向を丁寧に吸いあげて，現場が納得することを考慮しながら経営陣の押しつけにならないように策定される。マスタープランはアメーバリーダーに課された必達目標であり，月がはじまるまえに1か月でどれだけの数字を達成していくのか採算表の各項目の数字を決定する。リーダーはマスタープランの達成に向けて毎月自ら予定を立ててメンバーの知恵を結集して目標をクリアしていく。アメーバを構成するリーダーとメンバーはその数字を見ながらPDCAを繰り返し，目標達成に向けて創意工夫をおこなっていく。

図表 8-4　時間あたり付加価値

出所：筆者作成

図表 8-5　製造プロセスにおける社内売買

出所：筆者作成

図表 8-6　業務部門における社内売買

出所：筆者作成

9

ティール組織

　フレデリック・ラルー（Laloux, 2014）によれば，行政機関や非営利組織に務めている人びとが自分の仕事に熱中していることはあまりなく，教師や医師や看護師はあこがれの職業ではないとされる。大半の学校は学生と教師が単に自分たちの役割を演じているだけの魂の抜けた機械であり，天職につけたと思える場合でも組織の幻滅から逃れられるわけではない。かれによればわたしたちが自分自身のエゴから自らを切り離せるようになるとき，組織には進化型への移行が起こると考えられる。自分のエゴを一定の距離をおいて眺めるとき，その恐れ，野心，願望がいかに自分の人生を突き動かしているのかがわかる。わたしたちはエゴから解放されると自分自身の深い部分にある知恵に耳を傾けられるようになる。

　生命は進化に向けてあらゆる知恵を働かせながら底知れぬ美しい生態系を維持している。生態系は全体性，複雑性，高い意識に向けてつねに進化を続ける。自然は自己組織化に向かうあらゆる細胞とあらゆる有機体の欲求に突き動かされてつねにどこかで変化している。ティール組織とはマネジメントが管理しなくても組織の目的実現に向けて推進できる組織である。ラルー（cf., ibidem）は組織目的の達成のために組織構成員全員が自発的に協働する1つの生命体としてティール組織を提唱した。

　ラルー（cf., ibidem）の組織の進化の発想に大きな影響を与えたのがケン・ウィルバー（Wilber, 2001）のインテグラル理論である。人類は孤立した部族や氏族からはじまり古代国家や帝国，そして地球共同体へと歩みを進めてきた。その歩みの先に見えるのが統合的共同体であり，意識変化の最先端はきたるべき統合的時代の一歩手前にまで到達しており，わたしたち人類はすべてを説明する万物の理論を探究している。

　現代社会は多様性にあふれた社会であり，自由が認められるようになればそれだけ多くの異なった考え方が生じ，多様であることは社会に分断を生じさせる。ウィルバー（ibidem）が提唱したインテグラル理論とは，多様性や差異はそのまま認めつつ，すべてを１つに包括して統合するアイデアである。このような考え方は個人の生き方だけでなく政治や社会のあり方，企業組織のあり方についても適用される。インテグラル理論はこの世界に生じるすべての現象を包みこんで説明できるように統合する万物の理論であり，物質，身体，心，魂，スピリットのすべてを自己，文化，自然のすべての領域において包含しようとする試みである。

9-1
インテグラル理論

　インテグラル理論での「発達」の知識に関するバックボーンは「発達心理学」であり，これは人間の心，意識，知性の発達に関する研究である。人間は誕生してから年齢を重ねていくなかで心，意識，知性を発達させていき，その発達は段階的でありひとそれぞれレベルが異なる。ウィルバー（ibidem）は意識発達に関する段階表を「地図」と表現している。発達心理学で創りあげられてきた発達モデルでは，人間の心の発達の螺旋をそれぞれの色で表現された８つの段階で説明される。インテグラル理論ではこれらすべての段階に価値があると考えられ，この段階を知ることで人間のいまだ活用されていない潜在能力を明らかにすることに役立てられる（cf., ibidem）。

はじめの6段階は「第1層の思考」で生存の段階とよばれる。その第1段階は「ベージュ」で基本的な生存活動の段階をあらわし，この段階では人間は明確な自己をほとんどもたずすべてを生き残るために集中させる段階とされる。知性の発達していない原始人や生まれたばかりの赤ちゃんなどの段階とされる。食べること，寝ることなど本能の欲求にしたがった行動が優先され，生命を維持すること，生き残ることに意識が向けられる（cf., ibidem）。

　第2段階は「パープル」で呪術的，アニミズム的思考に満たされ，ここでは信仰や血縁が重視されて部族集団が形成される。アニミズムとは海，山，川，空，石など人間以外のさまざまなものにも魂や精霊が宿っていると考える宗教的思想のひとつである。文明と隔絶された未開の部族集団は神を信じ，ジャングルに住む精霊を恐れ，精霊を敬って生活している。アニミズムの精神は先進国にも残されており，日本には八百万（やおよろず）の神の信仰が生きている（cf., ibidem）。

　第3段階は「レッド」でこの段階ではじめて部族集団と区別された「自己」が出現する。この段階は力と栄光に基づく封建的帝国の基礎にある段階であり，神やドラゴンなど神話的存在を認めていて，帝国を司る王のような存在が民を支配しようとする。この段階では征服すること，相手をだし抜くこと，支配することを好む特性を見せる（cf., ibidem）。

　第4段階の「ブルー」は行動規範のすべてが絶対的存在や絶対的秩序によって決められる段階であり，宗教が人生の規範として機能していた時代の意識であり，清教徒時代のアメリカや日本の「武士道」にしたがった武家社会の段階である。ここまでの段階が，人智を超える神話的存在を前提としている（cf., ibidem）。

　第5段階は「オレンジ」で，この段階で人間は個人として真理や意味を探し求めるようになり，科学的な方法を重視するようになる法人国家の基礎にある段階である。世界は自然法則に基づいて円滑に動く合理的な機械であると考え，政治も経済も人間社会の諸々のできごとも科学の諸法則によって規定されているとみなされる（cf., ibidem）。

　第6段階の「グリーン」は人間らしい絆を重視して，合理性ではなく気持ちや気遣い，大地，ガイア，生命が重要とされる。共通の感受性をもってい

ることを基準として自由に結ばれる連帯関係である価値の共同体の基礎にある段階であり，多様性を重視し，多文化主義の立場をとることが多く，精神性，霊性を新たなかたちでよみがえらせ，世界に調和をもたらし，人間の潜在的可能性を拡張していく。温かな感情，思いやり，気遣いにあふれており，これらは地球とそこに暮らすすべての生命に向けられている（cf., ibidem）。

　これら6つの段階からなる第1層の段階にある人間は，自らの世界観こそが唯一正しい最善の見方だととらえ，外部からその世界観に疑いをかけられると激しく反発するが，第2層へと飛躍することで意識に途方もなく大きな変化が起こり，垂直的な思考と水平的な思考の両方が可能となる（cf., ibidem）。

　第2層の意識は，全体を見渡して大きな地図を認識しようとする。そして，すべての段階にはそれぞれ求められている役割があるととらえ，個別に存在するさまざまなシステムをホリスティックで統合的なものへとまとめあげようとする。第6段階のグリーンから第二層への飛躍は相対主義的な見方から全体的な見方へ，あるいは多元的な見方から統合的な見方への移行とされる（cf., ibidem）。

　第7段階の「イエロー」はインテグラル理論の統合的な思考法を意識的にも無意識的にも実践できている段階である。差異や多元性は統合され，自然な流れをつくり，さまざまな流れが相互に依存しあい，人びとが発達のダイナミックな螺旋を上下に運動することは避けられないことから世界が現在の姿になっていると考える（cf., ibidem）。

　第8段階の「ターコイズ」はホリスティックな段階である。ホリスティック（holistic）には全体，つながりをふくむ意味あいがある。近代合理主義の知性は過度に目に見えないものを切り捨てて霊性を研究対象とすることを避けてきたが，ホリスティック段階に到達したひとは，発達の螺旋全体を踏まえて思考し，多種多様なレベルの相互作用が存在することを認識する。どんな組織のなかにも調和を見いだし，神秘的な力を感知し，フロー状態が遍満していることを見抜くようになる（cf., ibidem）。

　第1段階から第8段階まで，あとの段階ほどまえの段階よりも自我の複雑

度あるいは包括度が質的にあがっていく。インテグラル理論では複雑度あるいは包括度の能力領域を「レベル」とよぶ。こうした段階はそのひとの自我の複雑度や包括度をあらわすものであって，そのひとの社会的な有能さの程度とは必ずしも一致せず，人間として優れていることを意味していない（cf., ibidem）。

　あるレベルに自我の重心があったとしても，わたしたちはつねにそのレベルの複雑度，包括度に基づいて行動するわけではなく，わたしたちの意識や身体の状態は置かれた環境あるいは時系列において一刻一刻変化しており，通常普段よりも高いレベルの複雑度，包括度で行動するときもあれば低いレベルで行動することもある。インテグラル理論ではわたしたちの自我の複雑度，包括度レベルを発達させるだけでなく，瞑想や祈りなどの実践をとおしてさまざまな意識状態である「ステート」を探求することが奨励される（cf., ibidem）。

9-2
組織の進化

　ラルー（Laloux, op. cit.）はウィルバー（Wilber, op. cit.）の発達心理学における人間の複雑度，包括度に関するレベルとステートの考えを組織形態に応用する。ラルー（cf., Laloux, op. cit.）は組織フェーズを無色からティール色に分けてとらえている。ティール組織の形成にいたるまで，組織はこれまでの認識を大きく覆すような変化が起こることでつぎの段階へと進化していき，組織形態は無色からマゼンタ（神秘的），レッド（衝動型），アンバー（順応型），オレンジ（達成型），グリーン（多元型），ティール（進化型）の色になぞらえた進化を遂げていくとされる。

　人間の原生状態である無色組織は血縁中心の 10 数人程度の小集団で，ここでは自己と他者，自己と環境の区別は存在しない。マゼンタ組織では無色組織の小集団から数百人で構成される部族へ拡大して自己と他者の区別がは

じまるが，世界の中心は自分であり，物事の因果関係の理解が不十分で神秘
的である（cf., ibidem）。

　レッド組織は組織生活最初の形態であり，自己と他者の区分が認識されて
単純な因果関係が理解されることで分業が成立する。この組織の規模は数百
人から数万人で，恐怖による支配がおこなわれ組織構成員は特定の力に従属
することで安心を得ることができる衝動型組織である。レッド組織の指針と
なるメタファーは「オオカミの群れ」である（cf., ibidem）。

　アンバー組織では規則，規律，規範による階層構造が生まれる。上意下達
で厳格かつ社会的な階級に基づくヒエラルキーによって情報管理がおこなわ
れる，指示命令系統が明確な組織である。組織構成員には厳格に役割をまっ
とうすることが求められ，レッド組織よりも長期的な目線をもった組織に進
化しており，時間の流れによる因果関係を理解して計画が可能な順応型組織
である。組織構成員は安定的に継続できる組織を目指すが，環境変化に柔軟
に対応できない。アンバー組織の指針となるメタファーは「軍隊」である
（cf., ibidem）。

　オレンジ組織は階層構造によるヒエラルキーが存在しながらも成果をあげ
た構成員は評価を受けて出世できる達成型組織である。ヒエラルキー内の流
動性があり環境に応じた能力をもったひとが力を発揮しやすくイノベーショ
ンが起きやすい組織である。この組織の指針となるメタファーは「機械」で
あり，数値管理によるマネジメントも徹底され，組織構成員は常に生存のた
めの競争を強いられ，機械のように絶えず働き続けることが助長されて人間
らしさの喪失につながる（cf., ibidem）。

　グリーン組織は組織構成員が主体性を発揮しやすく個人の多様性が尊重さ
れやすい多元型組織であり，組織の指針となるメタファーは「家族」であ
る。この組織では人間らしい主体性を発揮したり組織構成員個々の多様性が
尊重されたりするような組織が目指され，家族のような組織である。メン
バーが多様な意見をだしあい，互いを尊重しあえる組織である一方で，合意
形成に時間がかかる（cf., ibidem）。

　ティール組織は「生命体」と比喩される進化型組織である。組織は経営者
や株主だけのものではなく組織に関わるすべてのひとのものととらえて，組

進化型 ティール	生命体・生物　ハイパーコンペティションの時代における生命体型組織 セルフマネジメント　ホールネス　存在目的重視
多元型 グリーン	家族　多様性・平等・文化重視するコミュニティ型組織の時代 ボトムアップの意思決定　ステイクホルダー多数
達成型 オレンジ	機械　科学技術の発展・イノベーション・企業家精神の時代 「命令と統制」から「予測と統制」へ　効率的で複雑な組織　実力主義　多国籍
順応型 アンバー	部族社会から農業・国家・文明・官僚制の時代　時間の流れによる因果関係を理解 計画が可能に　規則・規律・規範による階層構造の誕生　教会・軍隊
衝動型 レッド	組織生活最初の形態　数百人〜数万人規模へ　恐怖による支配 マフィア・ギャング　自他の区分　単純な因果関係の理解
神秘的 マゼンタ	数百人で構成される部族へ拡大　自他区別が始まるが世界の中心は自分 物事の因果関係の理解が不十分で神秘的
無色	血縁中心の小集団・10数人程度・自他区別なし

図表 9-1　ティール組織にいたる発達ステージ

出所：Laloux（2014）訳書, p.63.

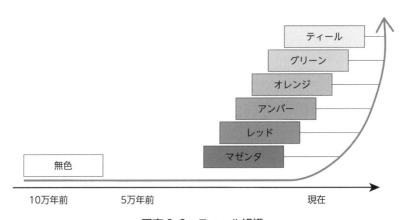

図表 9-2　ティール組織

出所：Laloux（2014）訳書, p.62.

織の目的を実現するために共鳴しながら行動をとる組織である。ティール組織にはマネジメントやリーダーといった役割が存在せず上司や部下といった概念も存在しない。マネジメント層からの指示命令系統はなく，構成員全体が信頼に基づき独自のルールや仕組みを工夫しながら目的実現のために組織

運営をおこなっていく。ともに働く組織構成員の思考や行動がパラダイムシフトを起こすきっかけとなりそれがさらなる組織の進化につながっていく，変化の激しい時代に対応できる生命体型組織である（cf., ibidem）。

9–3
ティール組織実現のための
３つの突破口

　ティール組織に移行する意味は組織内の階層的な上下関係やルール，定期的な会議，売上目標や予算などといった組織構造や慣例を撤廃して，意思決定に関する権限や責任を管理職から個々の組織構成員に譲渡することをとおして組織や組織構成員に革新的変化を起こすことにある。ラルー（ibidem）はティール組織の共通点として「セルフマネジメント（自主経営）」，「ホールネス（組織の全体性の発揮）」，「エボリューショナリーパーパス（進化する目的）」という３点があることを発見した。かれによればこれら３つの共通点は従来の組織からティール組織へと進化させる突破口と表現されている。

　「セルフマネジメント」とは組織構成員がマネジメント層の指示を受けて行動するのではなく，１人ひとりが自分の判断で行動して成果をあげていくことをあらわしている。ティール組織では全組織構成員が意思決定に関わる責任や権限をもっているため，他者からの指示を仰ぐことなく個々のメンバーが目標意識をもって行動している。セルフマネジメントができるためには経営者と同じ視点で業務の遂行方法や内容を評価できる必要がある。従来の組織では部門化されていた人事，経理，営業，企画などのあらゆる業務の執行や判断を個人やチームに任せることになる。これは意図的におこなわれる権限譲渡ではなく，ティール組織では全組織構成員が等しく権限をもっているのが自然な状態とされる。ティール組織では固定化された部門や役割に替わって，組織構成員は組織の活動を円滑にするための道具としてその時々

の状況に応じて流動的に階層やチーム，ルールを生みだして適切に活用していく（cf., ibidem）。

　つぎにティール組織では個人のありのままである全体を尊重して受けいれる「ホールネス（全体性）」が重視される。従来の組織では組織構成員はかれらが本来もっている能力や個性を隠して，期待されている役割を演じることで評価を受けようとする傾向があった。ホールネスとは組織内の心理的安全性を確保してありのままの自分でいられる環境を構築することをとおして，個人の能力や個性を最大限に引きだすという考え方である。すべての組織構成員が個性や長所を全面にだすことで，組織は最大限の集団的知性を生みだすことができるようになる（cf., ibidem）。

　こんにちの変化の激しい経営環境のなかで，組織が組織構成員のもつ能力や可能性を最大限に発揮させて組織としての高いパフォーマンスを実現するためには「エボリューショナリーパーパス（進化する目的）」が重要とされる。従来の組織では組織の存在目的や将来のビジョンはマネジメントによって掲げられ，パラダイムチェンジが生起するまでのあいだ相応の期間固定化されていた。しかしながらハイパーコンペティション環境のなかでは組織の存在目的も日々進化している。ティール組織においてリーダーは指し示すひとではなく耳を傾けるひとと位置づけられ，組織や人材のもつ能力や可能性を最大化するためには，組織には進化していく目的を常に敏感に感じ取って把握し，迅速に組織の活動内容に反映していくことが求められる（cf., ibidem）。

9-4
ティール組織事例

　ティール組織の事例としてオランダにおける地域看護師制度であるビュートゾルフと水道用蛇口メーカーのファビを採りあげる。わたしたちは人生の目標を設定して生きるのではなく，人生を開放し内からの声に耳を傾けるこ

とで職業の器にはまった経験の下に，もっと深い真実の本来なりたい自分が
送るべき人生を見いだすことができる。自らを神秘的な力に対する恐れから
解放して人生の豊かさを信頼する能力をもったとき，意思決定の基準が外的
なものから内的なものへと移行するコペルニクス的転回が生起する（cf., ibi-
dem）。

9-4-1　ビュートゾルフ

　オランダにおける地域看護師制度は，地域密着型在宅ケアサービスを提供
している。19世紀以降オランダではどの地域にも地元の看護師が病人や高
齢者に在宅サービスを提供する仕組みがあり，地域看護師はホームドクター
や病院制度と密接に協力してオランダの医療制度に必要不可欠な存在となっ
ていた。1990年代にオランダのほぼ全額国庫負担の健康保険制度に自営業
である看護師の組織化が組みこまれる。看護師を束ねる組織は拠点の統合に
よって大規模化していき，組織数は1990年から1995年の5年間で295から
86に急減していた。大規模化した組織では仕事は専門化され，新規顧客開
拓担当者が看護師のケアサービスの内容に口をだすようになる（cf., ibi-
dem）。

　組織にはプランナーが採用され，日々のスケジュールを看護師に提供して
患者から患者への移動を最適化し，訪問先玄関にはバーコードのついたス
テッカーが貼られ訪問の前後でスキャニングすることで管理されるように
なっていた。規模の拡大にともなって，地域マネジャーとディレクターが上
司として現場の看護師を管理し，注射10分，入浴15分，ストッキング交換
2分30秒のようにあらゆる種類の措置に標準時間を設定するようになる。
さまざまな医療措置は求められる専門知識に応じて階層化され，経験豊富で
報酬の高い看護師ほど難しい商品を取り扱い，報酬の低い看護師は残りを引
きうけ，医療報酬は商品とよばれるようになっていた。またコールセンター
従業員による患者の電話応対が開始されていた（cf., ibidem）。

　やがて効率を求める達成型パラダイムのもとでのサービスは患者と看護師
を苦しめるプログラムであることがわかってくる。そして看護師は当該シス

テムが患者を人間として認識していないことを思い知らされることになる。多くの看護師にとっても看護は金持ちになるための仕事ではないにもかかわらず，電子登録システムをつねに携帯して患者宅に走りこんで飛びだす以外に何もできず，ケアの仕事に責任感をいだいているひとは存在せず，毎日苦情と同僚同士のいさかいが絶えない状況にストレスを感じていた。そのようなとき社内薬局の商品販売の命令をだされたことが組織への不満の決定打となる（cf., ibidem）。

　2006 年，地域の看護師ヨス・デ・ブロックが非営利の在宅ケア組織ビュートゾルフ（Buurtzorg Nederland）を設立する。その後看護師数は 7 年間で 10 名から 7,000 名へ増加し，2016 年には九州ほどのひろさのオランダ国内で約 890 チーム約 10,000 人の看護師，介護士らが高水準のケアサービスを提供し，地域包括ケアの成功事例として世界的に注目を集めている。ビュートゾルフでは看護師は 10 名から 12 名のチームを編成し，各チームは細かく割りあてられた担当地域の約 50 名の患者を受けもつ。看護師はケアサービスの提供だけではなく，かれら自身がどの患者を何人受けもつか，新しい患者の受けいれ，ケアプランの作成，休暇のスケジューリング，業務管理，オフィスの場所，レイアウトなどすべてを自分たちで決定する。また現地のコミュニティへの溶けこみ方，どの医師や薬局とどのように協力していくのか，ミーティングの開催，業績評価などに関して集団で意思決定をおこなう（cf., ibidem）。

　ビュートゾルフでは患者は人間として扱われ，看護師と患者のあいだで信頼関係が構築される。ひとりの患者を 1 名か 2 名が担当して，ときに患者と向きあいコーヒーを飲みながら病状や嗜好などについて会話を交わす。ある誇り高い老婦人が友人たちを家に招待しなくなってしまったのは，病弱に見える自分の姿を気にしてのことではないのかとわかったら，美容師を患者宅によぶ手配をしてもよいし，娘に電話して新しい洋服を買うように勧めてもよい。ビュートゾルフでは患者がどうしたいのかを真剣に考える。こうした取り組みによって看護師たちは自分の使命を果たすという職業本来の意味を取り戻し，患者の幸福は自己利益に勝ることを実感するようになる（cf., ibidem）。

　2009年のアーンスト・アンド・ヤング（Ernst & Young Global Limited）
の調査によって，ビュートゾルフの驚異的な成果が明らかになる。同社の調
査結果として，ビュートゾルフの患者ひとりあたり必要とした介護の時間は
ほかの介護組織よりも40％少ないこと，ビュートゾルフの患者はほかと比
較して介護を受ける時間が半分でありながら，病気から立ち直って自立して
いること，緊急病院への入院はほかの組織の3分の2であり，かつその平均
入院期間も短いことなどが提示された。アーンスト・アンド・ヤングの試算
では，オランダ国内の在宅介護施設すべてがビュートゾルフと同じ成果をあ
げれば，オランダでは毎年20億ユーロが節約できるとされ，これをアメリ
カの人口にあてはめて考えると，およそ490億ドル相当の節約になる。

　看護師の心に戻ってきた使命感，患者が病気のあいだ，あるいは人生の最
後の数年にビュートゾルフの看護師から受けた精神的，人間関係上の支えに
数値をつけて表現することは客観性に乏しく意味がないが，ビュートゾルフ
の高いパフォーマンスにはこうした目に見えない重要な要因が関係している
（cf., ibidem）。

9-4-2　ファビ

　信頼しあえる同僚と小さなチームを組んで，自分たちが必要と感じる経営
資源と権限をすべてもつことになると驚くべきことが起こる事例として，
ファビを採りあげる。ファビ（FAVI SA）は1950年代後半に水道用蛇口製
造メーカーとして設立され，現在売上の大半が自動車用ギアボックスフォー
ク（変速用部品）で，ほかに電気モーター部品，水量計，医療用機器を製造
する企業である。同業他社は人件費節約のために中国に生産拠点を移転し，
同社は欧州に唯一生産拠点が残ったメーカーで，ギアボックスフォークで世
界シェア50％を有して品質のよさに定評があり，過去25年間に納期に遅れ
た注文はなかった。中国産製品との競争にさらされ，需要は景気変動の影響
を大きくうけるにもかかわらず，毎年高い利益率を維持し，従業員給与は業
界平均をはるかに上回っている。ティール組織では利益や成果は組織が存在
目的を果たすように動いた結果としてついてくるものである（cf., ibidem）。

1983 年，創業家が軍の落下傘部隊出身の凄腕の金属加工職人ジャン・フランソワ・ゾブリストを CEO に指名する。当時ファビは従業員数 80 名のピラミッド型組織形態だった。現在 500 名を超える従業員がミニファクトリーとよばれる 15 名から 35 名で構成されるチームに編成され，ほとんどのチームはフォルクスワーゲンチーム，アウディチーム，ボルボチーム，水量計チームなどの特定の顧客カテゴリー向け業務に特化している。そのほかに少数の鋳造，鋳型修理，保守などの川上製造チーム，技術者，品質管理，研究所，事務管理，営業支援などの支援チームがあり，人事部，企画部，スケジュール管理部，技術部，製造用 IT 部，購買部などのスタッフ部門のほとんどは廃止，営業部門も解体され，それらは各チームへ引き継がれてそれらの機能はすべて各チーム内でまかなわれる（cf., ibidem）。

従来は顧客からの注文は営業部→企画部→スケジュール管理部門→作業員の順に流れ，作業員は会社が利益をあげているのか，自分がなぜその仕事をおこなっているのかなど何もわからなかった。作業員が注文履歴に関して何も知らなかったのと同じように，営業担当者も工場でおこなわれていることに関して何も知りえなかった。

現在は毎週おこなわれる短時間のミーティングでたとえばフォルクスワーゲンの営業担当者は発注内容を 12 名の同僚に伝える。ミーティングのスケジュールもチームで決定され，発注量が多いと全員で喜びを分かちあい少ないとがっかりする。製造計画が決定され納期に関して合意が得られ，営業担当者は顧客との合意事項が同僚や製造プロセスに与える影響を理解する。価格引き下げ圧力が生じた場合には解決策を見いだすためにチーム全員で話しあう（cf., ibidem）。

営業目標は与えられずモチベーションは担当顧客の要望に十分に応えることにおかれる。顧客からの注文はつねに金額ではなく必要な人員から議論される。定期的に各チームからの代表者ひとりが数分間集まり，チーム間の人員調整と知識の交換がおこなわれる。設備投資予算決定プロセスでは年に 1 度翌年度の投資予算が決定されるが，ファビには予算を勝ちとろうと闘うミドルマネジメントは存在しない（cf., ibidem）。

ゾブリストはキャンディーを子供たちに分け与える父親のような役割を果

たし，各チームはそもそも実態よりも高い予算額を提示することはない。複数のチームにまたがるビジネスチャンスの場合，社員たちは一時的に立候補によるプロジェクトチームを組成する。さまざまな気づきや成功事例のチーム間での共有を支援するため各チームの作業員がほかのチームを見学することが奨励されるが強制はしない（cf., ibidem）。

　ファビはいまでこそティール組織であるがかつては従来型の階層組織であり，複雑な管理統制システムのもと分刻みの生産管理をおこなっていた。1983年にジャン・フランソワ・ゾブリストがCEOに就任すると組織の大改革に踏み切り，タイムカードや生産ノルマなど一切の管理統制システムを撤廃した。必要以上に管理されず自然なリズムで伸び伸びと働けるようになったことで従業員の意識に変化が生じる。タイムカードがあった頃には終業時間になると作業中であっても工場の機械から離れるものが多かったにもかかわらず，改革後には時間にとらわれず責任をもって仕事を仕上げることを優先する従業員が増えたという（cf., ibidem）。

　ファビでおこなわれているのは各チームの自主経営である。あらゆる権限と責任はチーム内にあり，ルールや手続きもチーム内のさまざまな業務を担当するメンバーが自主的に話しあって決める。すべてのメンバーが現場にいるためつねに情報が共有されており，階層組織のように報告や伝達に時間と手間をとられることがない。問題が発生したらその都度必要なメンバーで話しあいがおこなわれてたいていは短時間で解決する。ファビでは組織構成員全員が組織の存在目的を理解しており互いに信頼しあっている（cf., ibidem）。

　ティール組織は生命体のようなものである。人体を構成する各器官は自然の法則にしたがってほかの器官と連携しながら自主的に働く。同様にティール組織は組織構成員全員が自立した個人としてチームが目的を達成するべく主体的に働く。ティール組織におけるチームメンバーの判断基準は組織の存在目的に合致するかどうかであり，極めて明確である。正しい判断がおこなわれるためには組織構成員全員に組織の存在目的が共有され，十分理解されている必要があり，メンバー同士に確固たる信頼関係が構築されていることが重要である（cf., ibidem）。

10

経営戦略論の
萌芽的研究

　およそ120年の経営学の歴史において，現代にいたるその後半のメインテーマとなるのは経営戦略である。経営戦略の概念はアルフレッド・チャンドラー（Chandler, 1962），イゴール・アンゾフ（Ansoff, 1965）らによって経営学にもたらされる。チャンドラー（Chandler, op. cit.）によれば戦略とは一企業体の長期目的を決定し，これらの諸目的を遂行するために必要な行為の道筋を採択して諸資源を割りあてることとされる。またチャンドラーは戦略的決定と戦術的決定を明確に区分して本社がおこなう決定を戦略的決定，事業部門の管理者以下がおこなう決定を戦術的決定とした。

　アンゾフ（Ansoff, 1965）によれば企業は明確に定義された事業分野や成長の方向性を必要としており，目的だけではこの必要を満たせないことから，企業が秩序をもって収益をあげることができるように成長しようとすれば目的を補完する決定ルールが必要であるとして，そのような意思決定ルールあるいはガイドラインを戦略，あるいは企業の事業についてのコンセプトとした。

　1918年，チャンドラーはアメリカデラウェア州の裕福な家庭に生まれた。母はデュポンの一族である（cf., Gabor, 2000）。チャンドラー（Chandler, op. cit.）は化学事業のデュポン（DuPont de Nemours, Inc.），自動車事業の

ゼネラルモーターズ（General Motors Company：GM），石油事業のスタンダード・オイル（Standard Oil Company），小売事業のシアーズ・ローバック（Sears, Roebuck and Company）の詳細な戦略，組織研究をとおして企業の戦略と組織には段階的な発展の順序があることを発見した。これらの企業はその活動領域の拡大にともなってそれまでの中央集権的組織形態では市場の変化に対応した効率的な組織管理が困難になり，1920年代に事業部制を採用することをとおしてこうした状況に対応してきた。GMは1908年にウィリアム・デュラントによって設立された持株会社で傘下にビュイックをもち，その後キャデラック，ポンティアックなどを買収する。GMはこうして買収を繰り返して巨大化した組織に事業部制組織性を導入した。

　チャンドラー（ibidem）はこうした歴史的事実から組織構造は戦略にしたがって変化し，もっとも複雑な組織形態はいくつかの基本的な経営戦略の組みあわせから生じるとして，「組織は戦略にしたがう。」という有名な命題を提唱した。すなわち企業の組織構造は企業が市場の環境変化に対応するために採用する経営戦略の内容によって決定されるという考え方である。そして多角化，国際化を効果的，効率的に成功させるには事業部制という組織が必要であり事業部制を機能させるために必要な本社機能を導きだした。

　経営者が管理とよばれる通常の管理職能とともに長期的な視点から組織運営にあたる必要性を見いだしたチャンドラー（ibidem）は，経営戦略とは企業組織がその目標を達成するためにその置かれているコンテクストのなかで経営資源を的確に配分し，それをもっとも効率的に活用できる組織形態を構築していく意思決定のプロセスであると考えた。かれによればマネジャーの果たすべき意思決定には企業の存続と成長のための新たな経営資源の開発を決定する戦略的決定と，配分された経営資源をその目標達成に向けて効率的に活用するための戦術的決定の2つがあるとした。

10-1
アンゾフ

　1918年，ウラジオストックに生まれたイゴール・アンゾフはスティーブンス工科大学で剛体力学を研究し，数学と物理学で修士号を修得し，ブラウン大学において応用数学で学位修得したのち，ロッキード・エレクトロニクス（Lockheed Electronics Company, 現 Lockheed Martin Corporation）を経て1963年，カーネギーメロン大学経営大学院，そして1969年，ヴァンダービルト大学経営大学院創立ディーンに就任する。アンゾフ（Ansoff, 1965）は企業が将来的に直面する事業環境の多様な変化を「乱気流（turbulence）」とよび，乱気流がもたらす経営課題に対する体系的な戦略計画の重要性を唱えた。かれは経営戦略論の扉をひらきおよそ120年におよぶ経営学の歴史の後半の幕をあけたことで，戦略経営の父と称されている（cf., Mintzberg, 1994）。

　企業戦略論の時代的背景には，戦時国家資金で開発された技術が平時経済体制に移行した1940年代後半から1950年代にかけて，多くの分野で技術革新を生起させたことがあげられる。こうした技術革新が大きな市場変動を引き起こし，企業に機会と脅威をもたらすことになる。1940年代に弾道計算を目的として研究され1946年に完成したコンピュータは，1950年代に商業用製品がつくられ1960年代から企業での活用がはじまる。戦時中に実用化されたレーダー技術はエレクトロニクス技術の土台となり，ソニーのトランジスタラジオは真空管ラジオを駆逐する。

　アンゾフ（cf., Ansoff, op. cit.）によれば情報のとぼしい「部分的無知」の状況下で1回限り実行される「戦略」と，管理の経済が働く繰り返し実行される「方針」は異なるとされる。「戦略的」とは「当該企業の環境に関わる」ないしは「環境適応的」を意味する。かれはこうした観点から業務運営に関わる戦略的決定，組織に関する管理的決定，外部問題を考慮した業務的決定

という意思決定分類をおこなった。

　部分的無知とは環境変化が激しく企業が決定すべき選択肢の評価基準も与えられていない高度に不確実な状況であり，規範的な数学的決定論における不確実性よりもさらに不確実性の程度が高い状況をあらわしている。アンゾフは部分的無知の状況下において企業が取り組むべき問題を確定させ，その問題解決の方向性を探求することが経営戦略論の固有の課題と考えた。

　アンゾフ（ibidem）は，企業組織における意思決定を戦略的意思決定，管理的意思決定，業務的意思決定の３つに分類した。戦略的意思決定はその企業がおこなう事業，生産する製品，ターゲットとする市場に関する意思決定であり，管理的意思決定とは組織のパフォーマンスが最大になる経営資源の配分に関する意思決定であり，業務的意思決定とは業務プロセスの最適化

製　　品		
	既　存	新　規
市場　既存	市場浸透	製品開発
市場　新規	市場開拓	多角化

図表 10-1　成長ベクトルの組みあわせ

出所：筆者作成

製　　品		
	既　存	新　規
市場　既存	ミシュラン「ミシュランガイド」	富士フイルム「写ルンです」
市場　新規	花王「メンズビオレ」日本水産等「シルバーマーケット向け冷凍食品」	花王「フロッピーディスク」「ヘルシア」

図表 10-2　成長ベクトルの組みあわせ事例

出所：筆者作成

に関する意思決定である。そしてかれは戦略的意思決定の究極の目的を企業の目標達成のために最良の製品と市場のコンビネーションを選択することであるとした。かれは製品と市場のマトリックスから市場浸透，市場開拓，製品開発，多角化という企業経営の4つの基本枠組みを提示している。

市場浸透は既存市場の既存顧客に自社製品を現状以上に使用してもらう戦略であり，フランスのタイヤメーカーであるミシュラン（Compagnie Générale des Établissements Michelin SCA）は，「ミシュランガイド」を出版することをとおしてユーザーの自動車の利用頻度を高め，タイヤの買い換え需要を促進している。同書はパリ万博がおこなわれた1900年に自動車運転者向けのガイドブックとしてフランスで発行されたのがはじまりで，郵便局や電話の位置まで示した市街地図のほか都市別のガソリンスタンドやホテルの一覧，さらには自動車の整備方法などが示されていた。

市場開拓は既存製品のマーケットを新しく開拓する戦略で，花王は女性をターゲットとした従来の「ビオレ」ブランドのマーケットを男性市場にも拡大して，「メンズビオレ」を展開している。日本水産，マルハニチロ，ニチレイ，味の素といった冷凍食品メーカーは，従来のお弁当をもっていく子供がいる家庭をメインターゲットとしてお弁当のおかずとして求められる製品を提供してきたが，わが国の人口動態の変化に対応してシルバーマーケットに対して，相対的に高い価格で素材と味にこだわった製品の開発に力をいれている。それまでのターゲットである中高生が好きな代表的なお弁当のおかずはハンバーグやコロッケであり，ボリュームのニーズが高い。それに対してシルバーマーケットのニーズは，美味しいものを少しずつ食べることである。

製品開発は既存顧客に新しい製品を展開する戦略であり，かつて富士フイルムは使い捨てカメラ「写ルンです」を開発した。このフイルムにレンズをつけるという発想から生まれた製品は，スマートフォンが普及していなかった時代に観光地などを中心に販売された。ターゲットは写真撮影をする同社の既存顧客であり，かれらに新しい価値を提供することで成功した。

多角化は新しいマーケットで新製品を展開する戦略である。花王は旧社名である花王石鹸があらわすとおり石鹸の製造で成長してきた企業であり，わ

が国を代表する日用品メーカーである。同社がかつて製造し世界シェア第3
位だったフロッピーディスク，現在「ヘルシア」ブランドの清涼飲料水など
の多角化をおこなってきた。

　バーナード（cf., Barnard, op. cit.）にはじまる意思決定概念は組織概念と
セットであり，サイモン（Simon, op. cit.; March=Simon, op. cit.）も同様で
あったが，アンゾフは戦略プロセスから組織（構造）を捨象して意思決定概
念を考えていた。ヘンリー・ミンツバーグ（Mintzberg, op. cit.）は創発戦
略を提唱して，環境の変化が激しいなかでは計画された戦略で対応すること
は難しく，実行現場で修正，創造される実現戦略が必要であるとして，戦略
計画論から実行局面（組織能力）を組みこんだ戦略経営論を主張するように
なる。

　チャンドラーやアンゾフの経営戦略の考え方は企業の活動領域である事業
ドメインの拡大を目的とした事業の成長と多角化の視点に立っており，現実
に1980年代まで企業ではかれらの提示した基本枠組みをベースとして組織
の多角化，国際化がおこなわれ，その後の経済と社会の発展は企業組織の高
度な専門化，分業体系をもたらす結果となった。

10-2
SWOT 分析

　SWOT分析は経営資源の強み（strength）と弱み（weakness）からなる
内部環境分析と，マーケットの機会（opportunity）と脅威（threat）から
なる外部環境分析のマトリクスから，自社のリソースと自社をとりまく外部
要因を照らしあわせて分析することをとおして，企業や事業の現状把握や市
場機会の探索をおこなうフレームワークである。企業の経営者層は自社の経
営資源を考慮したうえで組織が利益をあげられるようなマーケット機会を探
る。

　内部環境分析の指標としてはコアコンピタンス，ブランド，ビジネスモデ

ル，財務体質，収益力，営業力などがあり，企業が有しているこれらのリソースの状況によって経営資源の強み，弱みが判断される。他社に容易に模倣されない独自の知識をもつ企業は，それを活用して優位性のある製品を提供できる可能性が高く，マーケットで認知されたブランドは自社にロイヤルティをもつ顧客を生みだす貴重な経営資源である。優位性を有したビジネスモデルは競合企業との市場競争においてアドバンテージを与えてくれ，財務体質，収益力，営業力はそれが充実していれば強みとなり，そうでなければ弱みとなる。

外部環境には経済的，政治的，社会的，技術的要因などのマクロ環境要因と，自社と顧客や取引業者，競合企業などのステイクホルダーとの関係であるミクロ環境要因が考えられる。たとえば日本市場の所得階層や人口動態の特徴は経済的要因であり，薬事法や酒税法，道路運送法，人材派遣法，食糧法などの法改正は政治的要因である。またライフスタイルの変化は社会的要因であり，情報通信技術や輸送手段の発展，普及は技術的要因にふくまれ，すべての要因は相互に密接な関係を有している。外部環境分析におけるマーケットの機会には規制緩和，マーケットシェア，競争環境，M&A（mergers and acquisitions），参入障壁などがあり，マーケットの脅威には規制，技術革新，発展途上国の台頭，参入障壁の低下などをあげることができる。規制緩和はそれまで進出できなかったビジネス領域への進出を可能にする。

1999年に薬局，薬店でなくても販売できる医薬部外品の範囲がひろげられコンタクトレンズ用消毒剤やビタミン，カルシウム補給剤，ドリンク剤とよばれる滋養強壮，虚弱体質の改善，栄養補給剤などがこのとき医薬部外品に指定されたのにともなって，コンビニエンスストアでもこれらの商品が取り扱われるようになり，なかでもドリンク剤はコンビニエンスストアの売れ筋商品となっている。

法令による規制はマーケットにおける機会と脅威の両方を生じさせる性質をもっている。すなわち規制はそれによって保護される企業にとっては機会であり，それ以外の企業にとっては脅威となる。同様に規制緩和はそれまでそれによって保護されていた企業にとっては脅威だが，それ以外の企業にとっては機会となるのである。現在1000億円市場といわれるコンビニエン

ススストアのドリンク剤は，ドラッグストアの収益をそれだけ減少させていることを意味している。

わが国ではながく信書の送達は国の独占とされてきた。2003年，郵政事業が民営化された際に日本郵便（旧郵政公社）だけではなく，民間業者でも信書送達事業をあつかえるように法律改正がおこなわれたが，「一般信書便事業」は日本全国に信書便差出箱を設置することが必須条件であり，参入ハードルが相当高いことから現在のところ日本郵便以外の参入はない。

企業にとってもっとも理想的なビジネス領域は外部環境に機会があり内部環境に強みがあるエリアである。企業にとってはこの領域にビジネスチャンスがあり，自社の強みを活かした事業展開をおこなうことによって市場機会をものにする可能性が高い。外部環境に機会がある領域では自社の強みを十分に活かすことのできる経営資源が整っていない場合でも，新たにそれを獲得，蓄積していくなどの企業努力をとおして市場機会をつかまえるチャンスがひろがっている。

外部の経営環境が悪くてもその事業領域で自社の強みを発揮することができれば，その危機を乗り切って脅威を克服することができる。企業にとってもっとも問題があるのは外部経営環境が悪くてそのエリアにおける内部経営資源の優位性がないケースである。こうした場合，企業は事業の見直しをおこない，場合によってはその事業からの撤退を考える必要がある。

		外部環境	
		機会（opportunity）	脅威（threat）
内部環境	強み (strength)	ビジネスチャンス 自社の強みを活かして 市場機会をものにする	脅威を克服する 自社の強みを活かして 外部環境の危機を乗り切る
	弱み (weakness)	企業努力でチャンスをつかむ 経営資源を獲得・ 蓄積して市場機会をつかむ	ビジネスの見直し 事業の見直し・戦略的撤退

図表10-3　SWOT分析

出所：筆者作成

SWOT 分析のほかにも市場機会を分析する同様の手法として，PEST 分析がある。この手法は政治的要因（politics），経済的要因（economics），社会的要因（social），技術的要因（technology）から市場機会の分析をおこなうものである。

10-3
プロダクトポートフォリオマネジメント

　企業が製品と市場の最適な組みあわせを選択する手段として，ボストン・コンサルティング・グループ（Boston Consulting Group：BCG）が考案した市場成長率－市場シェアマトリックスと GE のビジネススクリーンがある。GE のモデルは BCG のモデルをベースとして，マーケットの魅力度とそこにおける自社の競争ポジションをより精緻化された独自の指標で分析するように改良されたものである。

　BCG のモデルは事業の潜在収益力を市場成長率と相対的市場シェアを指標とした事業ポートフォリオから推定し，戦略的事業単位（Strategic Business Unit：SBU）への資金配分を決定する手法である。企業はこの手法を駆使して戦略的に製品と市場の最適な組みあわせを決定してきた。BCG が開発したこの分析手法は「プロダクトポートフォリオマネジメント（Product Portfolio Management：PPM）」とよばれる（cf., Day, 1977）。縦軸はマーケットの市場成長率で原点から離れるほど当該市場の成長率は高まる。横軸はマーケットにおける自社製品のシェアで原点に近づくほどマーケットにおけるシェアが高まることを表している。BCG の成長率－市場シェアマトリックスで示される問題児（question marks），花形（stars），金のなる木（cash cows），負け犬（dogs）の 4 つの象限は，それぞれ異なった事業環境を示している。

　問題児は高成長市場にもかかわらず自社事業の相対的市場シェアが低い SBU であり，市場のリーダー企業に対抗して事業を展開していくためには

多くの資金需要を必要とする一方でそこには大きな事業機会がひろがっており，将来の主力事業になる可能性を秘めている。したがってマネジメントはこの象限に属する SBU の育成か撤退かを慎重に見極めなくてはならない。花形は高成長市場におけるリーダーであり問題児に投下した資源配分が成功して成長したセルである。しかしながら高成長市場には絶えず競合企業が参入してくるため，かれらとの市場のパイをめぐる競争のために多くの資金配分をおこなわなければならない。

　金のなる木は花形象限における市場競争に決着がついてマーケットが成熟期を迎え，かつ自社が相対的に大きな市場シェアを有する SBU である。このセルに属する SBU は新たに多くの資金配分を要することなく規模の経済性を発揮して高い収益を得ることができる。企業は金のなる木の SBU を保持することに努め，そこから収穫された大量のキャッシュフローをマネジメントによって選択された問題児の SBU に注ぎこむことによって将来の金のなる木を育成する。負け犬は低成長市場でありかつ自社の相対的市場シェアの低い SBU である。通常このセルに属する SBU からはキャッシュフローの流出が起こるため，マネジメントはこの市場からの撤退を考慮しなければならない。

　GE が開発した分析手法はビジネススクリーンとよばれ，このモデルでは各 SBU は市場魅力度と自社のビジネスの強さ（business strength）の 2 つの次元で評価される（cf., Hofer=Schendel, 1978, Day, 1985）。市場魅力度は市場規模，市場成長性，利益，競争状況，集中度，周期性，季節性，規模の経済性から測定され，ビジネスの強さは相対的マーケットシェア，価格競争状況，製品品質，顧客，市場に関する知識，販売効率，立地条件から測定される。市場魅力度とビジネスの強さを評価するための各ファクターは 5 点尺度で評価され，それぞれの評価に各ファクターに付与されたウエイトが乗じられる。こうして算出された各ファクターの評点を市場魅力度とビジネスの強さの各次元ごとに合算された数値が SBU ごとの評価となる。そしてマトリックス上に自社が展開している事業の市場規模と SBU のマーケットシェアがプロットされる。

　このようにビジネススクリーンでは PPM で用いられる市場成長率，マー

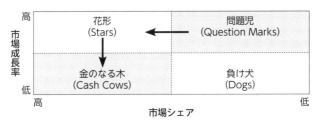

図表 10-4　市場成長率 - 市場シェアマトリックス

出所：筆者作成

ケットシェアのほかに製品，市場，環境に関わる多様な要因に基づいて自社
が抱える各 SBU の実力が判断されるため，PPM より踏みこんだ評価が可能
となる。こうしたポートフォリオモデルはマネジメントにとって自社の
SBU の成長性や経済性を判断するための有力な支援ツールとなるが，平均
化によって評点とウエイトの異なる SBU が同一のセルにプロットされた
り，各 SBU 間の相乗効果が勘案されないなどの課題がある。

10-4
エクスペリエンスカーブ

　製品の累積生産量の増加にともなって製品数量ごとの間接費をふくめた総
コストが予測可能な一定の割合で低下していくことが経験的に知られてお
り，この関係をあらわした曲線を「エクスペリエンスカーブ（経験曲線）」
という。

　アベグレン＝ボストン・コンサルティング・グループ（1977）によれば，
エクスペリンスカーブとはある製品の累積生産量が増加していくにともなっ
て単位あたりのコストが一定の割合で低下していく経験則である。このよう
な傾向は 1920 年代の米国航空機業界において学習曲線効果として発見され
たのち，1960 年代にはいって BCG の創業者の一人であるブルース・ヘン
ダーソンがこれを総コストにまで拡張して経験曲線効果とよび，PPM にお

ける市場占有率と関連づけて事業戦略の優位性を説明するツールとして提唱したものである。

エクスペリンスカーブは理論モデルではなく，多様な産業の観測と実データから導きだされた傾向でありそのメカニズムは明確ではない。ヘンダーソンはエクスペリンスカーブの要因として学習，専門化，規模，投資などをあげて経験曲線効果はそれらが結合したものとしながらも，経験曲線効果を生む基礎的なメカニズムはまだ十分に説明されていないとも述べている。かれは当初これを学習曲線効果で説明しようとしたが，それでは説明困難な事象があったことから同じ製品を生産する経験の蓄積が総コストの差を生むと解釈した（cf., ibidem）。

アベグレン＝ボストン・コンサルティング・グループ（1977）によれば，業界や製品によって異なるものの一般に累積生産量が2倍になるごとに1単位あたりのコストが10％から30％ずつ減少するといわれ，こうした傾向は製造業だけでなくさまざまな業界に見られ，とくに人的作業が多くふくまれる業務では効果が大きい傾向があるとされる。このコンセプトにしたがうと競合企業に対して累積生産量を2倍にすれば，コスト競争力を維持できることになる。

コスト競争力は競争要因として極めて重要でありかつ経験曲線効果は自然発生的なものではなく企業の努力が必要であることから，BCGは企業は経験曲線効果に投資するべきであると結論づけている。企業は他社に先駆けて積極的に投資をおこなって生産量を増加させることで，コスト優位性を築いて市場シェアを増加させることができる。とくに量産効果がある製品では他社を引き離すためにも早期に市場シェアを確保することが要求される（cf., ibidem）。

このようにBCGは経験曲線のコンセプトによってコスト競争力と市場シェアの関係性を示したが，のちにこれが発展して市場シェアを資金供給能力の代理指標として使用するPPMが生みだされることになる。

エクスペリエンスカーブと同様の考えに「規模の経済」があるが，これは生産量の増加にともなって単位あたりの生産コストが減少することである。規模の経済は製品1単位あたりの固定費が減少することから説明されるが，

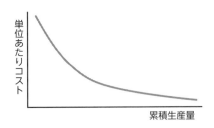

図表 10-5 経験曲線（エクスペリエンスカーブ）効果

出所：筆者作成

経験曲線効果は経験と効率とのあいだの関係を示す経験則であり，個人や組織が特定の課題について経験を蓄積するにつれてより効率的にその課題をこなせるようになることに起因するものである（cf., ibidem）。

　またエクスペリエンスカーブは学習曲線よりひろい概念である。学習曲線はエクスペリエンスカーブのまえに誕生した考え方で，タスクを反復してこなしていくごとにそれにかかる時間は短くなっていくということをあらわした概念である。これに対してエクスペリエンスカーブがあらわしているのは学習曲線よりも広範な効果で，時間短縮にとどまらず金銭的なコストパフォーマンスの向上などもふくまれている。

11

経営戦略論

11-1
ポーター理論の源流

　19世紀にはいって技術進化と市場成長，大量生産と大量販売がおこなわれるなかで，一部の企業が市場原理に影響力を行使できる規模にまで拡大した結果，市場メカニズムに影響される多数の市場参加者の行動が産業の競争状況を決定づけるという従来の考え方が必ずしもあてはまらない状況が生起するようになる。すなわち少数の企業が市場に対して支配力を行使してその動態を決定づける状況が生まれてきたのである。

　マイケル・ポーター（Porter, 1980）のファイブフォース分析とは企業間競争，売り手の交渉力，買い手の交渉力，新規参入の脅威，代替品の脅威という自らを取りまく5つの力を理解することをとおして自社が属する産業や戦略グループの構造的な収益性を分析できるとする考え方である。そしてポーターはその産業構造のなかで最適な「ポジショニング」を取ることで競

争優位を確立できると考えた。その基本的なポジショニングは競合企業に対して価格面で優位に立とうとする「コストリーダーシップ戦略」，競合企業に対して商品特性で優位に立とうとする「差別化戦略」，それらコストリーダーシップ戦略や差別化戦略を顧客の範囲を絞って提供する「集中戦略」である。

　ジョーン・ロビンソン（Robinson, 1933）はこのような現実の市場の構造に着目して不完全競争の理論を考察した。ロビンソンは需要曲線の性質すなわち生産量をとおして企業がどの程度価格を支配できるかは，その財を生産する企業の数と財の代替品の有無に左右されると説明する。すなわち競合企業の数と代替品の脅威が需要曲線の性質となってあらわれる市場特性を定め，それが企業の最適な行動を決定づけるとされる。こうした考えはポーター（cf., Porter, op. cit.）のファイブフォース分析の要因である競争環境と代替品の脅威の源流と見ることができる。

　それまでの企業は与えられた環境に応じて受動的にその行動を最適化させるという暗黙の前提を置いていた。それに対してエドワード・チェンバレン（Chamberlin, 1933）は企業が経営環境のなかでその分析をとおして自社の行動を決定するのみならず，経営環境の特性に影響をもたらすために主体的に戦略的な行動を取ると主張した。

　チェンバレン（ibidem）は，市場構造の特殊性と消費者の不完全性ゆえに企業はプロモーションなどの施策をとおして競合企業と差別化する手段を選択するようになるという。かれはそうした差別化によって個別企業が市場の需要曲線の位置や形状に影響を与えられると説明する。需要曲線は市場参加者全体の行動の総和であるが，自社のみが競合企業より安い価格を提供することは可能であり，そうすれば一時的にせよ自社の販売量だけを増大することができる。さらに財の低価格化をとおして一部の企業の市場退出が生じるのであれば結果的に自社のシェアを増大させることも可能となる。これは個別企業による差別化と低価格化という戦略的行動を意味しており，ここにもポーター（cf., Porter, op. cit.）の競争戦略の源流を見ることができる。

　産業構造は企業の利益率に影響を与えるというのが産業組織論の基本的な理解である。ロビンソンとチェンバレンに代表される不完全競争の議論は産

業構造とそれにともなって変化する企業行動の分析へと進化していくことになる。完全競争市場では自由競争によって多数の競合企業が存在することから，企業間の競争の結果として社会的厚生が最大になる可能性はあるが企業の業績は向上しない。企業が利潤を最大化できるのは競争が存在しない独占市場であり，企業にとってはできる限り競争のない産業構造が好ましいと考えられていた。

　その後所与の要件として考えられていた市場や産業の特性は企業行動が影響を与えうるもの，企業が選択しうるものとして解釈されるようになる。こうした理論的な発達は経済学の世界にとどまっていたが，産業組織論で蓄積された知見が1970年代の終わりごろから経営戦略の領域に導入される。そのパイオニアがハーバード大学で産業組織論を研究していたマイケル・ポーターであった。

　マイケル・ポーターは産業構造や業界の状況が企業の戦略行動や成果を規定するという産業組織論の知見を企業戦略の立案に応用した。産業には収益性の高い業界と低い業界があり，市場の成長性と収益性は異なることから，自社にとっても望ましい業界構造をもつ事業領域を理解して自社にとって望ましい業界構造を能動的に手にいれることを考えた。かれはこうした外部環境から経営戦略を検討する考え方を体系化し，手法として確立したのである。

11-2
SCP 理論

　産業の収益構造を体系化したものがSCP（structure-conduct-performance）モデルでありこれがポーター理論の源流となる。このモデルは不完全競争の議論の発展を受けて，それを企業行動とその収益に直接的に結びつけて議論する潮流から生まれ，その起源はエドワード・メイソン（Mason, 1939）であり，ジョー・ベイン（Bain, 1956）によってその体系化がおこな

われる。そして，このモデルを経営戦略に取りいれたのがポーター（Porter, 1981）である。

11-2-1 完全競争企業と独占企業

経済学の前提では企業や消費者は合理的な意思決定をおこなうとされる。経済学における完全競争の前提は，市場に無数の小規模の企業が存在してそれらは市場価格をコントロールできない，市場への参入障壁（コスト）および撤退障壁がない，企業の提供する製品・サービスは同質である，経営資源の移動コストがない，企業や消費者はほかの企業の製品・サービスの完全情報をもつというものである。

完全競争市場においては企業の超過利潤はゼロとなる。超過利潤が存在する産業には新規参入があり，製品やサービスに差がないことから価格競争になり，超過利潤がでない水準まで新規参入が継続すると考えられる。一方完全独占企業は生産量と価格をコントロール可能であり，独占企業が合理的であれば自社の超過利潤を最大化することから，合理的な企業は収入と費用の差（利潤）が最大になるところで生産する。

生産物を1単位余分に供給したときに得られる収入の増加分を限界収入という。完全競争の場合には1つの企業の供給の増加は市場価格に影響を与えないことから，限界収入は市場価格となり供給量の変化にかかわらず一定である。独占企業の場合にはその供給量の変化は市場価格に影響を与えて収入は変化する。

企業は限界収入が費用の増加分である限界費用と等しくなる数量で供給をおこなうことによって利潤の最大化を図ることができる。限界収入が限界費用を上まわっている状態にあれば，それより供給を拡大することによって企業の利潤は増大し，逆の場合には減少する。

グレゴリー・マンキュー（Mankiw, 2017, 訳書 2019）によれば，競争市場は完全競争市場とよばれることもあり，市場に多数の売り手と多数の買い手が存在し，買い手に対してさまざまな売り手によってほぼ同じ財が供給される。この2つの条件から市場における単一の売り手や買い手の行動が市場

価格に及ぼす影響を無視することができる。すなわち売り手と買い手はそれぞれ市場価格を与えられたものとみなす。つぎに完全競争を特徴づけるものとして，企業は自由に市場への参入と市場からの退出ができるという条件が提示される。自由参入，自由退出の仮定は企業が価格受容者になるための必要条件ではないことから競争企業分析においてはこの仮定はほとんど必要とされないが，長期の均衡を実現するときにはしばしば強力に作用するとされる。

　完全競争環境下では企業の超過利潤はゼロになる。利潤は総収入から総費用を差し引いたものであり総費用は企業にとってのすべての機会費用をふくんでいる。すなわち利潤がゼロの均衡における企業の収入は，企業の所有者が事業を継続していくために投資するにあたっての機会費用を補償していなければならない。あるひとが農場を開くにあたって100万ドルを投資すると想定する。かりに農場に投資せず100万ドルを銀行に預けた場合，年間5万ドルの利子収入が得られ，農場経営によって年収3万ドルの仕事を諦めなければならないとすると，このひとの農場を経営する機会費用は合計8万ドルとなる。このひとの利潤がゼロであっても農場からの収入はこれらの機会費用を埋めあわせていると考えるのである（ibidem, pp.430-431）。

　マンキューによれば，あるものの費用はそれを得るために放棄したものの価値であるとされる（ibidem, pp.382-385）。経済学者と会計士では費用の測り方が異なることから，利潤の測り方も異なる。経済学者は企業の経済学上の利潤を企業の総収入から，販売した財，サービスを生産するためのすべての機会費用を差し引いたものとする。これに対して会計士は企業の会計上の利潤を企業の総収入から企業の明示的費用のみを差し引いたものとする。

　競争市場において企業は総収入から総費用を差し引いた利潤を最大化しようとする。ある農場の経営について考えてみる（ibidem, pp.414-441）。ある農場がQの量の牛乳を生産して1単位あたり市場価格Pで販売すると仮定すると，この場合の農場の総収入はP×Qであらわされ生産量に比例する。この農場は牛乳の世界市場と比較すると小さいことから価格を市場条件によって与えられたものとして受けいれる。すなわち牛乳の価格が農場の牛乳の生産量や販売量に依存しないことを意味している。この例で牛乳の価格

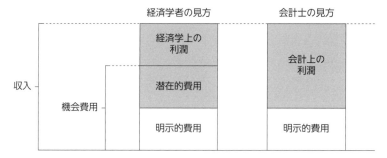

図表 11-1　経済学上の利潤と会計上の利潤

出所：Mankiw（2017），訳書，p.384.

生産量（ガロン） （Q）	価格（ドル） （P）	総収入 （TR＝P×Q）	平均収入 （AR＝TR/Q）	限界収入 （MR＝ΔTR/ΔQ）
1	6	6	6	
				6
2	6	12	6	
				6
3	6	18	6	
				6
4	6	24	6	
				6
5	6	30	6	
				6
6	6	36	6	
				6
7	6	42	6	
				6
8	6	48	6	

図表 11-2　競争企業の総収入・平均収入・限界収入：数値例

出所：Mankiw（2017），訳書，p.414.

生産量（ガロン）(Q)	価格（ドル）(P)	平均収入 (AR= TR/Q)	総収入 (TR= P×Q)	総費用 (TC)	利潤 (TR-TC)	限界収入 (MR= ΔTR/ΔQ)	限界費用 (MC= ΔTC/ΔQ)	利潤の変化 (MR-MC)
0	0	0	0	3	−3			
						6	2	4
1	6	6	6	5	1			
						6	3	3
2	6	6	12	8	4			
						6	4	2
3	6	6	18	12	6			
						6	5	1
4	6	6	24	17	7			
						6	6	0
5	6	6	30	23	7			
						6	7	−1
6	6	6	36	30	6			
						6	8	−2
7	6	6	42	38	4			
						6	9	−3
8	6	6	48	47	1			

図表 11-3　競争企業の利潤最大化：数値例

出所：Mankiw (2017), 訳書, p.416.

を1ガロンあたり6ドルと仮定すると，総収入は6ドルにガロン数を掛けたものになる（図表11-2）。

　同じ例において総費用には3ドルの固定費用と生産量によって変化する可変費用がふくまれている。総収入から総費用を差し引いたものが利潤で，農場が何も生産しなければ固定費用3ドルの損失となる。1ガロン生産すると利潤は1ドルであり，2ガロン生産すると利潤は4ドルとなる。農場の目的は利潤最大化であるため，牛乳を4ガロンないし5ガロン生産したときに利潤は7ドルで最大になる（図表11-3）。

　限界収入は販売量が1単位増えるごとに総収入がどれだけ変化するのかをあらわしている。この例では限界収入は6ドルであり1ガロンの牛乳価格に等しい。競争企業にとって限界収入は財の価格に等しい。利潤最大化の生産量はそれぞれの生産量の限界収入と限界費用を比較することで見いだすことができる。限界収入が限界費用を上回る限り生産量の増加は利潤を増加させ

る。

　経済学の原理では合理的な人びとは限界原理に基づいて考えるとされることから，限界収入が限界費用よりも大きいときには生産量を増やし，限界収入が限界費用よりも小さければ牛乳の生産量を減らす。まぜならばポケットからでていく金額である限界費用よりも，はいってくる金額である限界収入のほうが大きいからである。このように限界的な部分で考えて生産水準を調整するならば，最終的に利潤最大化を達成する量を生産するようになる（cf., ibidem, pp.8-10）。

　費用曲線を考えてみると，限界費用曲線（MC）は右上がり，平均費用曲線（ATC）はU字型，限界費用曲線は平均総費用が最小になる点で平均総費用曲線と交わるという3つの特徴をもつ。競争企業は価格受容者であることから，企業の生産物の価格は企業の生産量に関係なく一定となる。すなわち競争企業にとっては価格は平均収入（AR）と限界収入（MR）の両方と等しくなる。

　企業が Q_1 の量を生産しているとき，限界収入曲線は限界費用曲線より上にあることから企業は生産量を1単位増やすと収入の増加（MR_1）が費用の増加（MC_1）を上回る。利潤は総収入から総費用を差し引いたものなので，

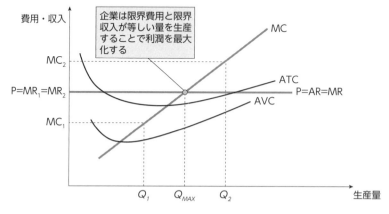

図表 11-4　競争企業の利潤最大化

出所：Mankiw（2017）訳書，p.418.

企業は限界収入が限界費用よりも大きければ，生産を増やすことで利潤を増加させることができる。

　生産量が Q_2 のとき，限界費用曲線は限界収入曲線の上にあることから限界費用は限界収入よりも大きい。このとき企業が生産を1単位減少させると費用の減少（MC_2）が失われる収入（MR_2）を上回ることから，企業は生産を減らすことで利潤を増加させることができる。

　限界的な部分での生産量の調整は，限界収入が限界費用よりも大きければ企業は生産量を増やすべき，限界費用が限界収入よりも大きければ企業は生産量を減らすべきで，利潤最大化の生産量水準では限界収入と限界費用は一致する。競争企業は価格受容者であることから，その限界収入は市場価格に等しい。どのような所与の価格においても競争企業の利潤最大化生産量は価格と限界費用曲線の交点となる。本質的に企業の限界費用曲線は所与の価格における企業の供給量を決定することから，限界費用曲線が競争企業の供給曲線もあらわすことになる（ibidem, pp.418-420）。

　経済学者は人間を自分たちの目的を達成するために与えられた環境のもとで手立てを整えてベストを尽くす合理的な人びとであると想定している。合理的な人びととは限界原理に基づいて考える。合理的な人びととは，人生における選択が白黒明瞭な場合はむしろ例外であり，灰色がかっていることを知っている。夕食時に直面する選択は断食するかむさぼり食うかではなく，マッシュポテトをもうひとさじ食べるべきかということである。このように既存のプランに微調整をくわえることを，経済学者は「限界的な変化」とよぶ。「限界」とは「端」という意味である。限界的な変化とは人間の行動の端における調整であり，合理的な人びとは限界的な便益と限界的な費用を比較することで選択している（cf., ibidem, pp.8-10）。

　限界分析の論理を独占企業における生産量の決定という問題に適用して考えてみる。図表11-5はある独占企業の需要曲線，限界収入曲線，限界費用曲線をあらわしている。生産水準が Q_1 のような低い水準で生産している場合，限界費用は限界収入よりも低い。かりに企業が生産を1単位増加させると，収入の増加は費用の増加を上回り，利潤を増加させることができる。このように，限界費用が限界収入よりも低ければ，企業は生産量を増やして利

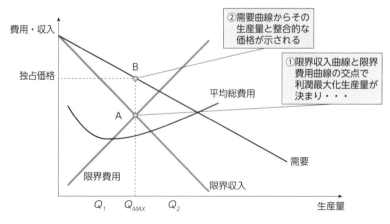

図表 11-5　独占企業の利潤最大化

出所：Mankiw（2017）訳書, p.455.

潤を増加させることができる。

　つぎに生産水準が Q_2 のような高い水準で生産している場合，限界費用は限界収入よりも高いことから，企業が生産を1単位減少させると削減される費用は収入の減少を上回る。このように限界費用が限界収入を上回る場合には，企業は生産量を減らすことで利潤を増加させることができる。企業は限界収入が限界費用と等しくなる Q_{MAX} に到達するまで利潤を増加させることができる。このように，独占企業の利潤最大化生産量は限界収入曲線と限界費用曲線の交点で決まる。

　競争企業も独占企業もいずれも限界収入と限界費用が等しくなるような生産量を選び，利潤最大化のルールにしたがうという点においては同じである。しかしながら競争企業の限界収入は価格に等しいが，独占企業の限界収入は価格よりも低い。すなわち独占企業は限界収入と限界費用が等しくなる生産量を選んだのちに，消費者の支払い許容額と販売量の関係を示している需要曲線を用いて，その生産量をもっとも高く売ることのできる価格を見つける。競争市場では価格は限界費用に等しく，独占市場では価格は限界費用を上回ることから，独占のときに企業は超過利潤を最大化することができる（cf., ibidem, p.454）。

　GAFA は独占時に企業が超過利潤を最大化できることを如実にあらわしている。こんにちわたしたちが GAFA と関わりをもたずに生きることはほぼ不可能である。わたしたちが生活する社会では GAFA に代表される巨大プラットフォーマーたちによる産業をまたいだ独占が進んでいる。

　GAFA とはインターネット関連サービスを提供するグーグル（Google LLC., Alphabet Inc. 傘下），EC サイトや Web サービスを提供するアマゾン（Amazon.com Inc.），世界最大のソーシャルネットワーキングサービスを提供するフェイスブック（Facebook Inc.），インターネット関連製品，デジタル家庭電化製品およびそれらに関連するソフトウエアの製造，販売を手掛けるアップル（Apple Inc.）をあらわす略語である。

　世界経済のみならず社会や文化にも絶大な影響をおよぼす存在であることから，「ヨハネの黙示録」に記されるそれぞれが地上の 4 分の 1 を支配し，剣，飢饉，死，獣によって地上の人間を殺す権威を与えられている四騎士に準えて IT 大手企業 4 社を表現する造語で，4 社の頭文字から構成される。

　これらの巨大プラットフォーマーはネットワーク効果によってそのユーザーを増やしてきた。ネットワーク効果とはユーザーにとってほかの人びとが同じ製品やサービスを使うほど自身もそれを使用する効用が高まる現象である。そしてティッピングポイントを超えてユーザーが増加すると，参加者数が増加し続けやがて独占に近い状態にいたる。GAFA にマイクロソフト（Microsoft Corporation）をくわえた GAFAM の 2021 年の株式時価総額は世界第 3 位の経済大国である日本の 85 ％の経済規模に達している。

　GAFA の一角であるアマゾンの提供するサブスクリプション（定額サービス）モデル「アマゾンプライム」会員数は米国内で 1 億 100 万人，米家庭の 64 ％以上が利用している。百貨店やスーパー，書籍をはじめとしたコンテンツ産業，生鮮食品や衣料品といった業種で業績への影響や業態変化が起きている現象はアマゾンエフェクトとよばれ，アマゾンによる買収や新規事業拡大が多くの産業分野にもおよんでいることをあらわしている。

11-2-2 SCP モデル

　マイケル・ポーター（Porter, 1981）は産業組織論のモデルを企業戦略の立案に応用した。その源流となった考えが SCP モデルである。SCP モデルの起源はエドワード・メイソン（Mason, 1939）に遡り，ジョー・ベイン（Bain, 1956）によってその体系化がおこなわれた。ベインは 1936 年から 1940 年のアメリカの 42 の産業の統計分析から寡占度が高い産業ほど企業の平均利益率が高くなることを明らかにした。

　社会には構造的に収益性が高い業界とそうでない業界が存在する。現在の上場企業の財務データ（2019 年度決算）で調べてみると，売上高営業利益率が高いのは証券，その他金融，医薬品，情報通信であり，低いのは水産農林，卸売，パルプ・紙，小売である。産業の収益性は需要だけでは説明できず，産業には構造的な収益性がありそのメカニズムを体系化したものが SCP である。

　SCP とは ‘structure-conduct-performance’ の略である。‘structure’ とは産業構造を指し，業界の企業数，参入条件，生産物の質的差異，市場における売手の集中度，買い手の集中度，製品差別化の程度，新規参入の難易度などの指標で評価される。また ‘conduct’ とは企業が市場の需給条件やほかの企業との関係を考慮してとるさまざまな意思決定行動の総称であり，ベイン（ibidem）に代表される伝統的な産業組織論では企業行動は一定の市場構造と結びついて生じる傾向があり，基本的には市場構造が企業行動を規定する関係にあると推論される。そして ‘performance’ とは業績や利潤，効率性，進歩性，安定性，公正性などの企業のパフォーマンスをあらわす。

　すなわち SCP モデルとは産業構造，企業行動，パフォーマンスがどのように結びついているかを議論するモデルである。SCP モデルはその源流が経済学の産業組織論（industrial organization）にあることから，‘IO theory’ ともよばれる。

　産業組織論は応用経済学の一分野で，企業や産業の分析をとおして財や

サービスの生産，販売が市場で効率的におこなわれているかどうかを検証することを課題としており，アメリカにおける1890年のシャーマン法制定にはじまる反トラスト政策の実施にあたり，理論的，実証的基礎を提供するものとして発展してきた。ベインとメイソンの産業組織論では産業構造が企業行動の制約条件として存在することを前提としており，それが企業のパフォーマンスに影響を与えることから，その長期的なパフォーマンスはおのずと業界全体の平均的なパフォーマンスに収斂する傾向があると考えられていた。

　産業組織論とは価格や取引数量に関する企業の決定が企業の直面する市場条件にどのように依存しているかを研究する研究分野である。産業組織論研究の進展にともなって，従来の産業構造が企業行動を決めそれがパフォーマンスに影響を与えるという一方通行の議論から，パフォーマンスの差異からもたらされる企業行動が産業構造を変えうるという考え方が浸透してくる。

　ベイン（ibidem）によれば，参入障壁が高ければ既存企業は超過利潤を占有でき，規模の経済が働く業界は規模が大きい企業ほど超過利潤を得やすいとされ，寡占産業においては1社の行動が他社の行動に影響をおよぼしやすく，「暗黙の共謀」が生起しやすいとされる。北海道国際航空（現AIR-DO）は1998年12月20日，日本の航空産業に35年ぶりに新規参入した。大手航空3社の正規運賃より36％安い16,000円という画一低運賃を採用して，羽田−新千歳間を1日3往復6便でスタートした。就航直後80％を超える搭乗率は1999年4月を境として下降をはじめ6月には50％を下回ることになる。

　1999年3月1日，大手航空各社がエア・ドゥの前後便のみに17,000円の特定便割引料金を設定し，6月には特定便割引料金はエア・ドゥと同額の16,000円にまで引き下げられた。これによって同社便の搭乗率は44％まで低下し，2000年末には資本金を上回る約60億円の累積赤字を抱えることになる。

　同じ産業内で異なる収益性をもつ企業が併存する状況を説明するために，ケイブスとポーター（Caves＝Porter, 1977）は同じ戦略の方向性をもつ企業グループが産業内に複数存在することを明らかにする。さらにベイン（cf.

Bain, op. cit.) やメイソン（cf., Mason, op. cit.）からはじまる不完全競争および産業組織論における参入障壁の議論を応用して，特定のグループから別のグループに移動するためには移動障壁が存在することを理論化した。

　産業内の移動障壁は企業の特性によって規定され，類似した企業でグループを構成すると同一産業内に特性の異なる企業グループが複数存在し，グループ間には参入障壁が存在する。特定のグループの構成企業数が少なくなると競争が不全となって独占や寡占の状況が生まれ，そのポジショニングをとる企業が高い利潤を得ることが可能になる。すなわち同一産業構造下においても企業のポジショニングによってパフォーマンスが変わりうることを意味している。その後ポーターはこの議論をさらに拡張してより高い移動障壁をもつポジショニングをとることが理想であり，差別化戦略，コストリーダーシップ戦略，集中戦略という3つの基本戦略を提唱する。

11-2-3　SCP モデルの検証

　企業の収益性は産業構造に規定されるという SCP 理論を検証する実証研究がおこなわれている。シャマレンジー（Schmalensee, 1985）の統計分析手法を使って企業業績に影響を与える要因を検証した研究では，企業の収益性は所属する産業によって決まるというポーターの知見を支持する結果が示された。ルメルト（Rumelt, 1991）の実証研究では自社の所属する産業に関わる要因よりも企業固有の要件からの影響が大きいことが明らかにされる。マクガハンとポーター（McGahan=Porter, 1997）の実証研究では産業に関わる要因と企業固有の要因のいずれも利益に影響を与えるという実験結果が導かれる。

　デムゼッツ（Demsetz, 1973）は産業内における高い集中度が企業の過去からの効率性の結果であり，企業行動における効率性の差異が経済的レントを生みだしているとして，必ずしも独占だけが企業に高い利潤をもたらしているわけではないと考えた。ルメルト（Rumelt, 1984）やネルソン（Nelson, 1991）によれば，ある産業内の企業が支配する資源や追求する戦略において企業は同質であり，その産業で発展する資源は同種のものであるという

S-C-Pパラダイムの前提からは，同一産業内の企業の収益性の差異を説明できないとされる。ティース＝ピサーノ＝シュエン（Teece=Pisano=Shuen, 1997）によれば，S-C-Pパラダイムのアプローチには戦略に必要な資源に関する視点がないことが指摘されている。

11-3
SCP理論のフレームワーク

　マーケル・ポーターの経営戦略論がひろく知られた背景には，それがフレームワークに落としこまれていて理解しやすいということがあげられる。こうしたフレームワークには「ファイブフォース」，「ジェネリック戦略」などがある。

11-3-1　ファイブフォース

　ポーター（Porter, 1980, 1981）によれば，産業の収益性は産業内での競合関係，売り手の交渉力，買い手の交渉力，代替製品の脅威，潜在的な新規参入企業の脅威という5つのフォース（脅威）で規定され，フォースが強い産業は完全競争に向かうため収益性が低く，フォースが弱いほど独占に向かうことから収益性が高くなるとされる。かれによれば競合企業，新規参入企業，代替製品を提供する企業，供給業者，購買者の，自社をとりまく5つの行為主体を自社を圧迫する力（フォース）としてとらえ，企業の競争環境を決めるのは自社と5つのフォースとの利益の綱引きであるとされる。
　「産業内での競合関係」とは産業内の企業数，取り扱われる製品特性がつくりだす企業の力関係の構造である。製品の差別化が困難な産業では価格競争による収益性の低下が起こる。また，差別化が困難な製品はその製造のための特別な経営資源を必要としないことから参入障壁が低く，多くの企業が参入してくる。そして，プレイヤーの増加はさらなる価格競争を引き起こす

ことになる。

「売り手の交渉力」とはメーカーであれば原材料のサプライヤー，流通業者であれば仕入業者などとの力関係をあらわす。自社に原料や製品を供給する売り手が少ない場合は売り手の交渉力が強まり，供給を受ける側に選択の余地がなくなることから価格交渉力が弱く，収益性が低下する傾向がある。同じ価値を提供する製品やサービスを扱う売り手が多ければ自社の力は高まり，逆になれば売り手が力をもつことになる。同様に，自社が売り手を選べない立場にあるときには，売り手側の交渉力が強くなり買い手の収益性は低下する。日本における葬儀市場はながく売り手市場であったが，葬儀代金の明瞭化，透明化をおこなう企業の参入によって，買い手と売り手のあいだにパワーバランスが生まれたが，一方で産業の収益性は低下している。

売り手の交渉力が強くなるのは寡占業界もしくは独占的技術を有する業界などで，買い手側は高い価格を受けいれざるをえない。具体的にはソフトウエアのマイクロソフト，半導体素子のインテルはパソコン業界において強い交渉力をもっている。

「買い手の交渉力」とは自社と消費者や顧客といった買い手とのあいだの力関係をあらわす。市場に競合が多いあるいは同じ価値を提供する類似の製品やサービスが多ければ「買い手の交渉力」が強まり，買い手の選択の自由度が増えることから，価格競争が生じやすく収益性が低くなる傾向がある。買い手が自社製品から他社製品に乗り換えやすい産業では買い手側の交渉力が強くなり，自社の収益性が低下する。

2006年にナンバーポータビリティ制度ができて電気通信事業者や通信サービスを変更しても電話番号を変更しないまま継続して利用できる仕組みができるまで，通信事業者間の移動は活発ではなかった。その理由は新しい電話番号を友人，知人に伝えるというスイッチングコストによることが考えられる。

日本におけるコメの流通では，規制緩和によって売り手側と買い手側の力関係に大きな変化が生じた。かつてわが国では1942年に制定された食糧管理法のもとでコメの流通事業へは参入が制限され，販売価格も政府によってコントロールされていたが，1994年，食糧管理法は廃止され，食糧管理制

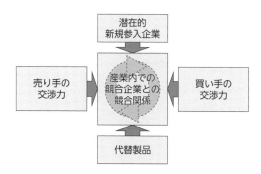

図表 11-6　ファイブフォース

出所：筆者作成

度も内容の変更に沿って食糧制度に改められ，農家は自由にコメなどの作物を販売できるようになり，コメの流通への新規参入も可能になった。

　こうした規制緩和によって，スーパーマーケットやコンビニエンスストアの大手チェーンはスケールメリットを活かした価格交渉力をもつようになり，反対に売り手サイドは交渉力を弱めた。くわえて規制緩和は生産者サイドにも大きな影響を与える。それまで農家はコメの流通を心配する必要がなかったためコメの収穫量にのみその関心が向かっていたが，美味しいコメをつくらなければコメは売れなくなった。これがコメのブランド競争を生みだす。ほかの地域に先駆けてブランド化に取り組んだ「ゆめぴりか」，「ななつぼし」などの北海道のコメは，差別化によって売り手サイドの交渉力を高めている。

　「代替製品の脅威」とは代替品が豊富な産業ほど企業の収益性が低下することをあらわしている。コーヒーと紅茶は代替的な関係にあり，コーヒーとミルクあるいは紅茶とレモンなどは補完的な関係にある。書籍や雑誌に対する電子書籍，据置型ゲーム機に対するスマホゲームアプリのように代替的な関係にあれば厳しい競争にさらされるが，補完的な関係にあればシナジー効果など新たな価値が生まれる可能性がある。

　「潜在的な新規参入企業の脅威」は，新規参入者による価格競争がもたらす収益性低下のリスクをあらわしている。参入障壁が低い産業では，競合企業が撤退したとしてもほかの産業から新たな参入者が登場する可能性が高

く，常に激しい競争にさらされることになる。

11-3-2　ジェネリック戦略

　自社の位置している企業群をグループ化して戦略グループを明確にし，産業内における自社のポジショニングを検討するフレームワークとしてジェネリック戦略がある。ジェネリック戦略は，コスト優位性による低価格製品を提供することでマーケットシェアの拡大や利益を追求するコストリーダーシップ戦略と，製品やサービスの差別化をとおして利益の獲得をめざす差別化戦略に分類される。ジェネリック戦略は企業の持続的競争優位の獲得につながると考えられてきたが，ハイパーコンペティション環境下においては持続的競争優位の構築は困難となっている。

　ポーターの提示した戦略類型を具体的な事例で考えてみる。わが国の自動車業界を見てみると，フルラインの製品ラインをもつトヨタ自動車と日産自動車に対して，スズキとダイハツ工業は軽自動車の製造に特化し，いすゞ自動車はトラックとバスの製造に特化している。また，ホンダ技研工業はスポーティな車種を展開し，SUBARU は多目的スポーツ車（Sport Utility Vehicle：SUV）に注力してエンジンでも他社との差別化を図っている。

　本田技研工業の自動車は，創業者である本田宗一郎の経営哲学が継承され，独創的なアイデアで独自の美しさを追求した製品を提供している。1985年，同社が新型「プレリュード」に採用したリトラクタブル（可変）ヘッドライトは，車体の先端部分が低く鋭いボディーラインを実現した。

　SUBARU（当時富士重工業）は 1966 年から自社ブランド「スバル」でFF（フロントエンジンフロントドライブ）車に日本ではじめて水平対向エンジンを搭載している。このエンジンはクランクシャフトを中心に左右 180度対称にレイアウトされたピストンが，ボクサーのパンチのように真横に往復することから「ボクサー」とよばれる。対向するピストンが互いに振動を打ち消しあって優れた回転バランスを保ち，軽く滑らかな回転フィールとリニアなレスポンスを実現している。そして軽量かつコンパクトなことから車両の重心を低くすることを可能とし，同社はこのエンジンを搭載した多目的

スポーツ車を製造している。現在このタイプのエンジンを量産しているのは同社とポルシェだけであり，両社のエンジン音には共通性がある。こうした特徴のあるわが国の自動車メーカーであるが，資本関係を見るとトヨタ自動車を中心として相互に関係があることがわかる。

　コーヒーショップ業界でも競争戦略上のポジショニングには違いがある。ドトールのメインターゲットはビジネスパーソンで，オーダーしてから商品がでてくるまでの時間が短くスターバックスよりも相対的に低い価格設定になっている。一方でスターバックスはエスプレッソが主力商品でコーヒーがでてくるまでにあえて時間をかけている。

　アパレル業界においても競争戦略上のポジショニングに特徴を見いだすことができる。相応の歴史をもつシャネル，グッチ，クリスチャン・ディオール，エルメス，ルイ・ヴィトン，プラダ，フェンディ，ジバンシィ，イヴ・サンローランなどのいわゆる高級ファッションブランドは価格優位による競争優位は採用せず，ターゲットを高所得者層においてその特徴を活かした差別化によって競争優位を創りだしている。

　2000年代後半以降，アパレル業界でも価格優位を競争戦略として採用する企業が顧客のニーズをとらえている。こうした企業のうち特定市場をターゲットとしている企業としてハニーズ，しまむら，良品計画がある。ハニーズのターゲットは中学生くらいまで，しまむらのそれは40歳から50歳代，

		競争優位	
		コストリーダーシップ	差別化
戦略ターゲット	市場全体	コストリーダーシップ戦略 ・規模の経済の追求 ・独自の技術・システム・原材料の供給源の確保等による価格優位を確立	差別化戦略 ・プロダクトの品質・機能の差別化 ・流通システムの差別化など
	特定市場	コスト集中戦略 ・特定のターゲット・プロダクトに関して価格優位を確立	差別化集中戦略 ・特定のターゲット・プロダクトに関して差別化を確立

図表 11-7　ジェネリック戦略

出所：筆者作成

		競争優位	
		コストリーダーシップ	差別化
戦略ターゲット	市場全体	トヨタ自動車 日産自動車	本田技研工業
	特定市場	いすゞ自動車 ダイハツ工業 スズキ	SUBARU

図表 11-8　自動車業界のジェネリック戦略
出所：筆者作成

		競争優位	
		コストリーダーシップ	差別化
戦略ターゲット	市場全体	ドトール　　　スターバックス	タリーズ
	特定市場		喫茶店

図表 11-9　コーヒーショップ業界のジェネリック戦略
出所：筆者作成

		競争優位	
		コストリーダーシップ	差別化
戦略ターゲット	市場全体	ユニクロ H&M	
	特定市場	ハニーズ しまむら 良品計画	シャネル グッチ ルイ・ヴィトン

図表 11-10　アパレル業界のジェネリック戦略
出所：筆者作成

そして良品計画の「無印良品」は20歳から30歳代をターゲットとしている。ただしこんにちの消費者はかれらのニーズを満たしていても品質のよいものでなければ購入してくれず，コストリーダーシップ戦略を採る企業はか

れらのニーズを満たす製品を構造的に低価格で生産する仕組みを実現しない限り生き残ることができない。

11-3-3　SCP フレームワークの限界

SCP 理論は「安定」と「予見性」を前提としている。SCP は古典的経済学に立脚しており，市場構造を規定する条件が与えられれば市場は最終的に均衡状態になると予見される。しかしながらこんにちのようなハイパーコンペティション環境では，多くの業界において将来予見が十分にはできない。ハイパーコンペティションの時代には「持続的競争優位」という前提が存在せず，企業に必要なのは，業績が落ちても対応策によって業績を回復する「変化する力」である。企業には変化を繰り返すことで一時的競争優位を連鎖して獲得することが求められる。

また SCP 理論は人間の認知の側面を考慮していない。古典的経済学の前提では人間は合理的で認知バイアスに影響されないと考えられている。さらにファイブフォースモデルでは自社を取りまく 5 つの勢力を自社を圧迫する脅威としてとらえたが，ハイパーコンペティションの時代の新しいビジネスモデルではそれらを価値や収益の源泉として，自社と協調しうるプレイヤーとしてとらえられる。

12

資源ベース理論

12-1
リソースベースドビュー

　バーニーとアリカン（Barney=Arikan, 2001）はかつてリカード（Ricardo, 1817）が提示したレントの概念がRBV（resource based view）の知的基礎であると指摘している。レントとは，経済学において同じ種類の生産要素が受ける報酬の違いを意味している。リカード（ibidem）によれば，土地のような生産要素は相対的に固定されており，かつその肥沃度は土地によってさまざまであることから，収穫物の価格は肥沃度の優劣などの生産効率によって決まり，肥沃度の高い土地では平均以上の余剰，すなわちレントが生じることを明らかにした。経済的均衡モデルに依拠した静的なRBV理論フレームワークでは分析単位として企業の諸資源を位置づけ，独立変数として競争優位を生みだす条件をもった資源があり，それが従属変数としての経済的レントを発生させるという理論構造として発展してきた。

　デムゼッツ（Demsetz, 1973）は，特定の産業内の企業間の収益性の差異は企業行動における効率性の差異に起因することを明らかにしている。デムゼッツ（ibidem）の研究は基本的に新古典派の価格理論に依拠するシカゴ学派の伝統を継承したものであり，経済均衡モデルをベースにした静的な見方である。

　1980 年代以降，高いパフォーマンスの源泉として企業がもつ諸資源やケイパビリティに着目する研究が台頭してくる。動的な RBV の理論フレームワークはペンローズ（Penrose, 1959）の研究を基礎として，ワーナーフェルト（Wernerfelt, 1984），ルメルト（Rumelt, 1984）に継承されていく。

　ペンローズ（Penrose, op. cit.）によれば，企業の資源は潜在的なサービスの束であり，物的，人的資源は特定時点ではその一部が用いられているにすぎず，企業内には未利用のサービスが常に存在しているとされる。企業の成長は企業内部の未利用の経営的サービスの利用の結果として生じるが，資源から創出されるサービスはその資源について人的資源が有する知識に依存し，事業活動での経験をとおして企業内の人的資源の知識は増大して，その内容も変化するとされる。ペンローズ（ibidem）にとって企業は静的なものではなく成長していくものであり，それを経済的不均衡における動的なプロセスとしてとらえ，動的なコンテクストにおける新しいサービスや資源のコンビネーションが競争優位の源泉であると考えた。このペンローズ（ibidem）の動的モデルを進化的に継承したネルソンとウィンター（Nelson=Winter, 1982）は，企業は本質的に異質なものであり，それぞれの企業がもつ特殊な資源によって特徴づけられるとした。

　ディエリックスとクール（Dierickx=Cool, 1989）は，競争優位を生みだす資源やスキルをそれを形成していく動的な観点からとらえ，企業の特殊な資源は時間の経過のなかで累積的な結果として形成される戦略的資産であり，経済的レントを生みだす企業内部の特異な資産の持続性はそれがどのように蓄積されるのかという点に大きく関連があるとする。かれらは風呂を例にあげて，企業の特殊な資産は時間の経過において構築される「ストック」すなわち浴槽に貯まったお湯の状態であり，即時的に調整可能な「フロー」すなわち流れこむお湯としてはとらえられないと主張する。かれらによれば個別

の資源の価値ではなく資源の組みあわせ方が重要であり，組みあわされた資源群が時間をかけて蓄積されたもの，組みあわせの因果関係が曖昧なもの，組みあわせが複雑な人間関係や社会的関係に依拠しているものであれば競合企業による模倣が困難になるとされた。

ワーナーフェルト（Wermerfelt, 1984）はリソースベースドビューという用語をはじめて用いたとされ，SCPの基本論理を資源側にもちこんで企業が資源を独占していればアウトプット側を独占したのと同じように経済的レントを高められると考えた（cf., Rumelt=Schendel=Teece, 1991）。ワーナーフェルト（cf., Wernerfelt, op. cit.）によれば，企業にとって諸資源と諸製品はコインの表と裏であり，企業内部の資源の一覧を特定することによって企業の活動する最適な製品市場を発見していくことができるとされる。

ルメルト（Rumelt, op. cit.）は新古典派経済学の企業の理論における諸前提を発展的に緩めて，企業行動を決定する生産関数に「不確実性」というパラメーターを組みこみ，特定の産業における企業のコスト効率はさまざまであり，高いコスト効率は生産関数の不確実な模倣可能性によってもたらされると考えた。すなわち企業が獲得する競争優位は既存の企業が模倣困難なスキルやコンピテンスに起因するとして，この不確実な模倣可能性によってコスト効率の高い企業に経済的レントをもたらすメカニズムを「隔離メカニズム」とよんだ。かれはほかの企業からの模倣を隔離するメカニズムとして企業がもつ諸資源の「因果関係の曖昧性」や「特殊な資産」をあげている。

ルメルト（ibidem）は経済的レントという概念を戦略的マネジメント研究のなかに包摂していく。それまでの戦略的マネジメント研究では効率性の概念を中心に，生産的要素の効率性が収益に結びつくという点から競争優位をとらえていた。ルメルト（ibidem）は生産的要素の効率性の追求が必ずしも競争優位に結びつくわけではなく，重要なのは経済的レントを生みだすという意味において企業の生産的要素をとらえることであると考えた。かれはレントを生みだす条件を明確にして，企業内部の特殊な資産や資源が持続的な競争優位の源泉となることを解明したのである。

バーニー（Barney, 1986a）は企業のパフォーマンスは企業の戦略実行コストに依存すると考え，企業が戦略を実行するために資源を売買する戦略的

要素市場を想定して，この市場が完全競争であれば企業は平均以上のリターンを獲得することはできず，不完全な要素市場を生みだすことによって平均以上のリターンを獲得することができると考えた。バーニー（ibidem）によれば，不完全な要素市場を創りだす企業の特異性のある資産が企業の競争優位の源泉となるとされる。

　バーニー（ibidem）によれば，企業の資源とは戦略を遂行する企業の属性，情報，知識をはじめとする企業のすべての資産，組織プロセスなどを意味しており，これらに「異質性」と「固着性」があればほかの企業はそれらを模倣することが困難であるとされる。異質性と固着性をもつ資源には，それに「価値」があり，「希少」で，「不完全な模倣可能性」をもち，「代替が不可能」であるという4つの条件が備わっている。またマーガレット・ペタラフ（Peteraf, 1993）は企業に経済的レントが生じる条件としてその企業がもつ「資源の異質性」，「競争の事前的制限」，「固着性」，「競争の事後的制限」という4つを提示している。

　バーニー＝アリカン（Barney=Arikan, 2001）は抽象度の高い経営資源の異質性と固着性を分析するために，企業内部の経営資源における強みと弱みを分析する手法として VRIO を提示した。VRIO とは経営資源の経済価値（value），希少性（rarity），模倣困難性（inimitability），組織（organization）である。「経済価値」はその企業の保有する経営資源やケイパビリティがその企業の外部環境における脅威や機会に適応することを可能にするのか，「希少性」はどのくらいの競合企業がその特定の価値ある経営資源やケイパビリティをすでに保有しているのか，「模倣困難性」はある経営資源やケイパビリティを保有しない企業がその獲得するために，それをすでに保有している企業と比較してコストの面で不利であるか，「組織」は企業が自社が保有する経営資源やケイパビリティがその戦略的ポテンシャルをフルに発揮できるように組織されているかをとおして測られる。

　コグット＝ザンダー（Kogut=Zander, 1992）はケイパビリティを学習メカニズムと結びつけて，イノベーションのような新しい学習は既存の知識の新しい応用を産みだす結合されたケイパビリティの結果であり，これは再組織化やアクシデントなどの内的な学習と，新たな人材や提携などの外的な学

習の結果として獲得されると考えた。

　ティース＝ピサノ＝シュエン（Teece=Pisano=Shuen, 1997）は，変化の激しい環境に対応していくために内外のコンピテンスを統合したり構築したり再形成したりする企業の能力を動的ケイパビリティとして，ここから生じる競争優位は「管理的および組織的なプロセス」，「特殊な資産ポジション」，「利用可能なパス」によって形成されると考えた。かれらによれば「管理的および組織的プロセス」とは企業内部の調整，統合そして学習であり，「特殊な資産ポジション」とは特殊な技術的資産，補完的資産，特殊なガバナンス構造などの構造的資産を意味し，経営資源は動的なコンテクストのなかで蓄積，構築，発展すると考えられた。

　デビッド・ティース（Teece, 2009）によれば，ペンローズ（cf., Penrose, op. cit.）は資源の集合体としての企業という考えを概念化したとされる。ティース（cf., Teece, op. cit.）によれば，ペンローズ（cf., Penrose, op. cit.）の掲げる資源には有形の物的資源と無形の人的資源があり，企業がもつ代替可能な資源の束は過去の経営活動の一部から生みだされ，そこから生みだされた知識の束からさまざまな差別化された最終製品が生みだされると考えた。

　ティース（cf., Teece, op. cit.）によれば，リソースベースドビューは企業による成功の源泉の持続を考慮していないという意味において静態的であるとされる。そしてティース（ibidem）は，ネルソン＝ウィンター（Nelson=Winter, op. cit.）が提示したルーティンの概念にしたがえば無形資源は日々の業務をとおして磨き上げられ継承されるとした。したがって良好なバランスシートをもたない企業であっても，日々の学習をとおして獲得された能力は成長を牽引する要因となる可能性があると考えた。

12-2
コアコンピタンス

　ピーター・ドラッカー（Drucker, 1993）は経済的な業績は差別化の成果であり，その源泉および事業の存続と成長の源泉は企業組織を構成する人びとが保有する独自の知識であるとしたうえで，成功している企業は常に少なくとも1つ以上の際だった知識をもち，全く同じ知識をもった企業は存在しないとする。かれはこうした各企業がもつ知識について技術的な知識だけが唯一の必要な資源ではないことに言及している。

　ジェフリー・ティモンズ（Timmons, 1976）は優れた技術をもつことは重要なことであるがそれだけでは事業は成功せず，高度に技術的な産業において競合企業と比較して技術的にとくに優れていないにもかかわらず，顧客データの収集や処理に関する知識やマーケティングの知識などで成功している企業が少なからず存在することを指摘している。

　こうした組織能力の概念を最初に提唱したのはセルズニック（Selznick, 1957）であり，かれはこうした能力を「特有の能力（distinctive competence）」とよんだ。ヒット＝アイルランド（Hitt=Ireland, 1985）はこの能力を「組織の独自能力（corporate distinctive competence）」とし，バダラッコ（Badaracco, 1991）はこれを「うめこまれた知識（embedded knowledge）」とよんだ。またクライン＝エッジ＝カス（Klein=Edge=Kass, 1991）はこうした能力を「組織技能・組織のメタスキル（corporate skills and meta-skills）」とし，レナードバートン（Leonard-Barton, 1992）はコアケイパビリティ（core capabilities），そしてプラハラード＝ハメル（Prahalad=Hamel, 1990）は「コアコンピタンス（core competence）」とよんだ（cf., Hamel=Prahalad, 1994; Hamel=Heene, 1994）。これらはすべて組織の知識と密接に関連した概念であり研究者によってその呼称は異なるがそれらが意味する内容は同じである。

ハメル＝プラハラード（cf., Hamel=Prahalad, op. cit.）はコアコンピタンスは個別のスキルや技術を指すのではなくそれらの束であるとしている。かれらはフェデラル・エクスプレス（Federal Express Corporation, 現 FedEx Corporation）を例にあげ，同社がもつ宅配便のパッケージ発送と配達というコアコンピタンスはバーコード技術，無線通信，ネットワーク管理，線形計画などのスキルを統合した能力のうえに成り立っているとする。かれらによると，コアコンピタンスの要件は顧客価値を高めるものであり，競合他社との間の違いを実現するものであり，企業能力をひろげるもの，そして明日の市場への入口を開くものであるとされる。また最終的にコアコンピタンスを見極めるのは顧客や競合企業であるとされる。

　ハメル＝プラハラード（ibidem）によれば，コアコンピタンスとは会計学における資産（asset）ではなく貸借対照表上にはあらわれず，物的な資産とは違って摩滅することはないがその価値が減っていくことはあるとされる。そして顧客価値やコストに影響を与えるという意味ではコアコンピタンスは競争優位の源泉であるが，すべてのコアコンピタンスが競争優位の源泉であってもすべての競争優位がコアコンピタンスではなく，同様にすべてのコアコンピタンスは重要な成功要因である可能性が高いが，重要な成功要因がすべてコアコンピタンスであるとは限らないとされる。

　紺野＝野中（1995）は，つぎなる競争優位性を実現するためには単に製品レベルの競争力だけではなく，その背後にある技術や市場についての知の基盤である組織構成員の知，技術（知）そのものの開発力，知財とよぶべき知的経営資源などを体系的に展開できる組織的知識や能力が求められるとする。こうした組織的知識は組織の事業展開，組織運営の過程で経営コンセプトやビジネスモデル内に有機的に体化される。成長企業はこうした経営コンセプト，ビジネスモデルを基盤として競合企業とのあいだに競争上の優位性を創りだしていると考えることができる。

　こんにちの経営者に求められているのは自社の製品やサービスに魅力的な性能や機能を付加することができる組織能力の醸成である。ハメル＝プラハラード（cf., Hamel=Prahalad, op. cit.）は多角化企業を大樹にたとえてコアコンピタンスを説明している。大樹の大地に張られた根がコアコンピタンス

であり，幹と大きな枝はコア製品，小枝は事業単位，そして葉や花，果実が最終製品である。枝葉しか見ていないとその木の強さを見逃してしまうのと同じように，最終製品しか見ていなければ企業の真の実力を見誤ってしまいかねない。

コアコンピタンスの獲得と育成は組織的集団学習であり，コアコンピタンスの醸成のためには組織のあらゆる部門がその境界を超えてコミュニケーションを図り，深く関わりあっていく必要がある。コアコンピタンスを織りなす知識の獲得は各個人の暗黙知の獲得からはじまるが，そうした個人の了見が狭ければ経験から閃く知識を組織にとって有用なものと認識して，それをほかのひとの知識や経験と斬新かつ独自の方法で融合させる機会を逃してしまう。

コアコンピタンスとは使用をとおして消耗したり時間の経過とともに劣化したりする物的資産とは異なり，利用され共有されるたびに強化されていく性格を有している。しかしながら知識が使われなければ退化してしまうように，コアコンピタンスにもその維持と増殖のために栄養を補給する必要がある。

1980年代にクライスラー（Chrysler Corporation, 現ステランティス N.V., (Stellantis N. V.) 傘下のブランド）がエンジン製造をアウトソーシングしたとき，本田技研工業は世界一速い自動車エンジンの開発を目指して国際自動車連盟が主催する自動車レースの最高峰フォーミュラ1（Formula One：F1）に参戦してその知識を蓄積してきた。1988年，ホンダエンジンを搭載したマクラーレンが16戦15勝で年間総合優勝してその後コンストラクター部門は6年連続，ドライバー部門は5年連続でホンダエンジン搭載車が優勝したことから，ホンダのエンジン無くしてはF1総合優勝を狙えないとまでいわれた。本田技研工業は設立以来自動車の基幹部品であるエンジンの生産を外部に委ねたことはない。またGM（General Motors Company）の100％出資小会社サターン（Saturn LLC）の小型SUV（sport utility vehicle）に本田技研工業製エンジン搭載車があったが，同社が他社のエンジンを搭載した自動車を製造したことはない。同社はこのエンジンに関するコアコンピタンスを活かして創業時の事業であるオートバイをはじめとして，自

動車，耕耘機，芝刈機，除雪機，発電機，船外機を主要事業としており，小型ジェット機「ホンダジェット」も開発している。

　アウトソーシングは競争力に優れた製品を相対的に低いコストで手に入れるための有効な手段ではあるが，そこからはコアコンピタンスを構築するために必要な知識は習得されない。1970年代から1980年代にかけてGE（General Electric Company），モトローラ（Motorola, Inc., 当時），GTE（GTE Corporation）などの企業が，カラーテレビ事業が成熟したとの判断から同事業からの撤退を選択した。同じ時期ソニーは家庭用ビデオカセットレコーダー（video cassette recorder：VCR）の規格競争に敗れた。しかしながら同社はビデオ関連のコンピタンスの育成を継続した。そしてのちにそこで蓄積されてきた能力は2兆円を超えるテレビビデオ関連の市場で活かされている。コアコンピタンスは長期にわたる継続的な改善と強化をとおして蓄積されるものであり，ここに投資する機会を逸した企業はそのコンピタンスに関連した新市場が出現してもそこに参入するのは困難である。コアコンピタンスは既存事業同士を結合させる接着剤であり新規事業を創造する原動力でもある。一見すれば異質に見える事業ポートフォリオもコアコンピタンスに着目すれば整合性を見いだすことができる。本田技研工業の主要事業に優位性

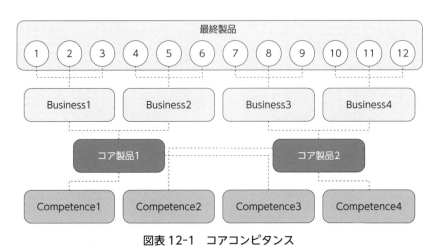

図表 12-1　コアコンピタンス

出所：Praharad＝Hamel（1990）p.81.

をもたらしているのはエンジンと駆動系統のコアコンピタンスであり，キヤノンの複写機，レーザープリンター，カメラ，スキャナ事業を根本で支えているのは精密機械，精密光学，マイクロエレクトロニクスにおけるコアコンピタンスである。

コアコンピタンスと最終製品を結びつけるのがコンポーネントや半製品に代表されるコア製品である。これは，1つないしは2つ以上のコアコンピタンスから具体的な製品を派生的に生みだす製品である。キヤノンはレーザープリンターそのもののシェアは小さかったが，そのコアコンポーネントではのシェアは世界の総生産量の80％を超えていた。松下電器産業（現パナソニック）のVCRの世界シェアは約20％と小さかったが，VCRのコアコンポーネントのシェアは45％を占めていた。同様に同社のエアコン事業と冷蔵庫事業の最終製品シェアは世界で見れば小さかったが，コア製品であるコンプレッサーのシェアは全世界で40％を超えていた。

12-3
バーニーの競争の3類型

バーニー（Barney, 1986b）によれば企業の競争にはIO型競争，チェンバレン型競争，シュンペーター型競争の3種類の型があるとされる。バーニー（ibidem）は経済学の産業組織論に基づく競争の概念をIO型競争とよぶ。ここでは産業の構造要因が戦略に影響をおよぼすことから競争環境が完全競争から乖離するほど企業の収益性が高まる。チェンバレン型競争はエドワード・チェンバレン（Chamberlin, 1933）が提唱した独占的競争モデルに基づいた競争の概念である。ここでは参入障壁がないことから激しい市場競争が展開されて超過利潤が限りなくゼロに近づく。

シュンペーター型競争は技術的，制度的，経済的要因をはじめとする不確実性が高いときの戦略で，ここでは事前の精緻な戦略，計画よりも試行錯誤をとおした柔軟な対応が必要とされる。こんにちの競争環境がまさにシュン

	IO型	チェンバレン型	シュンペーター型
SCP 理論に 基づく戦略	○		
RBV 理論に 基づく戦略		○	
イノベーション 志向戦略			○

図表 12-2　競争類型と戦略の整合性

出所：筆者作成

ペーター型競争環境と考えることができ，不断のイノベーションをとおして市場競争を勝ち進んでいくことが求められる。。

　バーニー（ibidem）の研究から競争類型と戦略の整合性をとることの重要性を読み取れることができる。企業は自らが置かれている競争環境に応じて自社の戦略を考えなければならない。ここまでの整理から IO 型競争環境にあるときには SCP 理論に基づく戦略，チェンバレン型競争にあるときには RVB 理論に基づく戦略，シュンペーター型競争に対峙しているときにはイノベーション志向の戦略が効果を発揮すると考えられる。

13

学際的経営理論

　組織が抱える構造問題の本質，個人，組織がビジネス取引で直面する課題をそれまでの経済学では無視してきた人間に関しての仮定を取りこむことで説明するのが組織の経済学である。経済学の完全競争の条件である完全情報に着目して「情報の非対称性」を取りこんだ理論が情報の経済学とエージェンシー理論，限定された合理性を取りこんだ理論が取引費用理論である。

13–1
情報の非対称性

　取引プレイヤーのどちらか一方だけが偏在的に特定の情報をもっている状況，あるいは商品の売り手と買い手のあいだに情報格差が存在するために，安くて品質の悪い商品ばかりが流通して，品質の良い商品が出回りにくくなる現象を「情報の非対称性」という。レモンは皮が厚くて外見から中身の見分けがつかないことから低品質の中古車の俗語として，理論経済学者で2001 年にノーベル経済学賞を受賞したジョージ・アカロフ（Akerlof, 1970）

が「レモン市場」を情報の非対称の例として用いた。なお，一方だけがもっている情報は私的情報とよばれる。

　レモン市場では，売り手は買い手が商品の本質を知らないため，自分の売りたい商品が不良品でも良質な商品として売ろうとするが，買い手はそれが低品質の商品だと分かると次第に評価をしなくなり，さらに買い取り価格を下げるためますます不良品が多く出回る市場になってしまう。

　自由な市場取引をとおして効用が最大化されるというのが経済学の命題であるが，アカロフ（ibidem）は外部性等が存在しない完全競争市場においてもこの命題が必ずしも成り立たないことを経済学の枠組みのなかで理論化した。アカロフ（ibidem）はアメリカにおける中古車市場に着目した。中古車の売り手は売りたい自動車の品質を知っており，たとえば良い車なら2000ドル，悪い車なら1000ドルでなら売ってもよいと考え，一方買い手はその品質を判断することが困難であることから平均的な価格，ここでは良い車と悪い車が半々と仮定してその平均である1500ドルでしか買わないとすると，売り手は1500ドルより高い品質の良い車は市場にださなくなり，それ以下の車だけが市場に流通するようになる。そうすると今度は買い手の買っても良いとする平均価格が低下していき，次第に市場には品質の悪い中古車しか流通しなくなる。

　このような状況は売り手と買い手のあいだで商品に関する情報に格差があることにより生じる。このように情報の非対称性が存在する場合に社会全体の効用水準が低下してしまう現象は「逆淘汰（アドバースセレクション，逆選択）」とよばれる。完全競争の条件である企業の製品やサービスの完全な情報を顧客がもっているという前提が崩されると，私的情報を有するプレイヤーが虚偽表示するインセンティブが生じて，結果として虚偽表示するプレイヤーだけが市場に残りがちになり，買い手は市場に参加する魅力を感じなくなり本来ならば成立する取引が成立しなくなる状況は「薄い市場」とよばれる。こうした考え方はさまざまな産業領域で認識されている。

　就職市場においては採用企業には志望者の本当の能力はわからないが，志望者は自分の本当の能力を知っている。面接で企業サイドが志望者の能力を知ることには限界があることから，企業は志望者へ良い条件を提示できず，

結果として本当に能力のあるひとは採用できない。

　保険市場においては注意深い人間であるかどうかは本人以外にはわからないが，不注意なひとほど保険にはいりたがる。保険会社はすべてのひとに高い保険料を設定せざるをえなくなり，注意深いひとは加入せずそうでないひとだけが加入する。

　銀行融資においては銀行は融資先企業の状況を完全には把握できないが，財務状況が健全でない企業ほど融資をうけたがる。銀行は与信審査を厳しくする，あるいは金利を高く設定せざるをえなくなり，健全な企業とは取引できなくなる。

　こうしたアドバースセレクションの対処法としてスクリーニングとシグナリングがある。スクリーニングは顧客が自らの私的情報に基づいた行動をとってアドバースセレクションが解消されるメカニズムである。たとえば保険料が安く補償も小さい保険と保険料が高く補償も大きい保険を顧客に選ばせたり，商品の値引きはおこなわず値引きクーポン券を配ることがこれに該当する。

　シグナリングは相手に理解されにくい私的情報の替わりとなる顕在化したシグナルを発信することで情報の非対称性を解消するメカニズムである。たとえば就職市場におけるシグナリングとして機能するのは学歴である。特定の大学はそのひとのエンドーサーブランドとしての役割を担うがこれは学歴社会を生みだす要因ともなる。しかしながらシグナリングとしての大学は志望者の能力を測る有効な指標であることも事実である。

　シグナリングにはほかにコーポレートディスクロージャー（情報開示），ISO（国際標準化機構）認証がある。競合企業にわからない情報が自社には見えている場合，企業はそれを活用することをとおして情報の非対称性をビジネスチャンスに変えることができる。

　アマゾンとアリババは自社プラットフォームをとおして中小企業融資を，ウーバーは企業家向け自動車リースを提供しており，そこでは申込書，伝統的な審査承認，クレジットスコアリングは求められない。

　アマゾンレンディングはアマゾンのサプライヤーやセラー法人のビジネス拡大を支援する短期運転資金型貸出サービスである。金融ディスラプター企

業は商流を見て融資をおこなうことをとおして，既存金融機関よりも本格的な金融機能を実現している。ほかの金融ディスラプターや銀行との違いは商流，物流，金流の三位一体のビジネスモデルにある。アマゾンの出店者であるセラーの売上推移，顧客からの評価などをふくむデータで信用力を評価して融資をおこなう。

このアマゾンレンディングは，アマゾンマーケットプレイスに参加している法人販売事業者を対象として，かれらのビジネスの成長を支援することを目的として必要とする資金を最大5000万円まで，シンプルな手続きで必要とするタイミングでタイムリーに提供するための仕組みである。初回の申しこみはローン入金まで最短で5営業日で完了し，2回目以降の申しこみは手続きのプロセスがさらに簡略化され，最短で3営業日目にローンが入金される。返済は販売事業者の売上が決済されるアマゾンのアカウントから毎月自動で引き落とされ，早期弁済時の手数料は不要である。

従来の金融機関での融資には事業計画にくわえて担保なども必要で，銀行などが融資を決定するまでに要する時間も数週間におよぶのが通例だった。アマゾンレンディングでは従来とは異なる基準で融資をしている。事業計画や担保の替わりに過去の販売実績や決済データなどを審査の材料として活用し，蓄積されたデータに基づいて融資の可否を判断するため，審査にかかる時間も大幅に短縮化されている。

13-2
エージェンシー理論

エージェンシー理論とは取引が成立したあとに組織で生じる問題を説明する理論である。保険会社は保険料が安く補償も小さい保険と保険料が高く補償も大きい保険の2つのタイプを用意することで，アドバースセレクションに対応することができるが，保険加入後は事故を起こしてもそれが補填されることから，注意深かったひとも注意深くなくなるのが合理的である。保険

ビジネスにおける取引成立後に生じるこうした問題がモラルハザード問題，あるいはエージェンシー問題である。自らの利益のための行動をほかの行為主体に委任する場合，依頼人を「プリンシパル」，依頼を引き受ける代理人を「エージェント」とよぶ。このときプリンシパルの利益のために動くことを委任されているはずのエージェントがプリンシパルの利益に反してエージェント自身の利益を優先した行動をとってしまうことをプリンシパル・エージェント問題という。

　モラルハザードが高まる条件は情報の非対称性とプリンシパルとエージェントのあいだの利害関係の乖離である。保険の例ではプリンシパルが保険会社，エージェントは保険加入者であるが，保険会社は加入者に注意深く運転してほしいのに対して加入者は保険に加入したことから注意深くなくなるのがそれに該当する。

　情報の非対象性と目的の不一致の2つの条件が揃うとエージェントがプリンシパルにとって不利益な行動を取りがちになるが，これは人間の合理的な判断の帰結としてとらえられる。組織にはさまざまな立場の人びとが関係していることから，すべてのひとがときにはプリンシパルとなりエージェントとなる。とくに企業におけるモラルハザード問題の重要な柱となっているのは従業員の管理・監督問題とコーポレートガバナンスである。

　プリンシパルとしての管理職はエージェントとしての部下に対して，部署の目標を達成するために一生懸命働くという行為を依頼していると解釈できる。しかしながらほとんどの企業でかれらがつねに一生懸命働いているとは限らないが，管理職は部下の行動をすべて把握できないことから情報の非対称性が生じている。

　管理職がエージェントとなるケースも考えられる。プリンシパルとしての経営者はエージェントとしての管理職に対して，自社の業績を上げるために可能な限り高い成績を上げるという行為を依頼していると解釈される。この場合管理職のなかには今期のノルマを達成したら残りの契約はなるべく来期分に回そうとするひとがいると考えられる。ここでも経営者が管理職のすべての行動を把握することが不可能なことから情報の非対称性が生じている。

　株主と経営者もまたプリンシパルとエージェントの関係にある。エージェ

ンシー問題は所有と経営が分離した株式会社制度に本質として内在する。プリンシパルとしての株主はエージェントとしての経営者に対して企業価値を向上させる行為を依頼していると解釈できる。たとえば直近の株価の上昇を期待する株主に対して，経営者が将来の安定した企業経営のために投資を考える場合など，必ずしも経営者が株主の期待どおりに企業を経営するとは限らない。ここでも株主が経営者のすべての行動を把握することが不可能なことから情報の非対称性が生じている。

プリンシパル・エージェント問題は株主と経営者のあいだだけでなく，従業員，顧客，取引業者，債権者などさまざまなステイクホルダーとのあいだにも発生する可能性がある。コーポレートガバナンスや資産運用の世界では，プリンシパル・エージェント問題が起きないようにエージェントにどのようなインセンティブを与えればよいかについて報酬を中心に研究されてきた。このようなプリンシパル・エージェント問題を回避してプリンシパルである株主の利益が守られるように，エージェントである経営者を監視するための仕組みとして生まれたのがコーポレートガバナンスである。

企業のモラルハザード問題にはよく見られるパターンが存在する。株主は複数企業の株式を所有することでリスクヘッジしているのに対して，経営者には無難に自分の任期を終えるためにリスク回避のインセンティブが発生する。また，株主は株価の最大化を求めるが，経営者は企業の成長を優先する。さらに経営者には自身の地位を守るために企業業績を粉飾するインセンティブが生じる。

モラルハザード問題を解決するためにはその原因である情報の非対称性と目的の不一致を解消する組織デザインとルールづくりが必要になる。モニタリングとインセンティブはそのためのツールとして利用される。モニタリングは組織に経営者を監視する仕組みを取りいれて情報の非対称性の解消を目指す仕組みである。社外取締役や監査役の導入は企業の透明性を高め，情報の非対称性の解消が期待できる。しかしながら日本の企業においては社外取締役は名誉職的な性格をもっており，コーポレートガバナンスにおける本来の役割を果たしているとはいいがたい実態がある。たとえば2012年のオリンパスの粉飾決算問題では同社に3名の社外取締役がいたにもかかわらず，

まったく機能していなかった。

　インセンティブはプリンシパルとエージェントのあいだの目的の不一致を解消することで，問題の解決を目指す仕組みである。これには業績連動型報酬やストックオプションなどの手法がある。

13-3
取引費用理論

　取引費用理論（transaction cost theory, transaction cost economics：TCE）の目的は，取引コストと内部化コストを検証することをとおしてビジネス取引における最適な取引形態を見いだすことである。

　古典的経済学において市場は企業間の効率的な交換を実現する仕組みとみなされてきたが，ロナルド・コース（Coase, 1937）は市場取引にも少なからぬ費用がかかり，この市場取引費用と組織内取引，管理費用などとの比較から，市場取引による生産の組織化とそれにとって替わるものとしての企業内部化を検討した。コースによれば取引費用とは市場利用の費用，すなわち価格メカニズムもしくは公開の市場を利用するための費用であり，市場での取引にはプロセスとコストを要することから，このコストを総称して取引費用とよばれる。

　オリバー・ウイリアムソン（Williamson, 1975, 1985）によれば取引費用の概念も幅ひろく，取引に必要な価格情報の収集・解析にともなうコスト，取引相手に関する情報の収集・解析にともなうコスト，取引先との交渉・契約手続きにともなうコスト，取引先の管理またはモニタリングコスト，取引先の変更にともなう調整コストなどのコストがあるとされる。ウイリアムソン（ibidem）は，取引費用アプローチを取引に関する総費用の最小化の観点から，市場と企業という制度的装置のいずれを選択するかの分析枠組みとしている。

　TCE は取引で発生するコストを最小化する形態およびガバナンスを見い

だそうする理論であり，企業や組織の形態を定義することにもつながる。取引費用理論も古典的な経済学を基礎としていることから，ひとや企業は合理的な意思決定をおこなうことを前提としているが，ここに人間の認知力には限界があり人間はその限られた将来予見力の範囲内で合理的な意思決定をおこなうという限定された合理性の考えを採りいれている。

　現実のビジネスでは不測の事態が生じる。一旦おこなわれてしまうと元に戻すのが難しく，しかも交渉相手が強さを増してしまうような投資に関して発生する問題をホールドアップ問題という。ここでは取引先から足もとを見られて取引せざるをえない状況に追いこまれて，不利益もあるがやむを得ず取引がおこなわれている。この問題の要因は不測事態の予測困難性，取引の複雑性，一方の企業のビジネスに必要不可欠な資産がもう一方の企業に蓄積される資産特殊性，相手をだし抜いてでも自分を利する機会主義行動にある。

　不測の事態が起って，自社のビジネスに不可欠な特殊な資産，技術，ノウハウ，経営資源が取引先企業に蓄積されてしまった状況では，取引先は足もとを見て自分たちに有利な機会主義的な取引をおこない，自社にとって取引コストが高くなってしまう。TCE は人間の将来を見とおす認知力の限界を前提にしており，企業に不測の事態が起こったときのコストコントロールに示唆を与えてくれる。

　この問題の帰結はこの取引を自社の内部に取りこんでコントロールすることであり，具体的には企業買収などである。取引費用理論は取引の効率性の視点から企業の範囲を定義しているという見方もできる。

　コース（op. cit.）の取引費用理論では取引コストが発生するメカニズムが解かれていなかった。コースの議論をより体系的に展開しようと試みたのがウイリアムソンである。ウイリアムソン（op. cit.）は取引コストの発生メカニズムを説明するために新古典派経済学で仮定されている完全合理性の仮定をゆるめて，サイモン（Simon, 1947）の限定合理性の仮定と効用極大化仮説を導入した。

　ウイリアムソン（cf., Williamson, ibidem）によれば，すべての経済主体は情報の収集，処理そして伝達表現能力に限界があり，合理的であろうと意図

されているが限定的でしかありえない行動をとる。またすべての経済主体は自分の利害のために悪徳的に行動する可能性がある。ここでかりにこのような経済主体間で取引がなされるならば，経済主体は可能ならば相手をだましても利益をえようと考える。ここで相手にだまされないためには取引契約前に相手を調査し，取引契約中に正式な契約書をかわし，そして取引契約後も契約履行を監視する必要があることから取引にコストがかかる。ウイリアムソンの取引費用理論では，これら取引をめぐる一連のコストが取引コストであり，この取引コストを節約するために経済主体の機会主義的行動の出現を統治するさまざまな制度が展開されると考えられる。

　ウイリアムソン（ibidem）によると，取引コストは資産の特殊性，不確実性，そして取引頻度といったより具体的な取引状況に依存するとされる。資産の特殊性とは取引する相手によってその価値が変動する資産の特性のことであり，一般に相互依存関係にある資産は特殊であり，このような特殊な資産にかかわる取引では取引が少数者に限定される。たとえば特殊な部品を必要とする組立メーカーとそのような特殊な部品を供給できる特殊な工作機械を所有する部品メーカーとのあいだの取引がこれに該当する。このような取引では取引当事者はともに情報の収集，処理，伝達能力に限界があり，しかも機会主義的に行動する可能性があることから，取引当事者は互いに駆け引きすることで不必要な取引コストが発生すると考えられる。

　ウイリアムソン（ibidem）によると，いったん取引契約が締結されて一方の当事者が取引に特殊な投資をして特殊な資産が形成されると，この特殊な投資を回収するために長くこの取引契約関係を続ける必要が生じる。この場合取引当事者はともに情報の収集，処理，そして伝達能力に限界があり，しかもともに機会主義的に行動しうることから，この特殊な投資は人質となって良好な取引関係を続けていかなければ，この人質が回収不可能な埋没コストになってしまう。それゆえ特殊な投資をした当事者はつねにほかの当事者によって機会主義的に駆け引きを仕掛けられる可能性があり，この特殊な関係を打ち切るように脅されたり，法外な要求をつきつけられたりするホールドアップ問題に巻きこまれる可能性がある。このように特殊な資産に関連する取引では不必要な取引や交渉がおこなわれることから取引コストは

高くなるとされる。

　ウイリアムソン（ibidem）によると，不確実で錯綜した取引状況では，すべての取引当事者は情報の収集，処理，そして伝達能力に限界があり，互いに相手を十分知ることができないことから相互に機会主義的にだましあいをする可能性がある。したがってこのような取引状況では取引コストは高くなる。また取引頻度が高い取引状況では，すべての取引当事者は情報の収集，処理，そして伝達能力に限界があり，機会主義的に行動する可能性があるとしても，取引回数に比例して相互に相手の情報を得ることができるならば機会主義的行動は抑制され，取引コストは節約される。しかしながら取引頻度が多くても相互に相手の情報がまったく得られない場合には，逆に頻度に比例して機会主義があらわれることから取引コストは増加するとされる。

　このように取引費用理論は新古典派経済学の完全合理性の仮定をゆるめて限定合理性と機会主義の仮定を導入することによって，その説明範囲を拡張して取引関係をより正確に分析し，取引コスト発生のメカニズムを明らかにする理論である。

　GAFA とよばれる巨大プラットフォーム企業は優れたアイデアを事業化したスタートアップ企業を買収することで将来の競合の芽を摘むと同時に，取引コストを削減していると解釈することもできる。

　グーグル（Google LLC., Alphabet Inc. 傘下）が 2001 年以降に買収した企業は 240 社以上であり，2014 年の 1 年間では 35 社の企業を買収している。2004 年に買収したキーホール（Keyhole, Inc.）は設立後 3 年ほどの衛星写真や航空写真をもとにした 3 次元地図情報を手掛ける会社で，同社のビジネスがグーグルマップ，ストリートビューにつながる。2005 年に 5000 万ドルで買収した，元アップルの社員がはじめた設立から 2 年ほどの小さな会社，アンドロイド（Android, Inc）はこんにちモバイル OS として世界で大きなシェアをもち，2006 年に 16 億 5000 万ドルで買収した YouTube（YouTube, Inc.）は設立から 2 年に満たない小さなビデオシェアリングサービスを提供する会社だった。2014 年には囲碁で人間のプロ棋士を破ったことで有名になった AlphaGo を制作したチームとして知られている人工知能を開発するディープマインド（DeepMind Technologies Ltd.）を買収している。

　アマゾンはスタートアップの書籍販売をはじめた当時からシェアの重要性を強く理解していたことから，短期的に見れば赤字が膨らむような戦略も積極的におこなっている。1999年，アマゾンは「Alexa.com」を運営するアレクサインターネット（Alexa Internet, Inc.）をおよそ2億5000万ドルで買収する。2014年にアマゾンが発売したAIスピーカー，アマゾンエコー（Amazon Echo）に搭載されている人工知能が「アレクサ（Alexa）」である。2012年，アマゾンは倉庫内のロボットによる配送などをおこなうキバ・システムズ（Kiva Systems, Inc.）を7億7500万ドルで買収した。同社のロボットはカメラとリアルタイム画像処理システムを搭載しており，物流センター内を自立して移動し，荷物を運ぶことができ，商品のピッキングプロセスが大幅に改善されている。2017年，アマゾンはホールフーズ・マーケット（Whole Foods Market, Inc.）を137億ドルで買収した。ホールフーズ・マーケットは全米に約450店舗をもつオーガニック食品を中心として取り扱う高級スーパーである。

　2013年，アップルは3Dジェスチャーを認識するセンサーを開発するイスラエルのプライムセンス（PrimeSense Ltd.）を3億4500万ドルで買収，2015年にはAIによる発話認識技術のボーカルIQ（VocalIQ Ltd.），人口知能（AI）関連の技術開発を手がけるトゥーリ（Turi, Inc.），モーションキャプチャー技術のフェイスシフト（Faceshift AG），ディープラーニングを活用した画像認識のパーセプティオ（Perceptio, Inc.）を買収，2017年，顔認証技術のリアルフェイス（RealFace, Inc.）など，映像からさまざまな情報を得る技術であるコンピュータービジョンを手掛ける企業のM&Aをおこなってきた。アップルの画面を見つめるだけでロックを解除できるスマホ「iPhone X」の顔認証技術「Face ID」は，これらの企業買収をとおして獲得した技術によって実現された。

　アップルは2010年に2億5000万ドルで買収したシリ（Siri, Inc.）が開発した音声認識技術の「シリ（Siri）」を強化することを目的として，音声認識のボイシス（Voysis Ltd.），データセットのエラーを自動で識別，修正するAIプラットフォームを開発するインダクティブ（Inductiv, Inc.），スマホやドローンなどのエッジで動作する人工知能のAIスタートアップ，エッ

クスノア（Xnor.ai, Inc.）」，仮想現実ストリーミング配信のネクスト VR（Next VR, Inc.）などを買収している。

　2012 年，フェイスブックは 2010 年 10 月にアプリの提供をはじめたばかりで社員 13 人，売上高はほぼゼロの写真共有アプリの Instagram（Instagram, Inc.）の運営会社を 7 億 1500 万ドルで買収した。社員 13 人のスタートアップ企業を約 7 億ドルで買収するということは 1 人あたり 5400 万ドル程度を支払う計算になり，当時の状況を考えると破格の条件であった。

　フェイスブックが Instagram を買収した理由はモバイル市場でシェアを獲得するためであるが，フェイスブックが同社を買収した本当の理由は将来の競合の芽を摘むことでもあった。マーク・ザッカーバーグの予測はあたり，2019 年度の Instagram の広告収入は約 200 億ドルを超えて YouTube を凌いでおり，これはフェイスブックの売上の 4 分の 1 を占める。買収前に 1000 万人だった月間アクティブ数は 2013 年に 1 億人に達し，2016 年には 5 億人，2021 年には 10 億人を超えている。

　グーグル出身のケビン・システム CEO は 2010 年春に大学の同窓マイク・クリーガーとともに位置情報アプリに写真機能がついたバーブン（Burbn）を開発した。バーブンが位置情報ではなく写真共有に多く使われていることに着目したシステムは，位置情報アプリに写真機能があったバーブンから写真機能のなかに位置情報をくわえ，その機能はあえて写真の撮影，加工，共有に限定した写真共有アプリ，インスタグラム（Instagram）をわずか 8 週間で開発し，10 月からアップルストア（App Store）をとおしてリリースした。

　Instagram はスマホで撮影した写真の加工と共有に特化したアプリで，撮影した画像をフィルターでセピア調などに加工して投稿する仕組みで極めてシンプルだった。当初は数ある写真共有アプリのひとつだったが，少ない操作で撮影，加工，共有ができる使い勝手のよさが人びとの支持を得ることになる。

　対応する基本ソフトがアップルの「iOS」だけだったにもかかわらず，リリースして 2 か月後には 100 万人の登録ユーザーを獲得する。2011 年 1 月に Instagram の代名詞となるハッシュタグ機能が追加されて写真探しが簡

単になると，7月には画像の投稿件数が1億点を突破する。2011年6月までに500万人，リリースから1年を待たずに1000万人に到達して，2012年4月までに登録利用者は3000万人を突破した。4月にグーグルの「アンドロイド」に対応したアプリを公開すると初日だけで100万人以上が新規に利用をはじめた。サービス開始から約1年半で3000万人超という利用者数の伸びはフェイスブックを上回っていた。

13-4
組織学習

　ハイパーコンペティションの環境において変化に対応できない企業は淘汰される。変化に対応するために組織は新たな知を生みださなければならないが，それは多くの企業にとって困難なことになっている。学習する組織は多くの利用可能性を有した集約された知的資源を生みだす。多くの組織が新たな組織の知識を創造するために組織学習を促進する組織の構築に取り組んでいる。

　知識は体験をとおして個人に体化され暗黙知として蓄積されるが，こうした知識がかりに有益であってもそれが個人の暗黙知にとどまっている限り社会に還元されることはない。ピーター・ドラッカー（Drucker, 1993）は知識を，情報を仕事やその成果に結びつける能力であるとし，それは人間の頭脳と技能の内にのみ存在するとした。かれによると事業の成功は知識が顧客の満足と価値において意味あるものでなければならず，知識は事業の外部すなわち顧客，市場，最終用途に貢献してはじめて有効となる。

　組織学習の理論の多くは認知心理学を基礎としておりサイモン，マーチ，サイアートを中心としたカーネギー学派から組織学習の理論研究が派生している。組織学習とは何かを経験することで新しい知を得ることである。

　組織学習は「知ること」と密接に関係している。情報は知識創造に必要であるがそれだけでは十分でない。ひとが何かを知ってそれが経験によって有

益である，もしくは有益でないということが認識されて，つぎの知ることに活かされるとき，はじめて学習サイクルは完結する。カヴァレリ＝フィアロン（Cavaleri=Fearon, 1996）はウラニウムのメタファーで知識は高度に精錬されているとする。なぜならばそれは知ること，行動，経験，考察のフィルターにかけられているからである。

　カヴァレリ＝フィアロン（ibidem）によれば，効果的な組織学習は利用可能な情報からではなく有用な知識からもたらされるとしたうえで，「アクショナブルナレッジ」を人間関係を刺激してイノベーションへ向かわせることを助ける知識と定義している。それはノウハウといってもよく，ノウハウは組織学習の産物である。かれらは組織学習とは職務経験の意味を継続的に再定義するプロセスであるとし，たとえばガラス工房，楽器工場などの職人組織では過去から蓄積された英知と現在の職人の技術が組織の伝統，ルーティン，組織の価値のなかで生き続けているとする。

　アクショナブルナレッジは命令そしてコントロールスタイルの組織構造の衰退とハイスピードマネジメントの登場によってもたらされた。組織学習は組織のマネジメントにマーケットの変化を引き起こす原因と成果のパターンを認識させ，かれらがそうした変化に対応できるノウハウを創りだすことを促進する。

　学習の役割は顧客価値を創造するために組織をつうじて個人の知識をほかの組織構成員が利用可能な状態を創りだすことである。たとえば新製品開発プロセスは蓄積された組織の知識を顧客のニーズにあてはめるプロセスである。組織学習能力を有する組織は複雑な外的環境と急速な環境変化に対応できる「より賢い人間」による「より賢い組織」を実現する。Nonaka（1991）によると知識創造は単なる新しい情報の獲得ではなく，それは暗黙の高度に主観的な知識の源泉を獲得することをとおして個々の従業員の洞察をひらき，それらを会社全体として利用可能にすることであるとされる。

　ランドバーグ（Lundberg, 1996）は，組織学習とは組織構成員によって行われる学習ないしは知識獲得の組織内での情報共有であり情報の取捨選択であるとする。そして，学習する組織を他の組織と区別する基準は，組織が学習する方法を学習しているかどうかで判断されるとした。組織学習にあたっ

て組織メンバーはいくつかの役割を果たす。組織活動の過程で問題が生じたとき、あるいはより効果的な行動パターンを発見したメンバーは、その問題点ないしは改善点を表面化する。つぎにほかのメンバーによってそのポイントが組織内に伝達され、続いてその内容が検証、分析される。かりにそのポイントが組織の利益向上、効率改善につながると判断されるとつぎの過程では具体的にそのポイントが新たな組織活動としてデザインされる。そして最後にそのデザインが組織のルーティンとして組織内に拡散されるのである。

ランドバーグ（ibidem）はこの観察・表面化、組織内への警鐘・伝達、検証・分析、適正化・ルーティン化、組織内への拡散を組織の学習のサイクルとして獲得している組織を学習する組織（learning organization）としたのである。

リンダ・アルゴーティ（Argote, 1999）によれば、組織学習とは「経験の関数」として生じる「組織の知の変化」と定義される。アルゴーティによれば、組織はその経験をとおして新たな知を獲得するとされ、知の獲得には知の創造、知の移転、代理経験という大きく3つのルートがあるとされる。そして組織は経験をとおして獲得した知と自身がすでにもっている知を組みあわせて新しい知を生みだす。また組織は自ら知を生みださなくても外部から知を手にいれることができる。さらに新しい知の獲得は組織自身の経験のみからではなく他者の経験を観察することから学ぶこともできるとされる。

13-5
SECI モデル

竹内（1995）によれば「知識」はきわめて多義的で多層的な意味をもつ言葉である。「情報」がメッセージないし意味のフローであるのに対して、体系化された情報のストックである知識は記憶情報のみでなく、概念、法則、理論、価値観、世界観にいたるまで抽象性や包括性などの点で多層なレベルにまたがって使われる言葉であり簡単な定義をうけつけない。

そもそも知識とは何かいう問題は古代ギリシャ時代からの重要な関心事であった。知識は客観的知識と主観的知識という2つの側面からとらえることができる。客観的知識は命題としての言語化，形式化可能性という点に着目して「形式知」，主観的知識は言語化困難性に着目して「暗黙知」とよばれることもある。マイケル・ポランニー（Polanyi, 1966）は暗黙知を感覚による外界の事物の知覚であり，包括的存在の構造を決定するものとして位置づけた。かれによると人間の知識について考えるときわれわれは語ることができるより多くの事実を知っており，暗黙知を排除しては一切の知識形成過程が自己崩壊につながるとした。すなわち知識形成過程は暗黙知の獲得からはじまる。ポランニー（ibidem）は暗黙知の知覚を創発という言葉で表現している。創発の概念は桜井（1987）のいう直感，インスピレーションであり，未知のことがらに対する新たな暗黙知の形成である。

　カール・ポッパー（Popper, 1957）は知識の成長を問題の設定とその暫定的な解決による誤りの排除からなる進化プロセスととらえていた。野中（1992）が提唱する知識創造の概念に基づく新たな組織理論は組織が情報や知識を発信，創造することによって，主体的に環境に働きかけていくという能動的でダイナミックな組織観である。Nonaka（ibidem）は知識を言語化あるいは体化された蓄積情報とする。そして組織的知識創造の源泉は暗黙知と形式知の相互補完，循環作用であるとされる。野中（1986）は自己組織化パラダイムのイメージのなかで，カオスないしはゆらぎをとおしての自己組織化のプロセスによって組織の自己革新に有益な情報が創造されるとした。かれによると自己組織化による行動は偶然を取りこむ確率が高く，自己組織化による情報創造は既存の組織パラダイムないし「企業内知識の編成原理」に拘束されない自由度をもつ構成員がまったく思いがけない偶然，ズレ，飛躍をはらんだ事実に遭遇してそれを組織内に必然化する過程であり，それまで組織に存在しなかった新たな知識を獲得する過程であるとされる。

　野中（1996）は暗黙知と形式知の相互循環を「知識変換」という概念でとらえた。この知のダイナミクな特性に着目したのが組織における「知識創造理論」である（cf., 野中，1989, 1992, 1996；紺野＝野中，1995；Nonaka＝Takeuchi, 1995）。この理論は企業に属する個々人のもつ知識が組織の

ケイパビリティとして蓄積され，それを土台に知識の変換（創造）が起こるという考え方である。紺野＝野中（1995）は，知識の創造を暗黙知と形式知の相互変換・循環プロセスをとおした知識の質・量の発展であるとした。

　個人が経験した暗黙的な知識（暗黙知）が「共同化（socialization）」，「表出化（externalization）」，「連結化（combination）」，「内面化（internalization）」という4つの変換プロセスを経ることで集団や組織の共有の知識（形式知）となるとされる考えは「SECIモデル」とよばれる。これは他者や自然に対する人間の経験から生まれる共感をベースに暗黙知が共同化され，対話などをとおしてこうした暗黙知が概念化され，個々の概念が連結されて理論化，物語化されて，実践をとおして組織のケイパビリティとして体化されていくスパイラルプロセスである。

　SECIモデルのプロセスは分析や計画ではなく人間の経験における共感からはじまる。共同化は環境との相互作用から生まれた個人の暗黙知を組織に有用な暗黙知に変換するプロセスである。そのためには暗黙知から仮説を創りだす「アダプション」が必要であり，そのためには目的意識をもった経験からの察知が重要となる。表出化は暗黙知を形式知に変換するプロセスである。個人に属する暗黙知はそのままでは他者と共有できないことから言語や図表，数式などによって形式知に変換される。暗黙知は言語化されることでよりコンセプチュアルになってその本質的理解が進む。連結化は形式知を形式知に変換するプロセスである。このプロセスでは暗黙知から変換された形

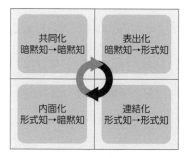

図表 13-1　組織の知識の動的プロセス

出所：Nonaka=Takeuchi（1995），p.62.

式知が「ナラティブ」として組織内で紡がれていく。

　内面化は形式知から暗黙知への変換プロセスである。組織にとって有用な知識が組織のケイパビリティとして蓄積され，すべての組織構成員がそれを利用可能な状態を創りだすことである。これらの4つのモードは独立的におこなわれるのではなく，スパイラルに作用しあうことによって知の増幅がもたらされる。野中（1996）は知識創造の促進要因として組織の知識ビジョン，組織構成員の自立性，カオスとコンテクスト，冗長性，そして最小有効多様性をあげている。

13-6
ナレッジベースドビュー

　知と知を組みあわせることで新しい知が生まれるとすれば，知を移転しやすい組織のほうが新たな知を創造しやすい。企業は暗黙知が移転しやすいコードをもつ一種の社会システムと考えることができる。コードとは歴史，ビジョン，文化，風土，経験などから築き上げられてきた共通する言語，法則，考え方である。専門性を有する部門間でもコードを共有する組織内であれば暗黙知の移転が可能であり，企業の存在範囲は暗黙知のコードを共有できる範囲と考えることもできる。

　暗黙知は暗黙であるがゆえに企業外に漏れない。出荷された製品を入手して分解や解析などをおこなってその動作原理や製造方法，設計や構造，仕様の詳細，構成要素などを明らかにするリバースエンジニアリングという手法があるが，リバースエンジニアリングにおいて仕組みが分かることと同じものを同じようにつくれることはまったく別の問題である。

　セブン-イレブンの「仮説検証型発注」はコンビニエンスストア経営において培ってきた経験や勘，企業内部で長い時間をかけて紆余曲折を経て形成されてきた成功仮説を共有して商品の発注に活用される仕組みである。この仕組みは暗黙性，因果関係の不明確さ，経路依存性を有していることから簡

単に模倣することができない。このように組織能力はその企業のそれまでの経験やプロセスと切り離して考えられない。

　そもそもセブン-イレブンがPOS（point of sales：販売時点情報管理）システムを導入した理由は，アメリカのサウスランド・アイス（Southland Ice Co.）との契約交渉の責任者だったイトーヨーカ堂の鈴木敏文（のちのセブン＆アイ・ホールディングス会長兼CEO）が多くの在庫を抱える店舗の品切れの多さに着目したからだといわれている。そこで鈴木は手作業で単品ごとの販売集計を日次でおこなって死に筋を見つけて商品構成を変えていくことを考えた。

　鈴木は開店の午前7時から閉店の午後11時まで紙と鉛筆をもって店舗に立ち，顧客の属性，購買時間，購買内容を記録した。店舗での「売れ筋商品」をはじめとする商品の1日の販売数量を予測することができれば，少ない在庫量でも品切れによる販売機会ロスを防ぐことができる。特定商品の購買される時間，購買するひとの属性があれば，ドミナント展開するセブン-イレブン全店の品揃えに活用することができる。

　1970年代のセブン-イレブンでは1日の平均売上が約30万円であるのに対して平均在庫は約1000万円であった。セブン-イレブンでは売上と比較して在庫が多いにもかかわらず，特定商品の品切れが常態化していた。こうした状況は在庫回転率が悪い，すなわち回転しない在庫「死に筋商品」が多いことを意味していた。こうした不良在庫を抱えこむことによって仕入れにかかった代金が回収されず，売れた商品を補充しようにも当時はまだ納品ロットが大きく，バックヤードの在庫スペースの限界から売れ筋商品を仕入れることができないという悪循環に陥ってしまっていた。

　日本にコンビニエンスストアという新しい小売形態を持ちこんで失敗が許されない状況のなかで窮地に立たされた鈴木の頭のなかで，近隣の施設をふくむ店舗立地，天気や気温などの気象条件，時間帯，地域イベントなどの条件と売れる商品のあいだにはなんらかの因果関係が存在するのではないかという仮説がアダプションされて，知識の共同化が生まれる。鈴木らのチームによって収集された販売データによって知識の表出化がおこなわれ，検証された形式知が連結化されてナラティブとしてフランチャイジーに伝えられる

ことで，組織構成員が利用可能な状態になる。こうしたセブン-イレブンの知識創造プロセスをシステム化したものがPOSシステムである。

　1982年，セブン-イレブンはアメリカでレジの打ち間違いや不正防止目的で使われていたPOSシステムを日本に導入し，世界ではじめてマーケティングに活用する。POSシステムを活用することで，発注担当者が毎日の天気や地域の行事などの情報をもとに需要に関する仮説を立てて発注し，その販売結果をPOSデータで検証したうえでつぎの発注の仮説を立てるという「単品管理」の仕組みを構築する。コンビニエンスストアは限られた陳列スペースとバックヤードしかもっていない。店舗面積が限られているコンビニエンスストアにとって，売れる商品を売れる数量だけならべることと品切れによる販売機会の喪失を招かないことは極めて重要であり，POSシステムはこうした要請に応えてくれる仕組みであった。

　購買日時，購買顧客属性データ，季節，天候，地域性，イベント，流行などがチェーン本部で分析されており，たとえば小学校や幼稚園の運動会がある際には，POSシステムから前年までの販売データを参照して発注をおこなうことができる。使い捨て容器のような運動会のときにだけ売れる商品，清涼飲料水やおにぎりなどの運動会のときに多く売れる商品の発注を，過去の販売データをもとにおこなうことができる。運動会が開催された場合でも，気象条件によって特定の商品の売上は大きく変動するが，複数年にわたるデータの蓄積，同じ条件に該当する店舗のデータなどが複合的に分析されており，商品発注をサポートする重要な情報を提供してくれる。

　アメリカのサウスウエスト航空はLCC（Low Cost Career）のパイオニアである。同社の航空機が着陸から離陸までに要する時間は15分である。競合企業が，これを実現する仕組みはわかっても模倣することが困難である理由は，サウスウエスト航空が15分ターンのノウハウを獲得する際の経路依存性にある。

　新規参入にあたってレガシーキャリアから仕掛けられた法廷闘争によって資金難に陥ったサウスウエスト航空は，資金調達のために所有する航空機1機を買却する。申請時の4機体制の運行計画は変更できないことから絶体絶命の状況に追いこまれた同社は，競合企業の1.5倍に航空機の稼働率をあげ

ることで対応する窮余の策を考えた。整備担当者たちはインディ 500 のピット作業を実際に見学することで安全でかつ迅速な機体の離発着準備作業を学習した。周回数が 200 周を超えるカーレースにおいてレースカーはピットに 6 回以上はいるが，そこでの 0.2 秒の遅れは 120 メートルの遅れとなることから 100 分の 1 秒単位での作業がおこなわれる（cf., Freiberg=Freiberg, 1996）。

　またパイロットをはじめとしてキャビンアテンダントも機内の清掃をおこなう，予約システムを使わず 3 色のプラスティックカードで座席管理をおこなうことで搭乗前の乗客のチェックイン時間を早めるなどの工夫がなされた。さらに離発着にともなう機体の準備作業において，チーム単位での報奨システムを導入することで，作業員のモチベーションを高める仕組みも導入された（cf., ibidem）。

　こうした競合企業の常識では考えられない仕組みを導入することができた要因として，同社のスタッフが競合企業を解雇されたリストラ集団と，元チ

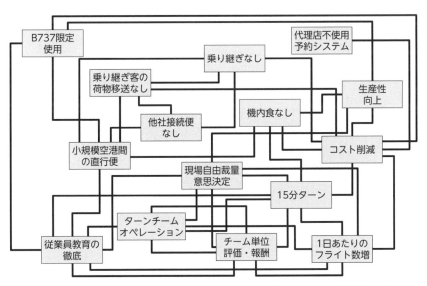

図表 13-2　サウスウエスト航空のビジネスモデルにおける経路依存性

出所：筆者作成

アリーダーを客室乗務員に採用するなど航空機産業とは無縁の素人集団であったことがあげられる。こうした仕組みは職能別労働組合がある競合企業の縦割り組織では到底実現できない取り組みであった（cf., ibidem）。

そして何よりも危機的状況のなかでまさに試行錯誤を繰り返すことをとおして獲得されたスキル，ノウハウは模倣することが極めて困難である。

13-7
ソーシャルネットワーク理論

ソーシャルネットワーク研究の2大理論がマーク・グラノヴェッター（Granovetter, 1973）の「弱い紐帯の強さ理論」と，ロナルド・バート（Burt, 1992）の「ストラクチャルホール理論」である。

13-7-1　弱い紐帯の強さ理論

マーク・グラノヴェッター（Granovetter, op. cit.）によれば，新規性の高い価値ある情報は自分の家族や友人，職場の仲間といった社会的なつながりが強い人びとよりも社会的つながりが弱い人びとからもたらされる可能性が高いとされる。これは「弱い紐帯の強み（the strength of weak ties：SWT）」理論とよばれる。強いつながりをもつ人たちは同じような環境，生活スタイル，価値観をもつ傾向があることから情報の入手ルートも重なりがちであり，そこから得られる情報は自分のもっている情報と大きな違いがないことが多い。それに対して自分とのつながりが弱い相手は自分と異なる環境，生活スタイル，価値観をもっている場合が多いことから，自分にとって新規性が高く有益な情報をもたらしてくれる可能性が高いと考えられる。

グラノヴェッター（ibidem）は，1970年アメリカボストン郊外に住む就職先を見つけたばかりの若者54人を対象に質問票調査を実施して，就職先を見つける際に役立った情報の入手経路を調査した結果，調査対象者の

17％はあう頻度の高いひとすなわち社会的つながりの強いひとからの情報で仕事を得ていたが，残りの83％はまれにしかあわない社会的つながりの弱いひとからの情報で就職していたことがわかった。

グラノヴェッター（ibidem）によれば，弱い紐帯は強い紐帯同士をつなぐ「ブリッジ」として機能し，価値ある情報がひろく伝わっていくうえで重要な役割を果たしているとされる。ブリッジとは2点をつなぐ唯一のルートであり，ソーシャルネットワーク上で特定のつながりがブリッジとなりうる条件はつながりが弱いときに限る。強い頻度同士のつながりは接触の可能性を高め，人間は親近感をもっているひとと強いつながりにあるひとに親近感をもちやすい。また人間は本質的に自分と似たひととつながりやすい。

ソーシャルネットワークの役割は情報をネットワーク全体に伝播させることであるが，幅ひろく多様な情報が遠くまでスピーディーに伝播するのに向いているのは弱いつながりから成るネットワークである。高密度ネットワークには複数のルートがあることから無駄があり，弱い紐帯にはブリッジが多いことから情報伝播に効果的である。またブリッジが多いネットワークはルートに無駄がないために遠くに伸びやすい。さらに弱いつながりは簡単につくることができる。ネットワーク全体の情報伝播の効率性はソシオセントリックネットワークであらわされる。

弱い紐帯の強みの考え方は企業の組織構造にも活用されている。ダイバーシティ経営とは年齢，性別，人種，宗教，趣味嗜好など多様な人材を活かしてその能力が最大限に発揮できる機会を提供する手法である。多様な人材から構成された組織のネットワークは大きくひろがり，組織学習の可能性を高めてくれる。

グラノヴェッター（ibidem）は，ひとのつながりにおいて世間は狭いという状況をあらわす「スモールワールド現象」はSWT理論で説明できるとした。スタンレー・ミルグラム（Milgram, 1967）はアメリカ国内で面識のない2人組を選出して，一方から他方へ手紙をだしてたどりつくまでの人数を調査した。その際自分の知る人脈のうちでその相手に一番届きそうなひとに手紙をだすように依頼した。調査の結果，最短2人，最長10人，平均6人を経由すれば当時人口2億人の広大な国土をもつアメリカにおいて他人同

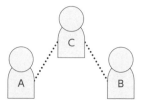

図表 13-3　弱いつながり

出所：筆者作成

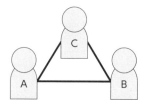

図表 13-4　強いつながり

出所：筆者作成

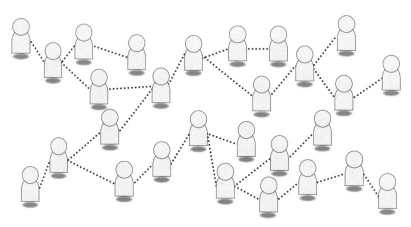

図表 13-5　弱いつながりのネットワーク

出所：筆者作成

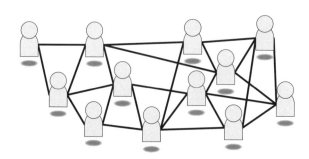

図表 13-6　強いつながりのネットワーク

出所：筆者作成

士がつながることが明らかになったことから，この現象は「6次の隔たり」とよばれている。

13-7-2　ストラクチャルホール理論

　人間と人間は広範なネットワークでつながっているが，周囲の人間とのつながり方はひとによって異なっている。ロナルド・バート（Burt, op. cit.）によれば自分中心のネットワーク視点をエゴセントリックネットワークとよび，これによって環境に優劣が生じる。図表13-7でA，B二者が発信する情報をともに手にいれ，これをコントロールできるCは，ネットワーク上でもっとも優位な立場に立つことができるとされる。この場合つながっていない者同士の媒介となってそれを活かして優位に立つことを「ブローカレッジ」といい，AとBのあいだには「ストラクチャルホール（structural hole：SH）」が存在する。この関係は人間のパフォーマンス，昇進，イノベーション創出に影響を与えると考えられている。

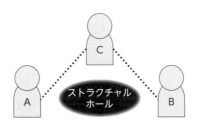

図表13-7　ストラクチャルホール
出所：筆者作成

14

現代の経営学

14-1
経営学の最新理論

　労働現場の効率的な作業の仕組みを構築することからはじまった経営学は，120年あまり経過したこんにち，いかにして組織を維持，成長させるかがメインテーマになっている。すなわち経営学の研究は，「すでに存在するものをそれまでよりもうまく機能させること」を考えることから，「従前よりもうまく機能するものを創りだすこと，考えだすこと」に本質的な変化を遂げている。

　イノベーションのジレンマで知られるハーバードビジネススクールのクレイトン・クリステンセン（cf., Christensen, 1997）とマーク・ジョンソンが設立した経営コンサルティングファーム，イノサイト（INNOSIGHT）の隔年の企業寿命レポートによると，企業寿命は長期的に低下し続けている。アメリカの株価指数 S&P500 に選ばれた大手企業の平均存続年数は 1964 年に

は 33 年であったが 2016 年には 24 年に縮まり，2027 年には 12 年になると予想されている（cf., https://www.innosight.com/, 31 March 2021）。

S&P500 とはアメリカの証券取引所に上場された代表的な 500 銘柄で構成される株価指数で NY ダウ構成銘柄 30 種もふくまれており，アメリカ経済を反映する重要指数としても世界的に知られている。ここには GAFAM とよばれるグーグル（Google LLC, Alphabet Inc. 傘下），アマゾン（Amazon.com Inc.），フェイスブック（Facebook Inc.），アップル（Apple Inc.），マイクロソフト（Microsoft Corporation）のほか，データベースソフトメーカーのオラクル（Oracle Corporation），半導体メーカーのエヌビディア（NVIDIA Corporation），PDF や Flash, Photoshop などのアプリケーションを提供するアドビ（Adobe Systems Incorporated），総合保険の（MetLife Inc.）などの企業が名を連ねている。イノサイトはこうした優良企業の平均存続年数が 2027 年に 12 年になると予想しているのである。

2012 年 1 月 19 日，映像のデジタル化の流れのなかで長い歴史を誇る名門企業，イーストマン・コダック（Eastman Kodak Company）は米連邦破産法 11 条の適用を申請して，事実上経営破綻に追いこまれた。同社も S&P500 の構成銘柄であったがその経営が斜陽になるなかで 2010 年に構成銘柄から外れている。

ここから読み取れることは，どんなに優れた経営資源を有していても，環境の変化に対応できなければその経済的価値を失ってしまうという事実である。コダックは 1996 年には従業員数 14 万人を擁して，アメリカのフィルム市場の 90 ％，アメリカのカメラ市場の 85 ％を握っていた。かつてコダックに良いことはアメリカに良いことといわれたアメリカを象徴する巨大企業も例外ではなかった。

その一方で富士フイルムホールディングスはそれまでの写真フィルム事業のなかで培ってきた 20 マイクロメートル単位の多層膜塗布技術を活用して，化粧品や医薬品事業への多角化を推進してきた。

こんにち世界は驚くべきスピードで動いているため，マーケットにおいて一度経営判断を誤ってしまうと挽回するのが困難な状況となっている。コダックは世界ではじめてロールフィルムおよびカラーフィルムを発売した

メーカーであり，世界ではじめてデジタルカメラを開発したのも同社だった。

　「自分の人生を記録したいという願い，一瞬のチャンスをとらえて記録したいという願望」を実現する「写真撮影の決定的瞬間」は「コダックモーメント」とよばれるようになっていた。1973年にレンセラー工科大学を卒業してコダックに入社したスティーブン・サッソンは，1975年に電荷結合デバイスを使った世界初のデジタルスチルカメラとデジタル記録装置を開発している。そのときの解像度は0.01メガピクセルだった。しかしながら写真フィルム事業での大きすぎる成功のために，デジタルカメラは写真フィルムの業績に悪影響を与えるとの理由から発明品であるデジタルカメラの商業化を見送りデジタル化の波に乗り遅れてしまった。

　こんにちコダックモーメントは，「市場が急激に変化する決定的瞬間」を意味するようになり，コダックは旧分野での大きすぎる成功のために新たなイノベーションに乗り遅れる「イノベーションのジレンマ」，または新興の技術が旧来の優れた技術を破壊的に駆逐する「破壊的イノベーション」の犠牲者の象徴として知られることになった。

　2010年10月，グーグル出身のケビン・シストロムが大学の同窓マイク・クリーガーとともに設立した新しいエクスポネンシャル組織は，その18か月後に13人の従業員とともにフェイスブックに10億ドルで買収される。この会社が開発したのが写真共有アプリInstagramである。そしてInstagramは新しいコダックモーメントを創りだしている。

　こんにち経営学はハイパーコンペティションの環境のなかで，組織が高い不確実性に対応して存続，そして成長するための方策の探究がメインテーマとなっている。その現代の経営学の代表的な研究が「両利きの経営」と「ダイナミックケイパビリティ」である。

　「両利き（ambidexterity）の経営」はスタンフォード大学のチャールズ・オライリーとハーバード大学のマイケル・タッシュマンによって提唱された概念で，企業がイノベーションを起こすためには「知の深化（exploitation）」と「知の探索（exploration）」をバランスよくおこなうことが必要とされる考えである。

　両利きの経営を簡潔に説明すると，変化が激しく不確実性が高い経営環境において，組織がその変化に対応して判断を誤らないためには，すでに獲得した知識のブラッシュアップと新しい知識の探究を継続しておこなわなければならないという考えである。

　こんにちの経営環境においては，かりに競争優位性をもった製品やサービスをもっていたとしてもそれはすぐに競合企業によって模倣され，あるいはその価値を無意味なものにしてしまう創造的破壊をもたらす製品やサービスが生みだされる可能性がかつてないほどに高い。そのなかで組織に求められるのが知の深化と知の探索なのである。

　こうした極めて不確実性の高い状況を生起させている大きな要因がデジタルトランスフォーメーション（digital transformation：DX）である。DXとはスウェーデンのエリック・ストルターマンによってはじめて提唱された概念で，ITの目覚ましい進歩が人びとの生活をあらゆる面でより豊かに変化させることを意味している（https://www.soumu.go.jp/，31 March 2021）。2018年に経済産業省より発行された「『DX推進指標』とそのガイダンス」によると，デジタルトランスフォーメーションとは「企業がビジネス環境の激しい変化に対応し，データとデジタル技術を活用して，顧客や社会のニーズを基に，製品やサービス，ビジネスモデルを変革するとともに，業務そのものや，組織，プロセス，企業文化・風土を変革し，競争上の優位性を確立すること」とされる（https://www.meti.go.jp/，31 March 2021）。DXの推進はわたしたちの生活をより豊かにするが，その裏側で，豊かな社会を実現するための製品やサービスを提供している組織サイドにおいて厳しい競争が繰り返されているのである。

　第15章で詳しく取り上げる「ダイナミックケイパビリティ（dynamic capabilities）」とは，環境や状況が激しく変化するなかで企業がその変化に対応して自己を変革する能力のことである。企業のケイパビリティはオーディナリーケイパビリティ（通常能力）とダイナミックケイパビリティ（企業変革力）の2つに分けることができる。このダイナミックケイパビリティを高めることを探究する有力な研究として，カリフォルニア大学バークレー校のデビッド・ティースの「センシングとシージング」とスタンフォード大学の

キャスリーン・アイゼンハートの「シンプルルール」がある。

　両利きの経営における知の深化とダイナミックケイパビリティ論における
オーディナリーケイパビリティ，両利きの経営における知の探索とダイナ
ミックケイパビリティ論におけるダイナミックケイパビリティは，組織にお
ける同様の能力をあらわしている。

14-2
両利きの経営

　オライリー＝タッシュマン（O'Reilly=Tushman, 2016）によれば，企業
がイノベーションを起こすためには「知の深化（exploitation）」と「知の探
索（exploration）」をバランスよくおこなうことが必要とされる。知の深化
は自社の有する知識を掘り下げ，磨きこみ，徹底的に利用する行為であり，
ティース（Teece, 2009）のいう「オーディナリーケイパビリティ」に基づ
いて既存のリソースを洗練化する技能適合力である。知の探索は自社の既存
の認知の範囲を超えて認知をひろげていく行為で，ティース（ibidem）の
いう「ダイナミックケイパビリティ」のもとに変化する環境に適応しようと
する進化適合力である。

　両利きの経営を実行するためにはオーディナリーケイパビリティとダイナ
ミックケイパビリティの相互作用が必要であり，これをとおして企業は進化
し，成長する。現在の機会を利用しつつ将来の可能性を探究する過程では潜
在的に互換性のない多くの活動を同時におこなう必要がある。これをおこな
うためにはオライリーとタッシュマンが「両利き」とよんだダイナミックケ
イパビリティの特殊な部分が要求される。

　オライリー＝タッシュマン（op. cit.）によれば，ビジネスの不確実性は乱
世，混乱，過当競争といったなかであらわれ，イノベーションと相互依存関
係がそれに拍車をかけるとされ，不確実性とリスクは異なった方法で切り抜
けるべきであり，リスク対応のツールは不確実性に対応するうえではほとん

ど役に立たないとされる。破壊的な変化にさらされたときに企業が最初にすべきことは、変化の源がおもにリスクなのか不確実性なのかを見極めることにある。かれらによれば、何が起こるかどう展開していくかがわからない不確実性にはダイナミックケイパビリティで立ち向かうべきとされる（cf., ibidem）。

　種が生き残るために変異するように組織もまた変異しなければ生き残ることができない。世界が変化するときにその環境により強く適合し、容易に再生産ができ、環境を占有できるタイプが生き残ることができる。動物や人類の進化の過程では環境により適応した遺伝子をもつタイプが後世に種を残すことを許された。新規事業を手掛けるうえで従来のやり方が非効率で時代に通用しなくなりつつある以上、生き残るためには両利きの経営ができなければならない。生物であれ組織であれ長く生き残るためには断続平衡説のような爆発的変化のもとで訪れる破壊的変化を乗り越えていかなければならないのである（cf., ibidem）。

　オライリー＝タッシュマン（ibidem）によれば、組織をコンピュータに見立てて考えてみると組織は制度や設備のような「ハードウェア」と人材やカルチャーのような社会的な「ソフトウエア」からできているとされる。変革の実行を成功に導いた構造がアラインメントであり、「組織固有の制度」と「キーサクセスファクター（KSF）」からなるハードウェアと、「人材」と「カルチャー」からなるソフトウエアから構成される。KSFとは既存事業の成功をとおして形成された組織特有の暗黙のやり方であり、カルチャーは制度ではなく行動様式である。アラインメントはこの4つのアイテムの組みあわせを1つに包みこんだ「風呂敷」のようなものとされる。風呂敷は日本企業と日本語に精通したカリフォルニア大学サンディエゴ校教授、ウリケ・シェーデの発想とされる。

　クレイトン・クリステンセン（Christensen, 2013）は、1つの組織、とりわけ大企業が既存事業と新規事業の両方を同時に運営することは困難であることを認識して、別々に取り組むことを推奨しているが、オライリー＝タッシュマン（cf., O'Reilly＝Tushman, op. cit.）は、既存事業の深堀りと新規事業の探索をしている組織を別々のものとした場合、新規事業に取り組む組織

が得た知見を既存事業にフィードバックできないこと，新規事業の探索をしている企業が本社のリソースの恩恵を受けにくいことを指摘している。

　すなわち異なる成長段階にある事業を同じ組織のもとで展開することは可能であるが，1つの組織で漠然と新旧2つの事業を手掛けることはできず，資金や人材，ノウハウや制度といったリソースは積極的に共有するが，違う事業に対しては異なったカルチャーで取り組まなければならないとされる。両利きの経営では経営者は事業ごとに仕事のやり方を考えなければならない。オライリー゠タッシュマン（ibidem）は，カルチャーを変えることをとおして成功体験のある組織構成員がそれまで慣れ親しんだやり方から抜けだせない「サクセストラップ」に陥らない環境を整えることで，はじめて両利きの経営で戦うことができると考えるのである。

　オライリー゠タッシュマン（ibidem）によればコア事業プラス新規事業が両利きの経営とされる。新規事業を成立させることは風呂敷の中身をいれ替えながら，自社の有する知識を掘り下げ，磨きこむことをとおしてコア事業の顧客をひろげ，コア事業の技能（スキル）を高めることをとおして知識を徹底的に利用することであるとされる。ラジアルタイヤはバイアスタイヤ

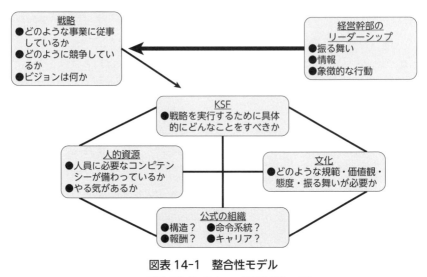

図表 14-1　整合性モデル

出所：O'Reilly=Tushman（2016）訳書，p.72.

とは異なるまったく新しい製造方法であるが顧客層は同一であり，航空輸送産業においてローコストキャリアで使用される技術，設備はレガシーキャリアと変わらないがビジネスモデルは異なっている。

　両利きの経営の3つの段階は「アイディエーション（着想）」，「インキュベーション（育成）」，「スケーリング（規模拡大）」とされる。アイディエーションとはアイデアを考えだすこと，新しいアイデアを開発するのは何が必要なのかを練りあげることで，アイディエーションの手法はユーザーの視点に立って製品やサービスを開発するデザインシンキングとされる。インキュベーションはアイデアが市場で受けいれられるかどうかを検証すること，換言すればビジネスモデルを描くことであり，スケーリングとは通常の事業展開である（cf., ibidem）。かれらは試作品を短期間でつくって市場投入し，市場の反応を見ながらビジネスを進めるリーンスタートアップ（cf., Ries, 2011）を推奨する。リーンスタートアップは着想や規模拡大には重きを置かず，アイデアが良いかの見極め，すなわち育成を迅速に繰り返すことを目的としたビジネスモデルである。

　オライリー゠タッシュマン（cf., O'Reilly=Tushman, op. cit.）によれば，イノベーションストリームとは累進，建設，激変のイノベーションの3段階を意味している。累進とは1つの技術を磨いていく段階で，進化ではあるが本格的なイノベーションではなく，本格的なイノベーションは建設ではじまる。「建設的なイノベーション」はクリステンセン（Christensen, 1997）が提唱したことばで，既存技術を従来とは異なった使い方で活用することである。

　規模の経済性が差異化の源泉となりえなくなる一方で企業の境界の決定にとって「共特化」の重要性が高まり，「規模の経済」と「範囲の経済」は補完的投資と共特化によるベネフィットの獲得に取ってかわられたとされる。そして多くの活動間の戦略的適合は競争優位の基礎であるばかりでなく競争優位を持続させる基礎でもあるとされ，競合他社にとっては特定のプロダクトやビジネスプロセスの模倣よりも「連結した活動の配列」に対抗することのほうがずっと難しいことが示される（cf., O'Reilly=Tushman, op. cit.）。

　富士フイルムはデジタルカメラの普及という環境変化にさらされていた

が，すでに自社で所有していた高度な写真フィルム技術を応用して開発した液晶パネルの生産に欠かせないディスプレイ材料事業に大胆な投資をおこなった。この事例は同社が写真フィルムに液晶パネルとの共特化の関係を見いだし，写真フィルム技術という資産を再構成して，ディスプレイ材料事業の拡大を加速するというダイナミックケイパビリティを発揮したものと解釈できる。

1991年の世界のフィルムシェアで富士フイルムが37％，コダックが36％であったが，世界のフィルム売上は2000年をピークとして減少を続けて，2005年にはピーク時から半減してしまう。2000年における富士フイルムのフィルム販売は売上の60％，利益の70％を占めていた。

2000年に代表取締役社長に就任した古森重隆は，幹部チームへ既存技術で新市場に適用できることはないか（領域D），新技術で既存市場に適用できることはないか（領域C），新技術で新市場に適用できることはないか（領域B）という3つの課題を投げかける。

2020年3月期時点の富士フイルムホールディングスは売上240憶ドルを超え，過去15年間の年間成長率は10％を超える。その事業領域はエレクトロニクス（複合機，半導体材料，携帯電話用レンズ，液晶画面用フィルム），医薬品（アルツハイマー病，エボラ出血熱），化粧品（アンチエイジングクリーム），再生医療（組織移植），医療機器（医療用画像処理，内視鏡）へと

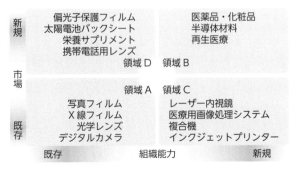

図表14-2　富士フイルムホールディングスのイノベーションストリーム

出所：O'Reilly=Tushman（2016）訳書，p.147.

ひろがっている（cf., O'Reilly=Tushman, op. cit.）。

　富士フイルムは事業環境の変化をいち早く察知し，変化することを恐れ
ず，むしろ自ら変化を創りだすことで進化を遂げてきた企業の代表例であ
る。同社は将来の市場変化を見据えて，デジタルカメラの研究には銀塩カメ
ラ全盛期の 1970 年代からすでに着手していた。2000 年以降急速にデジタル
化が進展し主力ビジネスであった写真フィルム市場が激減するという本業消
失の危機に直面したが，既存事業に固執せず新たな市場を開拓してきた。そ
の後も化粧品，医薬品，再生医療などに参入し，現在ヘルスケアが同社の主
力事業となっており，写真メーカーではなくヘルスケアカンパニーとしての
イメージが定着するほど大きく事業転換した。

　化粧品事業へは自社のコア技術を応用して参入しており，また医薬品，再
生医療事業への参入では同社の技術，ノウハウと組みあわせることでシナ
ジーを生みだし，新たな価値をもつ製品，サービスをスピーディーに生みだ
していくことにつながる会社や事業を対象とした M & A を積極的に活用し
ている。写真フィルムの世界総需要がピークであった 2000 年，写真フィル
ムや印画紙などの写真事業は同社の売上の約 6 割を占め，営業利益の約 3 分
の 2 を稼ぎだしていた。しかしながらデジタル化は驚異的なスピードで進展
し，結果的に 2010 年には写真フィルム市場はピーク時の 10 分の 1 以下にま
で縮小した。同社はこの危機を乗り越えるため写真フィルムの開発，生産で
培った技術の棚卸しを実施し，これらを応用できる分野を検討し，厳しい経
営環境下においても年間 2000 億円規模の研究開発投資を続けた。

　富士フイルムは全社横断的な先端研究を進めて，2006 年には新規事業や
新製品開発の基盤となるコア技術を開発する「富士フイルム先進研究所」を
設立し，研究開発体制の再構築も進めてきた。この時期の同社の構造改革で
特筆すべきは，写真フィルム市場の縮小にあわせて写真事業の生産，販売体
制などをスピーディーにダウンサイジングするのと並行して，大きな可能性
を秘めていると判断した事業には大胆な投資をしたことである。その 1 つが
液晶パネルの生産に欠かせないディスプレイ材料事業への投資である。同社
は市場規模が拡大するまえから生産拠点を新設するなど，大胆な投資を決断
して供給体制を整えた。

そして将来成長するバイオ医薬品市場の拡大を見据えて，2011 年にバイオ CDMO（Contract Development Manufacturing Organization：開発受託及び製造受託をおこなう組織）企業 2 社を買収し，バイオ CDMO ビジネスに本格参入している。バイオ CDMO 事業では製造プロセスの安定性や設計品質の管理が重要となるが，同社は業界トップレベルの培養技術や先進設備にくわえ写真事業で培ってきた高度な生産，解析，エンジニアリング技術を保有し，それらを融合できることに強みをもっている。2019 年には米バイオ医薬品大手の製造子会社も買収し，同事業において 2021 年に売上 1000 億円達成を目指している。

　富士フイルムは自ら変化を創りだすことによって産業や社会にポジティブなインパクトを与える企業になることを目指している。それを実現しつつあるのが AI を活用した医療 IT と再生医療である。医療 IT では，同社が 70 年以上培ってきた最先端の画像処理技術と最新の AI 技術を組みあわせることにより，次世代画像診断に向けて新たな価値を創造している。再生医療は 2015 年から積極的な M＆A などで本格参入し，現在では再生医療に不可欠な「細胞」，「培地」，「足場材」の 3 要素すべてをグループ内に保有し，一体開発できる体制を強化している。同社は再生医療の実用化，産業化に向けてグループシナジーを最大限生かすべく取り組んでおり，依然として高いダイナミックケイパビリティを発揮し続けている（cf., ibidem）。

15

ダイナミック
ケイパビリティ

15-1
資源ベース理論と
ダイナミックケイパビリティ

　ダイナミックケイパビリティとは急激に変化するビジネス環境のなかで，変化に対応するために内外のさまざまなリソースを組みあわせ直し続ける企業固有の能力，ルーティンの総称であり，カーネギー学派，RBV，ルーティンの視点を取りこんだ経営理論の「統合知」である。すなわちダイナミックケイパビリティとは「企業変革力」であり「進化適合力」である。特定の目的のためのその場限りのアドホックな問題解決は必ずしもダイナミックケイパビリティではない。

　ケイパビリティとはノーベル経済学賞を受賞した哲学者であり経済学者，ハーバード大学教授，アマルティア・セン（Sen, 1992）が提唱した概念で，「財」の選択に必要な人間のもつ教養や知識などの潜在能力を意味してい

る。そして現状での利益の最大化を目指すのではなく変化に応じて自己変革して付加価値を創造する能力である。

　ダイナミックケイパビリティとは，組織とその経営者が急速な変化に対応するために内外の知見を組みあわせ直して組織を再構築する能力であり，具体的にはセンシングとシージング，トランスフォーミングを実行する経営力である。

　ティース（Teece, 2009）によれば，ダイナミックケイパビリティ論の本質は，新しい状況や条件に適応できない組織構造は永続できず，マネジメントの正統性の根拠はひとの強みを生産的にすることであるというドラッカーの思想（cf., Drucker, 1993）を形式知化した実用的なシステム論とされる。変化は機会とみなすべきであり変化を機会としてとらえたときはじめて不安は消える。

　ティース＝ピサノ（Teece=Pisano, 1994）によれば，企業の歴史的経緯や組織プロセスに根づいたオペレーションルーティンの遂行力に企業由来の競争優位が存在し，これらを環境変化に適用するためのイノベーション力とダイナミックケイパビリティが密接に関連しているとされる。またティース＝ピサノ＝シュエン（Teece=Pisano=Shuen, 1997）は，ダイナミックケイパビリティを環境変化に対応するために内外にある能力を統合，構築，再配置するための企業の能力としている。かれらによれば著しい環境変化に対応して持続的な競争優位を維持，向上させるためには模倣困難なダイナミックケイパビリティを獲得することが必要であり，それは組織能力に大きく左右されるとされる。

　ティース（Teece, op. cit.）によれば，ダイナミックケイパビリティとは企業のもつ事業活動においてつねに機会と脅威に対する機敏性を維持しつつ，成功の初期段階の果実を獲得するための仕組みを構築して，成功を維持するための絶え間ない変化を可能とするような組織能力にほかならないとされる。

　またウィンター（Winter, 2003）は，ダイナミックケイパビリティをケイパビリティを拡張，修正，創造することに寄与して短期間で企業存続の可能性を高める能力としている。そしてヘルファット＝フィンケルスティーン＝

ミッチェル＝ペトラフ＝シン＝ティース＝ウィンター（Helfat＝Finkel-stein＝Mitchell＝Margaret＝Peteraf＝Singh＝Teece＝Winter, 2007）は，ダイナミックケイパビリティを，組織が意図的に資源を創造，拡大，修正する能力であるとしている。

資源ベース理論における競争優位の源泉が企業内部に存在する希少で模倣困難な経営資源にあるとされているのに対し，ダイナミックケイパビリティ理論ではそれらの経営資源を活用するプロセスやそれに基づく学習，それらのプロセスが確立された経路，さらにはこれらに基づいたイノベーションを促進する能力に見いだされる。

資源ベース理論においては，競争優位の源泉となる企業内部に存在する希少で模倣困難な資源は市場環境の変化にともなって次第に優位性を失っていく。レナードバートン（Leonard-Barton, 1992）は競争優位の源泉となる知識をコアケイパビリティ，活動の硬直化が加速することで優位性を失ってしまったケイパビリティをコアリジリティとして，両者は組織能力がもち得る二面性であるとしている。ティース（Teece, 2007）はケイパビリティが企業の存続をうながすことに寄与する程度をあらわすものとして進化的適合度という概念を提示している。

ネルソン＝ウィンター（Nelson＝Winter, 1982）の進化理論において，組織のルーティンは遺伝子にたとえられるほどに安定した特徴をもつ一方で，生物と同様に変異することがあるとされる。環境が経営者が予期しなかったような変化を起こしたとき，あるいは企業がイノベーションを起こして環境を変えるとき，環境の新たな価値を満たすために組織の高次のルーティンというパターン化された方法によって，もしくは偶発的に，新たな知識を生みだす。これらは組織によるルーティンの変更あるいは新たな組みあわせととらえられる。そして環境が利益を生みださないルーティンをもつ組織を淘汰する。組織がもつルーティンはさまざまな要因から変異する可能性があり，新たなルーティンの出現は産業内のルーティンの組みあわせを変え，環境のもつルーティンのパフォーマンスを決める基準も変化することになる。

組織は自らを取りまく諸活動と深く関連するように拡張するポテンシャルをもっているが，組織ルーティンは組織的な記憶や経験が埋めこまれている

ことを前提としていることから，利益の獲得という組織の目標を目指すために有力であるが，経済変化やイノベーションの創出に取り組む組織については，それらの活動を組織ルーティンに収めることは難しい特性をもっているとされる。組織の発展過程は進化プロセスであって日々変化を続けていて不確実性に溢れている（cf., ibidem）。

　ネルソン＝ウィンター（ibidem）によれば，組織が複雑なシステムや変化に直面した場合にそれを把握して打開策を策定し実行するためには，継続的な日々のルーティンをとおして獲得したケイパビリティをもとにした探索が求められる。組織が存続を危ぶまれる状況に直面した際，これらの活動をとおして組織制度の見直しをうながすことが必要であり，そこには継続的な組織ルーティンをとおして獲得された無数のケイパビリティの取捨選択と活用が求められるとされる。ティース（Teece, op. cit.）はネルソン＝ウィンター（Nelson=Winter, op. cit.）の主張に依拠して，ダイナミックケイパビリティの獲得，維持のためには企業家的経営が求められるとした。

　カーネギー学派の想定するルーティンの束の変化としての組織変化は組織の主観的な基準による無秩序なプロセスであり，組織に満足感や達成感をもたらすに過ぎない存在である可能性もある。ネルソン＝ウィンター（ibidem）にとってルーティンは主観的な基準で生成，維持，強化されるのものであっても，それらは産業レベルで環境による淘汰の対象であって組織の意図を超えてダイナミックに変化することが想定される。ルーティンは環境による淘汰に耐えたという意味である時点で合理的な存在としてとらえられるようになる。このように，かれらは組織のもつルーティンこそが大きな環境変化に対応することを可能にすると考えたのである。

　資源ベース理論では企業の強さの源泉は経営資源がもつ異質性がもたらす経済的レントに由来すると考えるが，ダイナミックケイパビリティ理論では環境変化に対応するなかで組織内外で継続的におこなわれる資源の開発，発展，利用，獲得，吸収をおこなう学習プロセスがもたらす経済的レントであると考えられる。また資源ベース理論が「経路依存性」をとおして蓄積してきた経験や知識などの能力の重要性を主張するが，ダイナミックケイパビリティ理論では環境変化に適応した「学習能力」という変化への対応能力が重

要であるとされる。

　花王は「消費者や顧客の立場に立った良いものづくりをおこなうことで世界の人びとの豊かな生活文化の実現に貢献すること」を経営理念として掲げ，そのもとで「コンシューマプロダクツ」，「ケミカルプロダクツ」，「業務用製品」の3つの事業領域を展開している。一般消費者に向けたコンシューマープロダクツ事業はさらに化粧品やスキンケア，ヘアケアなどの「ビューティケア」，特定保健用食品の飲料，食用油やサニタリー製品などの「ヒューマンヘルスケア」，衣料用洗剤や住居用洗剤などの「ファブリック＆ホームケア」の3つの製品領域に分けられ，広く消費者のニーズに応える製品を研究開発している。そしてケミカルプロダクツや業務用製品事業においては産業界のニーズにきめ細かく対応した工業用製品を製造している。

　花王が扱うこれらの事業における製品の範囲はひろく一見して相互の関係を見いだせない製品もあるが，これらの製品はすべて同社のコアコンピタンスである「界面化学」と「油脂化学」の知識から生みだされている。界面とはある均一な液体や固体の相がほかの均一な相と接している境界のことであり，たとえば洗濯中の洗濯機のなかには水と空気の界面，水と衣類の界面，汚れと衣類の界面，水と汚れの界面，洗濯槽と水の界面のように多くの界面が存在している。界面化学では界面に働きかけてその性質を変える現象が取り扱われ，こうした機能を有した物質を界面活性剤という。

　界面活性剤はその分子内に水になじみやすい部分である親水基と油になじみやすい部分である親油基（疎水基）をもつ物質の総称で，表面張力を弱める作用をもつことから界面に働いて界面の性質を変える。水と油のように互いに混ざりあわない物質でも界面活性剤をくわえることによって両者は分離しないで白濁して均一になる。花王は界面に働いて界面の性質を変えることに関して競合企業が容易に模倣できない知識を有している。

　花王が有するもう1つのコアコンピタンスが油脂化学である。油脂とは脂肪酸とグリセリンとの化合物で一般に常温で液体のものを「脂肪油」，固体のものを「脂肪」とよぶ。同社はこのいわゆる「あぶら」に関して競合企業に秀でた知識と技術を有している。

　花王のルーツは1887年に長瀬富郎が洋小間物商「長瀬商店」を創業した

ことである。かれは良質な石けんをつくるために石けんづくりの職人の村田亀太郎と薬剤師の瀬戸末吉とともに試行錯誤を重ねて「花王石鹸」を完成させ，1890年に発売を開始する。そして富郎の三男富雄が二代目富郎を襲名して1925年に花王石鹸株式会社長瀬商会に組織変更したのち，1946年には花王と改称した。

1932年に「花王シャンプー」を発売して「シャンプー」という言葉を日常語として定着させたのも同社である。1960年には「がんこな汚れにザブ」のキャッチフレーズで衣料用洗剤「ザブ」，日本初の住居用液体洗剤「マイペット」を発売した。その後1962年には衣料用柔軟仕上げ剤・帯電防止剤「花王ソフター（1966年「ハミング」に改称)」，塩素系漂白剤「花王ブリーチ（1966年「花王ハイター」に改称)」を発売する。1963年には衣料用洗剤「ニュービーズ」を発売し，「白さと香りのニュービーズ」のキャッチフレーズでひろく消費者に受けいれられた。そして1970年には清潔な髪と地肌を保つシャンプーとして子どもから大人まで多くの人びとに受けいれられ，シャンプーブランドとして代表的なロングセラー商品となる「メリットシャンプー」を発売する。さらに1971年には換気扇やガスレンジなどのしつこい汚れに対応した住居用洗剤「マジックリン」を発売した（cf., https://www.kao.com/, 31 March 2021)。

花王は石鹸の製造販売からはじまって人びとの日常生活のなかにある「汚れ」を落とす製品の開発をとおして成長してきた企業であり，そのプロセスで競合企業には容易に模倣できない中核能力を構築してきたのである。

石鹸や洗剤，シャンプーなどの日用品分野で成長してきた花王は，1978年から生理用品，1982年から化粧品，1983年から紙おむつというように界面化学と油脂化学に関する中核能力を活かしてその事業領域を拡大してきた。

花王のコアコンピタンスは同社の多くの製品領域で活用されている。1996年から同社が展開する家庭向け冷凍食品事業では，冷凍時でもパンの味が落ちにくくするために油脂に関するノウハウが応用されている。また界面化学の知識は起泡性を利用した洗剤，保湿性と浸透性を利用した化粧品，洗剤，殺菌作用を利用した消毒液，石鹸，柔軟作用と平滑作用を利用したリンスな

どその用途はバラエティに富んでいる。

　こうした日用品以外にも，花王は1985年から1998年まで情報事業を展開していた。ここではフロッピーディスク（FD）やCD-ROMなどの記録媒体が製造され，FDの生産能力では日本，カナダ，スペインの関連会社で年間5億枚を生産し，1990年代はじめには世界シェアの15％を握って世界3強の一角を占め，情報事業の売上高はピーク時に連結ベースで年間1000億円に達していた。

　一見無関係に思えるこうしたメディア媒体の製造にも磁性粉の塗布に同社の中核の力である界面化学の技術が応用されていた。1998年に同社は情報事業から撤退するがその理由は技術的なものではなかった。記録媒体はスペック（仕様）が駆動装置やコンピュータなどのハードウエアの性能に左右される。ハード部門を抱える電機関連メーカーなどと比べて，スピードがビジネスの勝敗に大きく影響を与えるハイテク業界において，ハードの新製品開発部門をもたない同社はどうしても記録媒体の開発に出遅れてしまう。またパソコンソフトをCDに電子印刷するCD-ROM事業では，花王自身が有力なソフトをもっていないことから競争優位性を構築することができなかったのである。

　花王は2003年には代謝に働きかけることをとおして体内からコレステロールをとりのぞく「ヘルシア緑茶」を開発する。ヘルシア緑茶は厚生労働省から許可を与えられた特定保健用食品で，1日の摂取目安量350ミリリットルあたり脂肪の分解と消費に働く酵素の活性を高める茶カテキンを，通常の茶飲料の約3倍にあたる540ミリグラムふくんでおり，脂肪を代謝する力を高めてエネルギーとして脂肪を消費して内臓脂肪を減らすのをたすける機能がある。ここでは脂肪という油脂化学に関する知識と，腸の壁と脂肪のあいだにできる界面に働きかける界面化学の知識が活かされている。

　ヘルシア緑茶は2003年5月の発売から1年間で約200億円を売り上げ，2003年の「日経優秀製品・サービス賞審査委員特別賞」を受賞している。また2010年秋からは日本人間ドック健診協会が「ヘルシア緑茶」を推薦している。

　花王は界面化学と油脂化学という同社の成長プロセスにおける経路依存性

をとおして蓄積してきた強い経営資源をもっていたが，さらにマーケットの声を迅速に組織内に取りこみながら，経営資源を開発，発展，利用，獲得，吸収するための組織学習の仕組みをもっていた。

　花王は1978年に消費者から電話や手紙で寄せられた声をデータベース化した「エコーシステム」とよばれるシステムを稼動した。同社では花王生活科学研究所内に設置された消費者相談室のオペレーターが商品に関する消費者からの苦情や問いあわせといったデータの収集，蓄積をおこない，消費者からのどんな問いかけにも迅速に対応できる体制を整えていた。たとえば同社の化粧品「ソフィーナ」の何番の口紅にはどんな色の服が映えるかといった質問に対する答えも用意されている。こうして寄せられる情報は年間に3万件を優に超えていた。

　花王生活科学研究所のエコーシステムは顧客に正確な情報を迅速に伝え対応するための相談窓口支援機能であると同時に，寄せられた多くの顧客の声を全部門が活用して，それを商品開発などひろく企業活動に反映させるための相談情報解析機能を有している。同社のシステムはマーケットの暗黙知の収集に大きな役割をはたしてきた。

　エコーシステムはコンピュータ，ビデオテックスシステム，光ファイルシステムの3つのシステムを組みあわせた情報システムとして開発された。電話をうけたオペレーターは相談内容を聞きながらホスト機を操作し，光ファイルに記憶された詳細な商品データを見たり，ビデオテックスをとおしてカラーの商品写真情報などをよびだすことができる。通常オペレーターは相手のもっている製品が見えず，それが同じ製品であってもどの時期に発売されたどの品番の製品であるかを識別することが難しい。

　エコーシステムを使うことによってオペレーターは画面上に実際の製品とその機能を見ながら対応できるほか，過去の同様の相談やその時の対応を知ることができる。たとえば自社の洗濯石鹸を使った洗濯の色落ち事例のサンプルなどをデータベース化しておくことによって，消費者の問いに対して的確な回答をすることができる。

　その後1989年，同システムはカラー画像を使った「新エコーシステム」に改良され，1997年には3つの画面を使って表示していた情報を1台の画

面で表示，操作できるようにしたほか，各事業部の担当者が本人の希望する
キーワードで情報検索をおこなえる機能や，製品の写真情報，履歴等の多様
なデータを追加している。そして同システムに蓄積されたデータは研究所や
各事業所内で共有されるほかに，地域別データ，月次データ等に加工され
る。同社はこのシステムを活用して多くの商品改良がおこなわれてきた。

　幼児用紙おむつ「メリーズ」では 100 件以上の苦情に対応して，はかせ易
さ，洩れにくさを追求してその形状に改良がくわえられてきた。また洗髪の
際に目を閉じたままでもシャンプーとリンスの区別ができるようにしてほし
いという顧客からの要望に対して，1991 年の秋からすべてのシャンプーボ
トルの両側にギザギザのきざみをいれて，触っただけでリンスやコンディ
ショナーと識別ができるように工夫された。さらに 1993 年秋からはポンプ
タイプに使用時に手が触れるポンプ頭部にも同様のきざみがつけられた。そ
して 1996 年に発売された鼻の毛穴の汚れをとる「ビオレ毛穴すっきりパッ
ク」は，消費者の意見を取りいれて鼻の高いひと向けの製品アイテムが追加
され，これがのちに男性用化粧品ブランド「メンズビオレ」開発につながっ
ていくことになる。

　ほかにもエコーシステムの活用例は多く，「クイックルミニワイパー」は
トイレの狭い空間でもかがむことなく便器のうしろ側まで掃除できるように
改良された。また液体洗剤アタックでは，キャップを開ける，計量すると
いった手間がかからず，液が手につくという煩わしさを解消するために，手
にもってプッシュするだけで誰でも簡単に使用することができる「アタック
ZERO ワンハンドタイプ」が発売されている。さらに食器洗いをするときに
スポンジが届かないところの汚れを落としにくい，ミキサーや水筒などの細
かい部分が洗いにくいという声に応えるために，洗いにくい調理器具などの
奥や隙間の汚れにスプレーして流すだけでスポンジでこすらなくても洗浄で
きる「キュキュット CLEAR 泡スプレー」が開発された。

　こうした事例からは花王の生産部門のスタッフがエコーシステムを有効に
活用して製品開発や製品改良に役立てていることがわかる。同社のシステム
は消費者からのメッセージに対して組織構成員全員によるリアルタイムでの
情報共有を可能にした。そして情報は収集するだけでは意味がなくそれを組

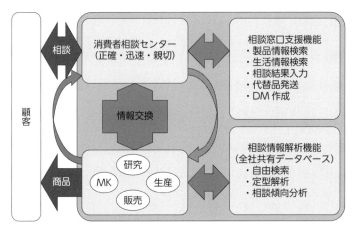

図表 15-1　花王のエコーシステム

出所：筆者作成

織全体で共有し情報から消費者の求めている価値を読み取り，それに応えて
いくことをとおして消費者との価値の協創が実現する。

　資源ベース理論では環境要因に関して不確実性が考慮されていないのに対
して，ダイナミックケイパビリティ理論では市場の不確実性についても考慮
されている。ティース（Teece, 2009）は静態的環境における競争に関して，
現実世界の状態ではなく知的枠組みを反映したものであると論じている。イ
ノベーションが起こりえない業界構造での静態的環境における競争はコスト
競争によって生みだされた製品しか存在しえないし，急速な価格下落も起こ
ることはなく，業界を取りまく企業はすべて同じ技術とビジネスモデルで競
争することから市場は均衡状態となる。

　企業の戦略的行動は企業が保有する固有の資源やルーティンなどを形成す
る固有のケイパビリティによって決定される。同様に企業の競争優位は企業
が保有する固有の資源やケイパビリティで決定されることから，企業はそれ
がいったい何かを認識してそれに基づいて選択と集中をおこなう必要があ
る。一方で資源ベース理論では企業の短期的な競争優位は説明できるが，長
期的にはそのような資源や能力が逆に硬直性を生みだすことがわかってき
た。たとえばシャープは液晶技術を自社に固有のリソースと見なしてそこに

選択と集中をおこなってきたが，それがシャープを硬直化させて環境に適応できなくさせてしまった。液晶パネルや太陽電池の開発で一時期世界をリードし，液晶テレビの実用化でも先頭を走っていたシャープは 2013 年 3 月期までの 2 期で合計 9214 億円の純損失，2014 年度 3 月期決算で 2223 億円の巨額赤字，2015 年 3 月期にも 2223 億円の純損失を計上するにいたって，自力再建を断念して 2016 年 8 月に台湾の鴻海精密工業の傘下にはいって経営再建を進めている。

　2007 年に，液晶事業を推進してきた当時 49 歳で最年少役員から社長に就任した片山幹雄は，大阪府堺市に 4300 億円を投じて 60 インチサイズの大型液晶パネルを生産する最先端の液晶工場と世界最大の太陽電池工場を建設する。シャープは自らの技術を過信して，その技術を自ら技術のブラックボックス化とよんだ仕組みで保護することで液晶技術の優位性を守ろうとしたが，その技術は台湾や韓国のメーカーとの市場競争のなかで優位性を維持することはできなかった。技術の向上にともなって大型化するサイズの趨勢をたどって，美しい大画面のテレビは消費者に受けるはずと考えた 60 インチサイズの大型液晶テレビはアメリカでも売れず，中型サイズで攻勢をかける台湾，韓国メーカーに顧客を奪われて在庫の山を築く結果となり，在庫処分と操業率の低下が赤字を雪だるま式に膨れ上がらせた。

15-2
センシングとシージング

　ダイナミックケイパビリティの高め方に関して経営学者のコンセンサスは得られていないが，経営学者によってダイナミックケイパビリティを高めるために有効と考えられている有力な 2 つの視点が，デイビッド・ティース（Teece, 2009）の「センシングとシージング」，スタンフォード大学，キャスリーン・アイゼンハート（Eisenhardt=Martin, 2000）の「シンプルルール」である。

ティース（op. cit.）によれば，企業のケイパビリティは「オーディナリー
ケイパビリティ（通常能力）」と「ダイナミックケイパビリティ（企業変革
力）」の2つに分けることができる。オーディナリーケイパビリティ（通常
能力）は既存のビジネスモデルのもとにコストを削減して効率性を高める
「技能適合力」のことであり，その通常能力が生みだす定常状態と環境とが
乖離していないかどうかを常に批判的に考察し，環境と現状とを適合させて
いくより高次の能力がダイナミックケイパビリティであり「進化適合力」と
よばれる。これら2つの能力のあいだには階層関係があり，それゆえより低
次のオーディナリーケイパビリティが存在するからといってより高次のダイ
ナミックケイパビリティが存在するとは限らない。ただし高次のダイナミッ
クケイパビリティが存在すれば必然的に低次のオーディナリーケイパビリ
ティも存在していることになる。

　ダイナミックケイパビリティはオーディナリーケイパビリティとは異なり
ベストプラクティスのベンチマーク化が困難であるという性質をもつため，
ダイナミックケイパビリティの高い経営形態，組織構造を特定することは必
ずしも容易ではない。ただし一般的に高いオーディナリーケイパビリティを
有する組織は堅固な組織であり，高いダイナミックケイパビリティを有する
組織は柔軟な組織であるといえる（cf., ibidem）。

　オーディナリーケイパビリティとは与えられた経営資源をより効率的に利
用して利益を最大化しようとする能力であり，労働生産性や在庫回転率のよ
うに特定の作業要件に関連して測定でき，ベストプラクティスとしてベンチ
マーク化されうるものである。企業にとってオーディナリーケイパビリティ
を高めることは根本的に重要であるが，オーディナリーケイパビリティだけ
では企業は競争力を維持できない。なぜならばベンチマーク化されたベスト
プラクティスは競合企業が模倣しやすく，とくにグローバルな競争が激しい
環境下では急速に拡散する。このためオーディナリーケイパビリティだけで
は持続可能な競争力を獲得することはできない。また環境や状況に想定外の
変化が起きた場合にどう対応すべきかについてオーディナリーケイパビリ
ティは何も語らない。それどころかベストプラクティスが洗練され，精緻化
されていればいるほど，それを変えるコストが高くなってしまうことから短

期的には現状維持の方が経済性がある。オーディナリーケイパビリティという自社の強みが弱みに転じて企業を危機に陥れることがあるのはこのためである（cf., ibidem）。

　動態的環境における競争は製品差別化，変化への急速な対応といったさまざまな競争活動によって築きあげられるものであり，静態的環境における競争と比較すると直感的なものであるとされる。ハイパーコンペティションの環境では企業はつねに新製品開発やビジネスプロセスの見直しなどをおこなっており，マーケットでは急速な価格低下や新製品の頻繁な導入，プロダクトライフサイクルの短縮化が生じる。組織にはこうした変動性，不安定，不確実性，複雑性，曖昧性に支配された不確実な環境のなかで変化を感知し（センシング：sensing），そこに事業機会を捕捉し（シージング：seizing），既存の資源を再構成（オーケストレーション：orchestration）して自己変容（トランスフォーミング：transforming）する能力である（cf., ibidem）。

　重要なことは現状の企業行動が環境や状況の変化に適合しなくなったかどうかを迅速に感知し，適合しなくなったと判断したならば適合するように企業を変革することである。ティース（ibidem）の表現を借りるならばオーディナリーケイパビリティとは「ものごとを正しくおこなうこと」であるが，ダイナミックケイパビリティは「正しいことをおこなうこと」である。

　ダイナミックケイパビリティの３つの能力は感知，捕捉，変容である。センシングは脅威や危機を感知する能力，シージングは機会をとらえて既存の資源，知識，技術を再構成して競争力を獲得する能力，トランスフォーミングは競争力を持続的なものにするために組織全体を刷新し変容する能力である。

　IBM（International Business Machines Corporation）はオープン化とダウンサイジングというコンピュータ業界の環境変化に乗り遅れ，1991年から1993年にかけて累積で1兆5000億円を超える赤字を計上していた。IBMは1970年代，1980年代においてメインフレーム事業で世界ナンバーワン企業であり，1990年代にはいってソリューションビジネスへと転換を遂げた。事業転換成功の背景には中興の祖，ルイス・ガースナー，それに続くサミュエル・パルミサーノの存在があった。ガースナーはマッキンゼー（McKinsey

& Company, Inc), アメリカン・エキスプレス（American Express Company）などを経て 1993 年に倒産の瀬戸際にあった IBM に CEO として就任する（cf., ibidem）。

ガースナーは，顧客が求めているのは複雑化していく情報技術を整理してソリューションやサービスとして提供してくれる企業ではないかと考えた。こうした考え方に基づいてかれは業界の常識に反して IBM を総合 IT 企業として存続させることを決断する。こうした将来像に基づいてガースナーは IBM の事業構造の再構築に取り組み，ミドルウェアとサービスに大胆に投資するとともに自社のミドルウェアをオープン化し，他社製のハードウェアにも対応できるように改め，サービスにおいても他社製品を取り扱うことにした（cf., ibidem）。

ここでガースナーが着目したのがミドルウェアとサービスである。ミドルウェアとはデータの流れや負荷をマネジメントするソフトウエアであり，ネットワークを介して多くの企業や個人がデータをやりとりするようになればミドルウェアへのニーズが増え，さらに顧客がさまざまなサプライヤーの機器やソフトをネットワークにつなぐ IoT 化が進むと，それらを全体的に統合するソリューションやサービスが求められるようになると考えた（cf., ibidem）。

IBM のセンシングはマネジャークラスの戦略立案への巻きこみである。ガースナー以前，IBM の戦略立案は実践経験のとぼしい戦略計画の専門家チームによっておこなわれていたが，ガースナー以降実践経験豊かな事業部門のゼネラルマネジャークラスが担うようになり，かれらが戦略部門に 1 年半から 3 年半のタームで参加することで生の情報が戦略部門に直接もちこまれるようになった（cf., ibidem）。

さらに IBM はセンシングのための仕組みを構築した。ディープダイブは事業課題に直面するマネジャーからの要請で組成され，共同で問題解決や戦略的意思決定をおこなうプロセスであり，ここではすべての議論がファクトベースであることが重視されて，具体的な問題解決の道筋が明確化されるまで継続される。ウィニングプレーは CEO や上級マネジャーに抜擢された約 300 人のリーダー候補が部門横断型の課題解決に従事する仕組みである（cf., ibidem）。

　IBM のシージングは EBO（emerging business opportunity）とよばれる新規事業向け管理プロセスが採用される。新しい事業には既存のビジネスとはまったく異なる取り組みが必要であると考え，新規事業は独立組織，独立予算編成で進められる。1998 年から 2005 年の約 7 年間で「自立型コンピューティング」，「ブレードサーバー」，「デジタルメディア」など 18 のEBO が実行され，EBO としてスタートしたライフサイエンス事業は 2006年には約 50 億ドルの事業となっている。またリーダー育成のためのワークショップのテーマとして，EBO をどのように成長させるかなどの課題に取り組み，グループ別討論とアクションプランの作成がおこなわれている。さらにコーポレートインベストメントファンドが組成されて，EBO などの年次予算編成に組みこまれない事業に約 5 億ドルの資金が配分されている（cf.，ibidem）。

　自己変容を生みだすオーケストレーションに影響を与えるものとして「署名つきのプロセス」がある。これは組織の活動やそれにともなう学習をとおして構築されてきた企業に固有のルールである。これは組織の長年の学習によって構築された文化，遺産の産物であることから長期にわたって維持されるものであり，競合企業には模倣困難なものである。また，より長く存続する企業はより高いダイナミックケイパビリティを有していることが推測されることから，ティース（ibidem）は署名つきのプロセスはそれ自体がダイナミックケイパビリティの醸成を促進する資源たりうると考えた。

　ティース（ibidem）はダイナミックケイパビリティによる既存の資源の再構成原理として「共特化の原理」を提唱する。共特化の原理とは 2 つ以上の相互補完的なものを組みあわせることによって新たな価値を創造することである。企業内の多くの資源はそれぞれ特殊なことからそれ自体では十分なメリットは生みださない場合でも，相互に結合すると化学反応が起こって大きなメリットを生みだす資源の組みあわせあるいは結びつきが存在する。この意味でその原理は「補完性の原理」ともいえる。

　神戸製鋼は電気事業法の改正から電気小売の自由化を感知し，そこに利益を得る機会を捕捉した。同社は従来から製鉄事業で高炉や転炉から発生する

副生ガスを活用して自家発電していたことから，このノウハウを再利用して本格的に発電事業を展開した。これは製鉄事業と発電事業との共特化を実現した事例である。

　共特化の原理は経済社会のいたるところで観察することができる。自動車とガソリンスタンドの関係，コンピュータのオペレーティングシステムとアプリケーションの関係，クレジットカードとそれを利用できる店舗の関係には共特化の原理が働いている。インバウンドの流れに対応して，顧客を外国人に特化してビックカメラとユニクロが相互に共特化して「ビックロ」を形成した事例もこれに該当する。

　かつてソニーがプレイステーションを開発してゲーム業界に参入したとき，ソフト会社などのサードパーティや販売店をも取りこみビジネスエコシステムを形成して絶対王者だった任天堂に挑んだのも共特化の事例である。こんにちでは企業が単独で利益をだすのではなく他社を巻きこんで相互にプラスの利益を生みだすビジネスエコシステム（事業生態系）の形成も注目されている。

　共特化の関係はダイナミックケイパビリティのもとにゲーム機とソフト，アマゾンサイトとキンドル，アマゾンサイトと出品者などのように内外の資源をオーケストレーションしてビジネスエコシステムを形成する。リチウムイオン電池はラップトップコンピュータや携帯電話と組みあわされることで共特化の原理が働き，社会に大きな変化をもたらす価値を創造している（cf., ibidem）。

　プラットフォームビジネスはほかのプレイヤーが提供する製品，サービス，情報と一緒になってはじめて価値をもつ製品，サービスを提供するようなビジネスのことであり，まさに共特化の原理を巧みに活用したビジネスモデルである。共特化の原理を働かせることで企業は差別化製品の提供が可能になるだけではなく費用を節約することができる。共特化の原理が働く資源を識別して投資する経営者の能力は企業の競争力にとって決定的に重要である。ダイナミックケイパビリティとは，環境や状況の変化に対応するために共特化の原理にしたがって組織内外の資源を再構成して新たな価値を創造することととらえることもできる。

　組織のケイパビリティが企業パフォーマンスを決定づけて，ケイパビリ
ティはVRIN資源によって蓄積され強化される。VRIN資源とは価値（val-
ue），稀少性（rarity），模倣可能性（in-imitability），代用可能性（non-
substitutability）の4つの尺度から測られる組織にとって価値があり，稀少
で，模倣できず，代用するものがない経営資源である。

　ティース（ibidem）によれば，強いダイナミックケイパビリティは強い
パフォーマンスをもたらすために強い戦略と統合されなければならないとさ
れる。強いダイナミックケイパビリティ，VRIN資源，そして良い戦略が共
存することが企業の長期的成長の要件である。

　VRIN資源はそれ自身そしてその定義上本質的に価値があるものである
が，それだけでは長期的な企業価値を生みだせない。企業が長期的に成長し
て生き残っていくためには良い戦略を追求し，ダイナミックケイパビリティ
を有する経営者によって賢く経営されるか，あるいはオーケストレーション
されなければならない（cf., ibidem）。

　ルメルト（Rumelt, 2011）によれば戦略とは分析，概念，方針，議論，そ
して勇気をもって難題に対応する行動といった一連の集合とされる。かれに
よれば良い戦略は十分な根拠に立脚したしっかりした基本構造をもっており
一貫した行動に直結するとされる。かれは「診断」，「基本方針」，「行動」の
3つの要素からなる基本構造を「カーネル（核）」とよんでいる。たとえば
医師にとって解決すべき問題は病気の兆候あるいは症状を示して診断をおこ
なって病名をつけて治療法を決めることである。そして治療法に基づいて手
術，投薬，食事療法などの一連の行動を調整して病気の治癒を目指していく
ことになる。

　ルメルト（ibidem）によればよい戦略は必ずといっていいほど単純かつ
明快であるとされ，もっとも効果的な打ち手のポイントをみきわめてそこに
狙いを絞って手もちのリソースと行動を集中させることに尽きるとされる。
すなわち戦略は直面している状況のなかからもっとも重要な要素を見つけだ
してそこに資源や行動を集中させる方法であるとされる。いま何をなすべき
かがはっきりと実現可能なかたちで示されていない場合にはそれは戦略とは
いえないのである。戦略とは目標をどうやって実現するかという方法であ

り，戦略の基本は相手のもっとも弱いところにこちらの最大の強みをぶつけることであり，よい戦略とはもっとも重要な目標にエネルギーとリソースのすべてを投入することであるとされる。

15-3
シンプルルール

　アイゼンハート＝マーティン（Eisenhardt=Martin, 2000）は豊富な事例分析やコンピュータシミュレーションをとおしてシンプルルールの重要性を実証している。かれらの「シンプルルール」は変化が激しい環境下で企業がダイナミックケイパビリティを発揮するためには，行動規範，優先順位などの数を絞ったシンプルなルールだけを組織にルーティンのように徹底させ，あとは状況に応じて柔軟に意思決定すべきであるという考えに基づいている。かれらによれば，細かいルーティン化は事業環境が安定している環境では有効であるが環境変化の激しいときにはむしろ組織の硬直化をまねくことになることから，行動規範や優先順位などの大枠だけをルーティン化しておくことをとおして，大きな環境変化が起こった場合には意思決定者は組織の本質的な考え方を共有しながら想定外の事象に対応することができるようになると考えた。

　ゾロ＝ウィンター（Zollo=Winter, 2002）によると，ダイナミックケイパビリティとは学習されて安定した集団活動のパターンであり，組織はこのパターンをとおして有効性の改善を追求してオペレーショナルルーティンの生成，修正を体系的に実現するとされる。そして環境の変化の程度にかかわらず，競争優位の源泉としてのダイナミックケイパビリティはオペレーショナルルーティンを新たなルーティンに変えるルーティンであり，ルーティンの進化は学習メカニズムをとおして構築されるとしている。

　ティース（Teece, 2014）によれば，ダイナミックケイパビリティは組織的なルーティンと企業家的なリーダーシップ，マネジメントとの組みあわせ

に由来するものであるとしたうえで，創造的な経営者や企業家の行動がつね
にルーティンであるとは限らないと指摘している。

　シドニー・ウィンター（Winter, 2003）によれば，ルーティンは企業に慣
習として埋めこまれた繰り返しの行動プロセスであり，現場レベルの斬新的
進化をうながすものをオペレーションのルーティン，それらのルーティンを
変化させて組みあわせなおし続ける高次のルーティンをダイナミックケイパ
ビリティとした。

　ダイナミックケイパビリティをルーティンの発展形と考えるならそれは
ルーティン同様に企業固有に発展するものであり，技術やブランドのような
リソースとは異なり安易に外部から手に入れられるものではないと考えられ
る。すなわちルーティンには経路依存性があり企業にはそれぞれの進化の過
程で固有のルーティンが形成される。こうした組織ルーティンの有効性は強
力で一貫した組織の価値観によって支えられる。

　ダイナミックケイパビリティは少なくとも部分的には企業のトップマネジ
メントの経営スキル，企業家的スキル，そしてリーダーシップスキルのなか
にあり，ルーティンを設計，開発，実行，修正する経営者能力のなかにあ
る。優れたダイナミックケイパビリティをもつ企業は学習をとおして環境の
変化に適応している。

　1980年代，インテル（Intel Corporation）は日本の半導体メーカーが低価
格戦略で世界市場を席捲しはじめ事業環境が急激に変化したとき，メモリー
の粗利率が下がってマイクロプロセッサーの粗利率が上昇するならマイクロ
プロセッサーを増産するという極めてシンプルなルールだけを組織に徹底さ
せて，効率的な資源配分をおこなうことに成功した（cf., ibidem）。

　シスコシステムズ（Cisco Systems, Inc）はM&Aで成長を遂げた代表企
業であるが，買収にあたっては買収先企業の従業員は多くても75人まで，
うち75％はエンジニアでなければならないというシンプルルールを徹底し
ている。デンマークのレゴ（Lego Group）は子供が本当にその製品を使っ
て楽しみながら学べるかをシンプルルールとしてもっている。

　牛肉輸入完全自由化以前の1979年，吉野家（現吉野家ホールディングス）
が確保できる輸入牛肉の量では全店舗の牛肉をまかなえなくなってきてい

た。そこで吉野家は従来の牛肉に自由に輸入できるフリーズドライの牛肉をブレンドするとともに，顧客の来店頻度を減らすことを目的として牛丼の値上げを実施した。この牛丼からそれまでの吉野家の顧客は離れていき，1980年7月，同社は会社更生法を申請することになる。

牛丼が美味しくなくなったら顧客が離れてしまうことを身をもって知った同社は，吉野家の味を取り戻すために評判のよくなかったフリーズドライ牛肉の使用をやめて本来の吉野家の牛丼に戻すことになる。このときに同社が得た知見は「吉野家の味」を守るというシンプルルールだった。

2003年12月24日，アメリカで牛海綿状脳症（BSE）に感染した疑いのある牛が発見されたことによって，食品衛生法第9条第2項に基づいてアメリカからの牛肉の輸入が禁止される。これを受けて当時吉野家を運営する吉野家ディー・アンド・シーの吉野家の社長だった安部修仁は牛肉の在庫かぎりで販売の休止を決定して，2004年2月11日，日本の吉野家から牛丼が消える。

安部は1968年からアルバイトとして吉野家で働きはじめて1972年に正社員になり，1992年に代表取締役社長に就任して以後2014年に取締役を退任するまで同社の経営をおこなった。安部はかつての経営危機を経験して「何を変えるのか」ではなく「何を変えないのか」の方が重要であることを知る人物だった（cf., 安部，2020）。

牛肉には大きくわけて牧草飼育のものと穀物飼育の2種類があり，オーストラリア産オージービーフなどは牧草を飼料として育った牛肉で，アメリカの牛肉は穀物飼料で育ったもので，味も臭いもまったく違う。吉野家の牛丼は穀物飼料で育った米国産牛肉のための味つけでありそれを牧草飼育のものに変えてしまうと，それは顧客が愛している「吉野家の牛丼」ではなく，「いつもと違う味の牛丼」になってしまい，吉野家ブランドへの信頼を失ってしまうことになるという判断であった。こうして「牛丼一筋」の吉野家は牛丼販売を停止することになる。

安部はあらゆる部署からの意見を吸いあげて組織が一致団結して試行錯誤を重ねることをとおして，次年度にはメインの牛丼がないまま吉野家単体での黒字化を達成する。

	理論基盤	ダイナミックケイパビリティを高める要素	個人と組織の重要度
ティース型	RBV カーネギー学派	センシング シージング	ダイナミックケイパビリティは少数個人（経営者）に宿る
アイゼンハート型	進化理論	シンプルルール	ダイナミックケイパビリティは，組織ルーティンの進化形

図表 15-2　ティース型とアイゼンハート型の比較

出所：筆者作成

　2004 年 12 月 12 日，農林水産省 BSE 対策本部で一定の条件で管理された米国およびカナダ産牛肉の輸入再開が決定される。そして 2006 年，吉野家の牛丼は販売が再開される。

参考文献

アベグレン，J. C.・ボストン・コンサルティング・グループ編著（1977）『ポートフォリオ戦略—再成長への挑戦—』プレジデント社。

安部修仁（2020）『大逆転する仕事術』プレジデント社。

Akerlof, G.（1970）"The Market for 'Lemons': Quality Uncertainty and the Market Mechanism," *The Quarterly Journal of Economics*, Vol.84, No.3, August, pp.488-500.

Aldrich, H. & C. Zimmer（1986）"Entrepreneurship Through Social Network," in D. Sexton & J. Kasarda（eds.）, *The Art and Science of Entrepreneurship*, Ballinger.

Andreski, S.（2006）*Max Weber on Capitalism, Bureaucracy and Religion*, Routledge.

Ansoff, H. I.（1957）"Strategies for Diversification," *Harvard Business Review*, September–October, pp.113-124.

Ansoff, H. I.（1965）*Corporate Strategy*, McGraw-Hill.

Argote, L.（1999）*Organizational Learning: Creating, Retaining and Transferring Knowledge*, Springer.

Argote, L. & E. Miron-Spektor（2011）"Organizational Learning: From Experience to Knowledge," *Organization Science*, Vol.22, No.5, pp.1123-1137.

Argyris, C.（1957）*Personality and Organization*, Harper & Row.

Argyris, C.（1960）*Understanding Organizational Behavior*, Dorsey.

Argyris, C.（1970）*Intervention Theory and Method: A Behavioral Science View*, Addison-Wesley.

Bacharach, S. B.（1989）"Organizational Theories : Some Criteria for Evaluation," *Academy of Management Review*, Vol.14, No.4, pp.496-515.

Badaracco, J. L.（1991）*The Knowledge Link: How Firms Compete Strategic Alliances*, Harvard Business School Press.

Bain, J. S.（1956）*Barriers to New Competition: Their Character and Consequences in Manufacturing Industries*, Harvard University Press.

Barnard, C. I.（1938）*Functions of the Executive*, Harvard University Press.

Barney, B. J.（1986a）"Strategic Factor Market: Expectation, Luck, and Business

Strategy," *Management Science*, Vol.32, No.10, October, pp.1231-1241.

Barney, B. J. (1986b) "Types of Competition and the Theory of Strategy: Toward an Integrative Framework," *Academy of Management Review*, Vol.11, pp.791-800.

Barney, B. J. (1991) "Firm Resources and Sustained Competitive Advantage," *Journal of Management*, Vol.17, No.1, pp.99-120.

Barney, B. J. & A. M. Arikan (2001) "The Resource-based View: Origins and Implications," in M. A. Hitt, R. E. Freeman, & J. S. Harrison (eds.), *The Blackwell Handbook of Strategic Management*, Wiley-Blackwell.

Bartels, R. (1976) *The History of Marketing Thought*, Grid Pub.

Bennis, W. G. (1989) *On Becoming a Leader*, Perseus Books.

Burns, T. & G. M. Stalker (1961) *The Management of Innovation*, Tavistock.

Burt, R. (1992) *Structural Holes: The Social Structure of Competition*, Harvard University Press.

Cavaleri, S. A. & D. S. Fearon (1996) "Managing In and Through the Knowledge Ecology," in S. A. Cavaleri & D. S. Fearon (eds.), *Managing in Organizations that Learn*, Black Well.

Caves, R. E. & M. E. Porter (1977) "From Entry Barriers to Mobility Barriers," *Quarterly Journal of Economics*, Vol.91, pp.241-261.

Chamberlin, E. (1933) *The Theory of Monopolistic Competition*, Harvard University Press.

Chandler, A. D., Jr. (1962) *Strategy and Structure*, MIT Press.

Christensen, C. M. (1997) *The Innovator's Dilemma: When New Technologies Cause Great Firms to Fail*, Harvard Business School Press.

Christensen, C. M. (2013) *The Innovator's Dilemma: When New Technologies Cause Great Firms to Fail*, Harvard Business Review Press; Reprint.

Coase, R. H. (1937) "The Nature of the Firm," *Economica*, Vol.4, November, pp.386-405.

Cohen, M. D., J. G. March, & J. P. Olsen (1972) "A Garbage Can Model of Organizational Choice," *Administrative Science Quarterly*, Vol. 17, No. 1. Mar., pp. 1-25.

Cool, K. & D. Shendel (1988) "Performance Differences Among Strategic Group Members," *Strategic Management Journal*, Vol.9, 1988, pp.207-223.

Cyert, R. M. & J. G. March (1963) *A Behavioral Theory of the Firm*, Prentice-Hall, Englewood Cliffs.

Day, G. S. (1977) "Diagnosing the Product Portfolio," *Journal of Marketing*, Vol.41, pp.29-38.

Day, G. S.（1985）*Analysis for Strategic Market Decisions*, Thomson Learning.

Demsetz, H.（1973）"Industry Structure, Markets Rivalry, and Public Policy," *Journal of Law and Economics*, Vol.16, pp.1-9.

Dierickx, I. & Cool, K.（1989）"Asset Stock and Sustainability of Competitive Advantage," *Management Science*, Vol.35, No. 12, December, pp.1504-1511.

Drucker, P. F.（1973）*Management, Task, Responsibilities, Practices*, Harper & Row.

Drucker, P. F.（1993）*Managing for Results*, Harper & Row.

Drucker, P. F.（1999）*Management Challenges in the 21st Century*, Butterworth-Heinemann Ltd.

Durkheim, E.（1893）*De la division du travail*, Presses Universitaires de France（井伊玄太郎訳（1989）『社会分業論上・下』講談社学術文庫）.

Eisenhardt, K. M. & J. A., Martin（2000）"Dynamic Capabilities: What are they?" *Strategic Management Journal*, Vol. 21, pp.1105-1121.

Fayol, H.（1930）*Industrial and General Administration*（J. A. Coubrough, trans.）, Sir I. Pitman & Sons, Limited.

Fayol, H.（1967）*General and Industrial Management*, Pitman（佐々木恒男訳（1972）『産業ならびに一般の管理』未来社）.

Freiberg, K. & J. Freiberg（1996）*Nuts!: Southwest Airlines' Crazy Recipe for Business and Personal Success*, Bard.

Gabor, A.（2000）*The Capitalist Philosophers: The Geniuses of Modern Business, Their Lives, Times, and Ideas*, Crown Business.

Gilbreth, F. B.（2018）*Bricklaying System*, Franklin Classics.

Gladwell, M.（2002）*The Tipping Point: How Little Things Can Make a Big Difference*, Back Bay Books.

Granovetter, M.（1973）"The Strength of Weak Ties," *American Journal of Sociology*, Vol.78, No.6, pp.1360-1380.

Gulick, L. & L. Urwick（eds.）（2003）*Papers on the Science of Administration*,（Early Sociology of Management and Organizations）, Routledge.

Haldane, R. B.（2016）*Report of the Machinery of Government Committee*, Wentworth Press.

Hall, R. H.（1972）*Organizations: Structure and Process*, Prentice Hall.

Hambrick, D. C. & P. A. Mason（1984）"Upper Echelons: The Organization as a Reflection of Its Top Managers," *Academy of Management Review*, Vol.9, pp.193-206.

Hamel, G. & C. K. Prahalad (1994) *Competing for the Future*, Harvard Business School Press.

Hamel, G. & A. Heene (eds.) (1994) *Competence-Based Competition*, Wiley.

Helfat, C. E., S. Finkelstein, W. Mitchell, M. A. Peteraf, H. Singh, D. J. Teece, & S. G. Winter (2007) *Dynamic Capabilities: Understanding Strategic Change in Organizations*, Wiley-Blackwell.

Henderson, L. J. (1935) "The Harvard Fatigue Laboratory," *Harvard Alumni Bulletin*, Vol.XXXVII, No.18, Fri. 8, pp.550-551.

Herzberg, F. (1966) *Work and the Nature of Man*, Thomas Y. Crowell Co.

Hitt, M. A. & R. D. Ireland (1985) "Corporate Distinctive Competence, Strategy, Industry and Performance," *Strategic Management Journal*, Vol.6, pp.273-293.

Hofer, C. W. & D. Schendel (1978) *Strategy Formulation: Analysis Concepts ; The West Series in Business Policy and Planning*, West Pub. Inc.

Huber, G. P. (1991) "Organizational Learning: The Contributing Processes and the Literatures," *Organization Science*, Vol.2, pp.88-115.

稲盛和夫 (2006)『アメーバ経営―ひとりひとりの社員が主役―』日本経済新聞社。

Jacobson, R. (1988) "The Persistence of Abnormal Returns", *Strategic Management Journal*, Vol.9, 1988, pp.415-430.

Klein, J. A., G. M. Edge, & T. Kass (1991) "Skill-Based Competition," *Journal of General Management*, Vol.16, No.4, pp.1-15.

Koestler, A. (1967) *The Ghost in the Machine*, Macmillan.

Koestler, A. (1982) *The Ghost in the Machine*, Lightning Source Inc.

Kogut, B. & U. Zander (1992) "Knowledge of The Firm, Combinative Capabilities and The Replication of Technology," *Organization Science*, Vol.3, No.3, August, pp.383-397.

紺野登・野中郁次郎 (1995)『知力経営』日本経済新聞社。

Kotler, P. (1999) *Marketing Management: The Millennium Edition*, Prentice Hall.

Kotler, P., H. Kartajaya, & I. Setiawan (2016) *Marketing 4.0: Moving from Traditional to Digital*, Wiley.

Laloux, F. (2014) *Reinventing Organizations: A Guide to Creating Organizations Inspired by the Next Stage in Human Consciousness*, Lightning Source Inc.（鈴木立哉訳 (2018)『ティール組織―マネジメントの常識を覆す次世代型組織の出現―』英治出版）.

Lawrence, P. R. & Lorsch, J. W. (1967) *Organization and Environment: Managing Differentiation and Integration*, Boston.

Leonard-Barton, D. (1992) "Core Capability and Core Rigidities: A Paradox in Managing New Product Development," *Strategic Management Journal*, Volume13, IssueS1, pp.111-125.

Levitt, T. (1960) "Marketing Myopia: Shortsighted Managements Often Fail to Recognize That in Fact There is No Such Thing as a Growth Industry," *Harvard Business Review*, July-August, pp.45-56.

Likert, R. (1961) *New Patterns of Management*, McGraw-Hill Education（三隅二不二訳（1968）『経営の行動科学―新しいマネジメントの探究―』ダイヤモンド社）.

Lundberg, C. C. (1996) "Managing in a Culture that Values Learning," in S. A. Caraleri & D. S. Fearon (eds.), *Managing in Organizations that Learn* (pp.491-508), Black Well.

Mankiw, N. G. (2017) *Principles of Economics*, South-Western Pub.（足立英之・石川城太・小川英治・地主俊樹・中馬宏之・柳川隆訳（2019）『マンキュー経済学Ⅰミクロ編』東洋経済新報社）.

Mason, E. S. (1939) Price and Production Policies of Large Scale Enterprises, *The American Economic Review*, Vol.29, No.1, pp.61-74.

March, J. G. (1991) "Exploration and Exploitation in Organizational Learning," *Organization Science*, Vol.2, pp.71-81.

March, J. G. & H. A. Simon (1958) *Organizations*, John Wiley & Sons Inc.

March, J. G. & J. P. Olsen (1976) *Ambiguity and Choice in Organizations*, Universitetsforlaget.

Maslow, A. H. (1943) "A Theory of Human Motivation," *Psychological Revies*, Vol.50, No4, pp.370-396.

Maslow, A. H. (1954) *Motivation and Personality*, Harper & Row.

Maslow, A. H. (1959) "Cognition of Being in the Peak Experiences," *The Journal of Genetic Psychology*, Vol. 94, No. 1, pp. 43-66.

Maslow, A. H. (1962) *Toward a Psychology of Being*, D. Van Nostrand Company, Inc.

松下幸之助（1968）『道をひらく』PHP 研究所。

Mayo, E. (1933) *The Human Problems of an Industrial Civilization*, The Macmillan Co.（村本栄一訳（1967）『産業文明における人間問題』日本能率協会）.

McGahan, A. M. & Porter, M. E. (1997) "How Much Does Industry Matter, Really?" *Strategic Management Journal*, Vol.18, pp.15-30.

McGregor, D. (1960) *The Human Side of Enterprise*, McGraw-Hill Inc.

Milgram, S.（1967）"The Small World Problem," *Psychology Today*, Vol.2, pp.60-67.

Mintzberg, H.（1978）"Patterns in Strategy Formation," *Management Science*, Vol.24, No.9, pp.934-948.

Mintzberg, H.（1994）*The Rise and Fall of Strategic Planning*, Prentice Hall.

Mitchell S. A.（1988）*Relational Concepts in Psychoanalysis: An Integration*, Harvard University Press.

Mooney, J. D. & A. C. Riley（1939）*The principles of organization*, Harper & Brothers.

Negroponte, N.（1995）*Being Digital*, Alfred a Knopf Inc.

Nelson, R. R.（1991）"Why Do Firms Differ, and How Does it Matter?" *Strategic Management Journal*, Vol.1, pp.261-274.

Nelson, R. R, & S. G. Winter（1982）*Evolutionary Theory of Economic Change*, Belknap Press: An Imprint of Harvard University Press.

野中郁次郎（1986）「組織秩序の解体と創造―自己組織化パラダイムの提言―」『組織科学』Vol. 20, No.1, pp.32-44。

野中郁次郎（1989）「情報と知識創造の組織論―イノベーションの組織化過程―」『組織科学』Vol. 22, No.4, pp.2-13。

Nonaka, I.（1991）"The Knowledge-Creating Company," *Harvard Business Review*, Nov./Dec., pp.312-320.

野中郁次郎（1992）「グローバル組織経営と知識創造」『組織科学』Vol. 25, No.4, pp.2-15。

野中郁次郎（1996）「知識創造理論の現状と展望」『組織科学』Vol. 29, No.4, pp.76-85。

Nonaka, I. & H. Takeuchi（1995）*The Knowledge-Creating Company*, Oxford University Press.

O'Reilly, C. & M. Tushman（2016）*Lead and Disrupt: How to Solve the Innovator's Dilemma*, Stanford Business Books（入山章栄訳（2019）『両利きの経営』東洋経済新報社）.

Penrose, E. T.（1959）*The Theory of the Growth of the Firm*, Basil Blackwell.

Peteraf, M. A.（1993）"The Cornerstones of Competitive Advantage: A Resource-Based View," *Strategic Management Journal*, Vol.14, pp.179-191.

Polanyi, M.（1966）*The Tacit Dimension*, Routledge & Kegan Paul Ltd.

Popper, K. R.（1957）*Objective Knowledge*, Clarendon Press.

Porter, M. E.（1980）*Competitive Strategy*, The Free Press.

Porter M. E.（1981）"The Contributions of Industrial Organization to Strategic Management," *Academy of Management Review*, Vol.6, No.4, pp.609-620.

Prahalad, C. K. & G. Hamel（1990）"The Core Competence of the Corporation," *Harvard Business Review*, Vol.70, No.3, May-June, pp.79-91.

Ricardo, D.（1817）*On the Principles of Political Economy and Taxation*, John Murray.

Ries, E.（2011）*The Lean Startup: How Today's Entrepreneurs Use Continuous Innovation to Create Radically Successful Businesses*, Currency.

Robinson, J.（1933）*The Economics of Imperfect Competition*, Macmillan.

Roethlisberger, F. J. & W. J. Dickson（1939）*Management and the Worker: An Account of a Research Program Conducted by the Western Electric Company, Hawthorne Works, Chicago*, Harvard University Press.

Rumelt, R.（1984）"Toward a Strategic Theory of the Firm," in R. B. Lanmb（ed.）, *Competitive Strategic Management*, Prentice-Hall.

Rumelt, R. P.（1991）"How Much Does Industry Matter," *Strategic Management Journal*, Vol.12, pp.167-185.

Rumelt, R. P.（2011）*Good Strategy Bad Strategy: The Difference and Why It Matters*, Currency.

Rumelt, R. P., D. Schendel, & D. J. Teece（1991）"Strategic Management and Economics," *Strategic Management Journal*, Vol.12, pp.5-29.

桜井邦朋編（1987）『発見から創造へ』地人書館。

Schmalensee, R.（1985）"Do Matters Differ Much?" *American Economic Review*, Vol.75, pp.341-3451.

Schwab, K.（2017）*The Fourth Industrial Revolution*, Portfolio Penguin.

Scott, W. R.（1981）*Organizations: Rational, Natural and Open Systems*, Prentice Hall.

Selznick. P.（1957）*Leadership in Administration: A Sociological Interpretation*, Harper & Row.

Sen, A. K.（1992）*Inequality Reexamined*, Oxford University Press.

Simon, H. A.（1947）*Administrative Behavior: A Study of Decision-Making Processes in Administrative Organization*, Macmillan.

Smith, A.（1776）*The Wealth of Nations: Complete Five Unabridged Books*, Chump Change.

竹内弘高（1995）「「知」の創造によるカスタマー・リテンション」『ビジネスレビュー』Vol.42, No.3, pp.44-54.

Taylor, F. W. (1911) *The Principles of Scientific Management*, Harper.

Teece, D. J. (2007) "Explicating Dynamic Capabilities: The Nature and Micro Foundations of (Sustainable) Enterprise Performance," *Strategic Management Journal*, Vol.28, pp.1319-1350.

Teece, D. J. (2009) *Dynamic Capabilities & Strategic Management: Organizing for Innovation and Growth*, Oxford University Press.

Teece, D. J. (2014) "The Foundations of Enterprise Performance : Dynamic and Ordinary Capabilities in an (Economic) Theory of Firms," *The Academy of Management Perspectives*, Vol.28, No.4, pp.328-352.

Teece, D. J. & G. Pisano (1994) "The Dynamic Capabilities of Firms: an Introduction," *Industrial and Corporate Change*, Vol.3, No.3, pp. 537-556.

Teece, D. J., G. Pisano, & A. Shuen (1997) "Dynamic Capabilities and Strategic Management," *Strategic Management Journal*, Vol.18, No.7, pp.509-533.

寺本義也 (1990)『ネットワーク・パワー──解釈と構造─』NTT 出版。

Timmons, J. A. (1976) *New Venture Creation: A Guide to Small Business Development*, R. D. Irwin.

Urwick, L. (1943) *The Elements of Administration*, Harper & Brothers.

Weber, M. (1947) *Theory of Social and Economic Organization*, Free Press.

Weigend, A. (2017) *Data for the People: How to Make Our Post-Privacy Economy Work for You*, Basic Books.

Wernerfelt, B. (1984) "A Resource-Based View of the Firm," *Strategic Management Journal*, Vol.15, pp.171-180.

Wilber, K. (2001) *A Theory of Everything: An Integral Vision for Business, Politics, Science and Spirituality*, Shambhala.

Williamson, O. E. (1975) *Markets and Hierarchies*, Free Press.

Williamson, O. E. (1985) *Economic Institutions of Capitalism*, Free Press.

Winter, S. G. (2003) "Understanding Dynamic Capabilities," *Strategic Management Journal*, Vol.24, Issue10, pp.991-995.

Woodward, J. (1965) *Industrial Organization: Theory and Practice*, Oxford University Press.

吉原正彦編著・経営学史学会監修 (2013)『メイヨー＝レスリスバーガー：人間関係論』文眞堂。

Zollo, M. & S. G. Winter (2002) "Deliberate Learning and the Evolution of Dynamic Capabilities," *Organization Science*, Vol.13, No.3, pp.339-351.

■著者略歴

坂本 英樹［さかもと　ひでき］
1965 年　北海道に生まれる
1987 年　北海道大学経済学部卒業
1996 年　北海道大学大学院経済学研究科修士課程修了
1999 年　北海道大学大学院経済学研究科博士課程修了
　　　　　北海道情報大学経営情報学部講師
2002 年　同助教授
2006 年　同准教授
2009 年　同教授
　　　　　博士（経営学）北海道大学
専　攻　マーケティング論，ベンチャービジネス論
著　書　『日本におけるベンチャー・ビジネスのマネジメント』『経営学
　　　　　とベンチャービジネス』（著，白桃書房）
　　　　　『ここから始める経営学——エッセンシャル・アプローチ』
　　　　　（著，千倉書房）ほか
論　文　「日本におけるベンチャー企業の特徴」*Japan Ventures Review*,
　　　　　No. 1, November, pp. 61-71
　　　　　「顧客関係性マーケティングの進化—「ワン・トゥ・ワン・
　　　　　マーケティング」から「オール・イン・ワン・マーケティン
　　　　　グ」へ—」*Japan Marketing Journal*, Vol. 21, No. 3, pp. 47-57
　　　　　ほか

▨エッセンシャル講義
経営学教室　　　　　　　　　　　　　　　　　　　　〈検印省略〉

▨発行日——2021年10月6日　初版発行
　　　　　2023年4月16日　第2刷発行

▨著　者——坂本　英樹

▨発行者——大矢栄一郎

▨発行所——株式会社　白桃書房

〒101-0021　東京都千代田区外神田5-1-15
☎03-3836-4781　📠03-3836-9370　振替00100-4-20192
http://www.hakutou.co.jp/

▨印刷・製本——藤原印刷株式会社

Ⓒ SAKAMOTO, Hideki 2021 Printed in Japan　ISBN 978-4-561-25757-8 C3034

好 評 書